中小学新手教师培训系列教材

U0646577

中学历史
新手教师教学能力修炼

ZHANWEN JIANGTAI

ZHONGXUE LISHI

XINSHOU JIAOSHI JIAOXUE NENGLI XIULIAN

张学岩 ◎ 主编

站稳讲台

北京师范大学出版集团
BEIJING NORMAL UNIVERSITY PUBLISHING GROUP
北京师范大学出版社

图书在版编目(CIP)数据

站稳讲台：中学历史新手教师教学能力修炼/张学岩等编著. —北京：北京师范大学出版社，2024.8

中小学新手教师培训系列教材

ISBN 978-7-303-29699-6

Ⅰ.①站… Ⅱ.①张… Ⅲ.①中学历史课－教学研究－教师培训－教材 Ⅳ.①G633.512

中国国家版本馆 CIP 数据核字(2024)第 011032 号

图 书 意 见 反 馈	gaozhifk@bnupg.com　010-58805079
营 销 中 心 电 话	010-58802755　010-58800035
北师大出版社教师教育分社微信公众号	京师教师教育

出版发行：北京师范大学出版社　www.bnupg.com
　　　　　北京市西城区新街口外大街 12-3 号
　　　　　邮政编码：100088
印　　刷：鸿博睿特(天津)印刷科技有限公司
经　　销：全国新华书店
开　　本：787 mm×1092 mm　1/16
印　　张：17.5
字　　数：251 千字
版　　次：2024 年 8 月第 1 版
印　　次：2024 年 8 月第 1 次印刷
定　　价：78.00 元

策划编辑：郭　翔　陈红艳	责任编辑：齐文媛
美术编辑：焦　丽	装帧设计：焦　丽
责任校对：陈　荟	责任印制：马　洁

中小学新手教师培训系列教材编委会

总　　　编：肖韵竹　张永凯

副　总　编：汤丰林

编 委 成 员：（按姓氏笔画排序）

王远美　王钦忠　闫耀东　吴　珊

邸　磊　张金秀　陈　丹　谢志东

潘建芬

本 册 主 编：张学岩

本 册 编 者：张学岩　方美玲　李　军　王　辉

王　涛

▶ 总 序

强教必先强师。习近平总书记强调，要把加强教师队伍建设作为建设教育强国最重要的基础工作来抓，大力培养造就一支师德高尚、业务精湛、结构合理、充满活力的高素质专业化教师队伍。当前，首都基础教育现代化建设进入快速发展的新阶段。构建高质量基础教育体系，对首都建设首善一流的基础教育教师队伍提出了更加紧迫的要求。在教育强国建设过程中，推进教师教育高质量发展，必须进一步加强战略谋划与顶层设计，基于教师生涯发展与终身学习的视角，对教师职前培养、资格认定与入职教育、在职培训进行系统考量和一体化设计。

新任教师（一般指取得正式合格教师资格之后，任教年限为 1～3 年的教师）的适应期是教师专业发展中的重要阶段，是教师教育不可或缺的重要环节，是决定教师日后专业发展方向与质量的关键期。新任教师培训在职前培养与在职发展之间起到关键的桥梁作用。因此，我国教师政策对新任教师培训予以高度关注。

教育部明确指出：新任教师培训是"为新任教师在试用期内适应教育教学工作需要而设置的培训。培训时间应不少于 120 学时"。近年来，为应对首都基础教育发展对教师队伍建设提出的更高要求，北京市新任教师培训政策不断完善。《中共北京市委 北京市人民政府关于全面深化新时代教师队伍建设改革的实施意见》(2018 年)、《北京市教师教育振兴行动计划实施办法(2018—2022 年)》、《"十四五"时期北京市中小学干部教师培训工作方案》(2021 年)等文件相继提出要实施新任教师规范化培训计划，完善新任教师培训制度(后简称"新教师")。2022 年 7 月，市教委印发《北京市中小学新教师规范化培训指导意见》《北京市幼儿园新入职教师规范化培训指导意见》，进一步强化了全市中小学幼儿园新教师培训制度化、规范化建设。新教师规范化培训政策的出台，旨在通过提高培训的针对性和实效性，确保每位新教师都能在专业发展上有均衡的起点、获得高质量指导。

在北京市新教师培训政策逐渐完善的同时，培训的实践探索亦日益深化。自 2015 年开始，北京教育学院根据部分区域提出的需求，开始承担新教师培训工作。为进一步提升培训的专业性和科学性，项目组基于问题导向和需求导向，通过调研了解新教师在入职之初面临的困难与问题，有针对性地设计培训项目。北京教育学院相关专业团队对参加"启航杯"教学风采展示的新教师进行调研，研究数据表明，部分新教师的专业准备不足，主要体现在对所教学科的内容等方面准备相对较好，但在课程思政、理解新课程标准、应用信息技术、班级管理、根据学生个体差异进行教学设计与评价等方面需要进一步学习。

基于新教师专业学习需求的多元特点与课程改革要求，参考借鉴研究领域关于新教师在职业生涯发展早期所呈现的特点，北京教育学院注重以精准培训提升项目的实效性与针对性，以切实帮助新教师解决教育教学工作情境中面临的问题。基于近十年的实践探索，北京教育学院组织实施的新教师培训已形成五个方面的特色经验。一是加强项目顶层设计。根据市教委指导意见，学院注重加强项目整体系统设计，通过制定高标准的培训要求确保培训的专业性。二是强化课程内容设计。聚焦新教师专业发展核心素养和教育教学基本能力，中小学新教师培训内容涵盖思想政治、师德与教育法规、教学基本功与教学实践、学生学习与身心发展、班级管理与班主任工作、教育研究与生涯发展等模块，非师范专业毕业教师增加"教育理论与教师教育"模块，从而完善教师教育专业知识结构。三是优化培训模式。项目采用市区校三级联动的方式，确保培训的实践性与系统推进。在三年递进式培训中，第二年和第三年的培训基于市教委印发的《进一步加强中小学校本研修工作指导意见》，主要采用实践取向的校本研修方式进行，贴近新教师的工作情境，着力解决新教师日常工作情境中面临的实际问题。

四是加强资源共享。在项目实施过程中，通识课、必修课等课程资源实现共建共享，并在"北京教师学习网"上发布新教师教学风采展示活动优秀课例，为教师提供更加丰富多元、可选择的数字学习资源，满足教师个性化发展需求。五是坚持研训一体。学院组织相关专业团队定期对新教师专业学习需求和培训效果进行调研，在组织实施培训的同时，同步进行新教师工作现状与专业成长的追踪研究，为全市新教师培训政策的进一步优化与有效实施提供数据支撑与实证依据。

北京教育学院在新教师规范化培训方面取得了显著的成效，有效提升了新教师的专业素养，受到了相关区域学校及教师的肯定，为首都基础教育质量提升做出了积极贡献。北京市新教师规范化培训作为一项制度创新，亦为全国教师教育改革提供了新的思路和模式。

为帮助新教师从站上讲台到站稳讲台、站好讲台，北京教育学院组织相关专业教师，与各区教师培训机构、一线优秀教师等携手合作，共同编写了"中小学新手教师培训系列教材"。本套教材共计14册，除1册通识类教材之外，其余13册则分别为不同学科和不同学段的新教师提供具体的教育教学指导和实践策略。

本套教材的编写出版，是北京教育学院加强内涵建设、推进培训高质量发展的成果体现，反映了学院在新教师培训实践与研究领域的新举措、新发展。本套教材从新教师的视角出发，以培育新教师须具备的思想政治素养、师德修养、专业知识与能力为主线，严格按照教师教育相关专业标准，以新教师专业发展的基本理论、教育教学问题解决为核心板块，结合当下我国教育改革的重要问题，为新教师等群体进行专业学习和实践研究提供新视角与新思路。本套教材基于问题导向，结构清晰，可操作性强，并强调理论与实践相结合。

本套教材在编写过程中，得到北京市各区教师培训机构及广大中小学校、教师的大力支持，他们为教材贡献了丰富多元的具体案例和实践智慧。

本套教材的出版得到北京师范大学出版社的大力支持，郭翔、陈红艳等编辑团队的专业付出，确保了本套教材高质量出版。期望本套教材为优化新教师培训制度和新教师专业发展有效机制、加强高质量教师队伍建设、推进教育强国建设做出积极贡献。

肖韵竹（北京教育学院党委书记）

张永凯（北京教育学院党委副书记、院长）

2024 年 6 月

▶前　言

本书的适用对象是刚入职的初、高中历史教师，本书关注他们起步阶段的专业发展。

在各个发展阶段的教师中，最具内驱力的就是新教师（新手教师①）了，他们身上普遍具有一种向上生长的力量。新手教师也承受着来自各方的最大的压力：来自教学内容的、来自学生的、来自学校领导及同事的压力，还包括出于自尊自己给自己的压力。因此，这一时段也是他们最需要外部支援的时候。从教师职业发展的角度来讲，成长的起点至关重要。此时，一个经验丰富的学校师傅、一个适切的培训项目，将给予他们极大的支持，助力他们在重压之下不至于垮掉且一步步自信从容地站稳讲台，在教学实践中获得较好的职业体验，保有对教师工作的热情。

目前关于历史新手教师教学能力的培训书籍有一些，其中相当一部分是从国外引入的，很多都存在"水土不服"的问题。基于此，编写者在多年从事教师培训的经历和历史学科教学研究的基础上编写此书，旨在为历史新手教师的学习提升和教学实践提供一定的帮助。

一、本书的内容结构

历史教师的教学能力是本书的核心。教师是一种职能行为相对复杂的职业，拥有较明显的专业性和复杂性，胜任教师工作需要专业的教学能力。历史教学因历史学科的人文属性和历史知识的复杂性更增加了历史教师工作的复杂性和专业性。入职前的教育只是为历史新手教师奠定了一定的专业素养基础，而作为新手教师所需要的学科教学能力是需要在历史教学实践中不断培育发展的。本书力图建构适应期历史新手教师专业发展的内容体系。在整体结构上，"历史教学设计"和"历史课堂教学实施"两单元是本书的主体部分；第三单元"历史教师专业能力成长"旨在使历史新手教师明

---

① 本书采用新手教师的说法。

确历史教师教学能力的构成和提升路径及职业认同、教学反思和课例研究；"历史学科实践活动课程"是历史学科教学的内容之一，既涉及教学设计，也涉及教学实施，分别列入第一单元和第二单元。

第一单元"历史教学设计"依据教学设计的流程，探讨了历史常规课及历史学科实践活动课程的教学目标设计、教学策略设计、教学过程设计、教学评价设计。

第二单元"历史课堂教学实施"重点探讨了历史常规课的导入、过渡、小结各教学环节的技能实施，对话教学法、讨论法、讲授法的教学实施，课堂学习评价的具体实施，也涉及历史学科实践活动课程的实施策略。

第三单元"历史教师专业能力成长"结合政策性文件和文献研究，探讨了历史教师教学能力的构成和提升路径，重点探讨了职业认同、教学反思和课例研究。

二、本书的特点

与同类书籍比较，本书具有以下几个突出特点。

第一，针对性。鉴于入职第一年的工作压力，历史新手教师需要把更多的时间投入钻研教材、研究学生上，阅读一本体系完整而厚重的书难免心生畏难。本书聚焦教学设计、课堂实施、专业能力成长三个方面，这些内容既包含了历史新手教师工作中迫切需要解决的问题，也包含了职业持续发展的途径、方式，具有很强的针对性。

第二，基础性。在课程改革浪潮之下，以批判性思维、创造性思维为核心的核心素养的培育是每一位教师的重要工作目标，而这一变化的背后是知识观、课程观、教学观、学生观等观念的系统性变化，本书篇幅所限及目标所限，并未对此进行专门的探讨，而是更多聚焦处于适应期的历史新手教师最应该具备的"教学规范"。这里的"教学规范"的含义是指作为历史新手教师应掌握的教学设计与课堂教学实施的相关知识，及完成教学设计和实施课堂教学对教师的能力要求等。而强调"教学规范"的目的是使历史新手教师掌握规范的教学设计流程知识，思考教学设计标准，发展合乎规范的教学设计能力；掌握规范的课堂教学环节，思考一堂好课的标准，发展合乎规范的教学实施能力；清楚了解历史教师工作，促进自身专业能力成长。

第三，实用性。历史新手教师第一年最迫切的目标是能站稳讲台，最需要的是教学操作性的指导。本书的内容源于多年来的培训实践所得，将理论与实践相结合，不在于完整呈现理论，而在于提炼精髓。虽然绕不开理论，但本书的处理方式是对理论只做简述，更多以具体的操作步骤或程序、教学案例及分析来进行示范引领，历史新手教师可以在模仿和实践中掌握相关的流程知识和方法。

三、本书的使用建议

为方便历史新手教师领会各单元、讲的主题和内容，本书每单元设有"单元学习目标""单元导读""单元思维导图""单元小结""单元练习""参考资料"。历史新手教师在使用本书时，除了关注正文的内容，还需要关注上述这些小栏目，真正实现把教育教学理论和教学实践相结合，生成属于自己的学科教学知识，发展历史学科教学能力。

本书由张学岩统筹各项编写工作，参与编写的人员都是多年从事新手教师培训的教师培训工作者。编写的具体分工为：第一单元第一、第二、第三、第四讲，第三单元第十一、第十二讲，由张学岩撰稿；第一单元第五讲，第二单元第九讲，第三单元第十三、第十四、第十五讲由方美玲撰稿；第一单元第六讲、第二单元第十讲由李军撰稿；第二单元第七讲由王辉撰稿；第二单元第八讲由王涛撰稿。

本书的出版得到了北京教育学院领导的重视和推动，北京师范大学出版社的编辑也对本书的编写给予了具体的指导。在编写过程中使用了参加过北京教育学院培训的许多中学历史教师的精彩案例，在此一并表达谢意！本书从策划到完成历时五年，编写人员为此付出了辛勤的汗水，在此表达对他们的敬意！

张学岩

2024 年 7 月

第一单元　教学设计

单元学习目标 ……▶

1. 了解教学设计的理论基础，理解历史教学设计的基本原理，认识当前历史教学设计的价值取向。

2. 掌握历史教学设计的一般流程及规范要求。

3. 理解历史教学设计基本要素及其之间的关系，掌握历史教学设计基本要素的分析方法和操作要领。

4. 能够在以上能力基础上独立完成一课合乎规范的历史教学设计。

单元导读 ……▶

历史教学设计是历史教师以学习理论、教学理论和传播理论为基础，以促进学生发展为目的，运用系统论的方法，创设"教"和"学"系统，并以教学评价促进教学目标实现的教学方案的系统化的设计过程。

历史教学设计的一般流程包括：研制教学目标、制定教学策略、设计教学过程、设计教学评价、修改和完善教学设计。

历史新手教师教学设计的关注要点：历史教学设计的基本原理、当前历史教学设计的价值取向、历史教学设计的规范要求、历史教学设计基本要素及其之间的关系。

分析课程标准。历史教师具有落实历史课程标准的责任，历史教学设计必须充分体现历史课程标准规定的目标要求；历史课程标准是历史教师在教学设计中选择教学内容、设计学习活动及评价方案的依据。因此，历史新手教师的教学设计一定是基于历史课程标准的。

分析教学内容。完成教学设计，首先要建构起知识体系，进而通过分析教学内容，发掘知识中所蕴含的教育价值，丰富教学目标。

分析学情。分析学情是对影响学生学习的相关情况进行分析，是教学目标制定的依据，也是教学内容设计、教学方法设计、教学媒体设计的前提。分析学情包括对学生智力因素和非智力因素的分析。具体的方法有访谈法、问卷调查法等。

表述教学目标。教学目标是教师对学生要达到的学习结果的预期，是教学设计的核心，是课堂实施的出发点和归宿。教学目标要具有可操作性、可评价性。教学目标的表述要考虑行为主体、行为动词、行为条件、表现程度四个因素。

确定教学重点和难点。重点既包括知识性的重点也包括认识性的重点，难点更多的是认知上有难度的内容。

教学策略是教师根据教学目标和学生特征，有针对性地选择并组合相关的教学组织形式、教学方法和多媒体技术，选择教学活动的最佳方式、方法和步骤，从而形成优秀的教学方案。

教学方法是教师和学生为实现教学目标、完成教学任务而采取的教与学相互作用的活动方式的总称，包括教师教的方法和学生学的方法。

教学资源是有利于实现课程目标的各种因素，是课程设计、实施和评价的物力与人力支撑。历史教学资源包括历史教材、历史遗址遗迹和博物馆、历史音像资料、互联网资源等。历史新手教师首先要重视历史教材的利用，其次在因地制宜原则下适度开发和利用教学资源。

教学媒体是教师在教学过程中采用诸如文字、图片、音频、视频等各种媒介来优化教学的信息表现形式和传递方式。

教学过程设计包括设计学习活动、设计板书。

教学评价是对教学过程、教学内容、教学方法、教学效果及教学设计本身的评价，包括诊断性评价、形成性评价和终结性评价三种类型。教学评价有助于学生的学业进步和历史新手教师的专业成长。

历史学科实践活动课程是历史学科课程的重要组成部分，历史新手教师还要注重历史学科实践活动课程的设计。

单元思维导图 ……▶

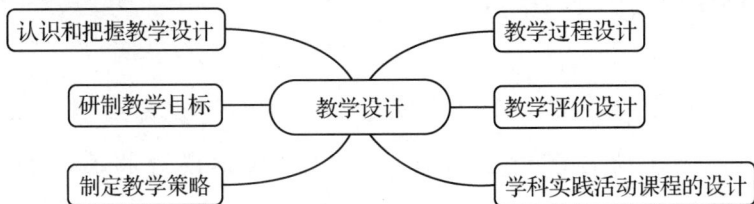

认识和把握教学设计 —— 教学设计 —— 教学过程设计

研制教学目标 —— 教学设计 —— 教学评价设计

制定教学策略 —— 学科实践活动课程的设计

▶第一讲
认识和把握教学设计

教学是一项专业性的工作，需要遵循一定的规程来开展。要保证高质量的教学，必须先精心进行教学设计。历史教学设计将教育科学理论与教师的教学实践结合起来，为高质量教学的开展奠定了坚实的基础，是历史教学作为一项专业性工作的要求，也是历史教学工作专业性的集中体现。

一、认识教学设计

（一）教学设计的内涵

教学设计作为一种教育技术起源于 20 世纪 40 年代的美国。20 世纪 80 年代末教学设计被引入我国，用来指导教育工作者的教学。教学设计是运用系统方法分析教学问题、确定教学目标、制订解决教学问题的方案、试行解决方案、评价试行结果和对方案进行修改完善的过程。

具体到历史学科，历史教学设计以实现最优教学为目的，通过分析历史课程标准、教学内容和学情以确定历史教学目标，依据历史教学目标进行教学策略、教学过程及教学评价的设计，筹划学生的学习方式、教师的教学方式并营造学习环境等以形成教学方案，并对教学方案进行修正。

（二）教学设计的理论

教学设计的理论包括学习理论、教学理论、传播理论、系统理论。其中，学习理论、教学理论、传播理论是教学设计的理论基础，系统理论中的系统科学方法是教学设计的方法论基础。

1. 学习理论

在当下"以学习为中心"的理念下，学习理论是教学设计最基础的理论。学习理论产生后不断发展。20 世纪 50 年代之前，行为主义学习理论拥有巨大影响力，随后认知主义学习理论取代了行为主义学习理论的优势地位。认知主义学习理论的代表理论有：加涅的学习条件理论、奥苏伯尔的学习同化理论、建构主义学习理论等。

加涅的学习条件理论认为，学习是将外部输入的信息转换为认知结构的过程。教学必须考虑影响学习的条件，包括内部条件和外部条件。教学目的就是要设计外部条件，以支持、激发、促进学习的内部条件。不同的学习结果需要不同的学习条件。加涅将学习结果分为五种类型：言语信息、智慧技能、认知策略、态度、动作技能。教学设计需根据不同的学习结果类型创设不同的内部条件和外部条件，从而促进有效学习。

奥苏伯尔的学习同化理论认为，学生的接受性学习可以是积极主动的有意义的学习。有意义的学习的过程就是新旧知识的同化过程：学生利用认知结构中原有的观念，去"固定"新知识，使新旧知识相互联系、相互作用，将新知识纳入认知结构中。在此过程中，学生的认知结构得到改造。

建构主义是 20 世纪 90 年代出现的哲学流派，其影响拓展至各个领域，包括教育领域。很多学者认为建构主义是认知主义的一个分支，相关理论和认知主义有一定的传承，其代表人物和认知主义密切关联。其代表人物有皮亚杰、科恩伯格、斯滕伯格、维果茨基等。建构主义学习理论认为，意义建构是学习过程的最终目标，靠学生自觉、主动地去完成。学生是认知的主体，是教学的中心，是知识意义的主动建构者。知识是学生主动建构的结果，不是通过教师传授得到的，而是学生在一定的情境中，借助教师和学习伙伴的帮助，通过意义建构的方式得到的。学习是在社会文化情境下，通过人际的写作活动而实现的意义建构过程。建构主义对教学设计的影响就是强调"以学习为中心"，强调运用"情境""协作""自主"等多种发现式学习方法来设计教学。

2. 教学理论

教学理论是基于学习理论的教育理论，是对教育规律的总结，是教学设计直接的理论基础。对历史教学设计有借鉴和指导意义的教学理论包括：布鲁纳的认知结构论、建构主义教学观、巴班斯基的教学过程最优化理论、何克抗教授的"主体—主导"教学模式等。

布鲁纳的认知结构论认为，课程改革应着力于学科内容的结构化，即将众多的学科知识精简为简单命题——基本概念、原理和原则——的组合。他还提出，教学过程就是学生智力发展的过程，教学活动的核心任务就是发展学生的认知能力。学生是教学的主体，学生的认知只有在主体自觉的情况下才有收获和意义；没有学生自觉参与的教学，学生便难有真实的获得。知识的获得是学生主动发现、主动探索的过程，教学的方法应该是鼓励学生去发现、去探索知识的奥秘，掌握学科的基本结构，解决自己提出的问题。

建构主义教学观认为，教学是一种培养学生学会学习的充满创造性的主体性活动，在教学过程中学生是教学活动的中心，是知识的积极建构者。教师是学生积极建构的促进者、合作者和帮助者，是整个教学过程的组织者、指导者和协调者。尊重学生的主体地位、发挥学生的主动性和创造性是建构主义教学观的基本原则。

巴班斯基的教学过程最优化理论关注教学的有效性，认为教师应在遵循教学规律和原则的基础上，有针对性地安排教学过程，有科学依据地选择具体条件下课堂教学和整个教学过程的最佳方案，使每个学生的学习潜力得到最大限度的发挥，使教学达到最优的效果。巴班斯基依据教学过程最优化理论提出了教学环节的细化方案和教学内容最优化的准则，对历史新手教师进行教学设计具有指导意义。

"主体—主导"教学模式是由我国教育技术界专家何克抗教授在深入分析了以教为主的教学设计模式和以学为主的教学设计模式各自的优、缺点的基础上提出的。何克抗教授将两种模式取长补短，提出在教学中既要充分发挥教师的主导作用，又要创设有利于学生主动发现、主动探索的新型学习环境。"主体—主导"即"以学生为主体，以教师为主导"，学生是知识的主动建构者，教师是教学过程的组织者、指导者、帮助者、促进者。

3. 传播理论

传播理论认为，传播是特定的个体或群体借助媒体向受众进行信息传递与交流的一种社会活动。拉斯韦尔 1948 年提出了传播过程的五大要素：谁（who）、说什么（say what）、通过什么渠道（in which channel）、对谁说（to whom）、产生什么效果（with what effect）。教学过程实际上是信息的传播过程，学习者是信息接收者，教师是传播者，教学内容是信息传播的内容，媒体是信息传播的工具，教学评价是信息传播的效果。因此，教学过程需遵循传播理论的规律，传播理论为教学设计中的教学内容分析、学情分析、教学媒体选择、教学评价等提供了方法上的借鉴。

4. 系统理论

系统理论中的系统科学方法为教学设计提供了科学的方法论基础。20 世纪 50 年代出现的系统论、信息论、控制论，被称为"老三论"；20 世纪 70 年代出现了"新三论"，即耗散结构论、协同论、超循环理论。巴班斯基把这些理论引入教学理论研究，并提出了教学过程最优化理论。系统理论使教学设计出现了系统的设计思路，指导教师把教学过程中所设计的诸要素，如目的、任务、内容、形式、媒介、反馈等置于整个教育系统之中加以考察、研究和应用，以期达到最优化的教学效果。

历史新手教师在正式进行教学设计之前，应研读上述理论，用上述理论武装自己的大脑，为后续的教学设计建立起科学的设计意识，使自己的教学设计成为理论指导下的规范、科学的教学技术行为。由于每一种理论都有对教学的独到见解，因此历史新手教师对理论的消化需要一个过程。由于理论需要教师教学实践的检验和修正，因此历史新手教师需要在今后的教学中结合自己的教学实践逐步深化对理论的认识。历史新手教师在入职初期，可以有重点地研读理论。

（三）教学设计的要素

教学设计的要素包括教学对象分析、教学目标设计、教学内容设计、教学策略设计、教学评价设计。

教学对象即学生。教学活动最终都是服务于学生的学习的，因此，为了保障学生的学习，教师在进行教学设计时必须分析和研究学生，包括学生的知识基础、认知能力、认知结构等智力因素，也包括学生的意志、兴趣、动机、情感、性格、心理等非智力因素。针对教学对象进行扎实分析，是教学设计科学化的前提，是保证教学设计有效性的基础，也是高质量教学的关键。课程改革强调学生的学习主体性和以学生发展为本，提出要从学生的角度出发设计和实施教学。对教学对象的分析包含着课程改革的新理念。

教学目标是教师对学生的学习结果的规划，解决的是学生"学习获得"和教师"为何而教"的问题，需要教师在教学对象分析和教学内容分析的基础上，依据课程标准的内容规定，明确、具体地进行表述。教学设计最核心的内容就是教学目标的制定，因为教学目标是保证教学过程有步骤、有条理进行的前提条件，是牵引每一个教学环节朝着关注学生发展而努力的方向标或旗帜。制定教学目标可以实现对教学活动的有效控制，提高教学设计的科学性，为教学的有效性奠定基础。

教学内容是教与学活动开展的载体。教学活动是以学生学习为中心的活动，因此广义的学习内容就是教学内容。教学内容的设计解决教师"教什么"和学生"学什么"的问题，不是对教材内容的直接搬运，而是需要依据学生情况，对教学内容进行分析、整合，梳理出便于学生学习的结构化的知识框架，通过呈现逻辑清晰、结构完整、重点突出的教学内容，帮助学生实现有效学习。教学内容设计是教学过程中十分重要的环节，教学内容设计水平直接影响着一节课的教学效果。

教学策略是指为完成特定的教学目标而采用的教学活动的程序、方法、形式和媒体等，是服务于学生学习过程的整体解决方案，是保证教学目标实现的有效途径和方法。教学策略包括教学顺序的选择、教学方法的选择、教学资源的选择、教学媒体的选择等内容。不同的教学目标需要不同的教学顺序，不同的教学内容需要不同的教学方法，不同的教学材料需要不同的媒体呈现，因此，教学策略设计是教学设计中最具挑战的环节。教学策略设计主要取决于教师，需要教师认真对待。

教学评价是对所实施的教学活动的一种测评，是运用可行的评价方法和技术，对教学过程中学生的表现及时进行评价和对预期的教学目标开展终结性的检测，以保证教学的有效推进和教学目标的实现，也为教学设计的修正和完善提供依据。现代教学理论强调教学与评价一体，教学即评价，评价在教学中，因此在教学设计中教学评价设计应贯穿始终，既要有形成性评价，也要有终结性评价，重视评价在教学过程中导向功能、激励功能、诊断功能的发挥。

把教学设计分解为几个要素，是为了更深入地理解和把握教学设计，但就像前面所述的系统理论所揭示的，教学设计是系统工程，各要素之间相互依赖、相互影响。因此，在教学设计中，历史新手教师需要依照系统理论，对各要素进行有效整合，制订出最优化的教学方案。

（四）历史教学设计的一般流程

教学设计的流程是教学设计的行为过程，包括设计行为的先后顺序、不同环节的对象和任务等。历史教学设计的一般流程如图 1-1 所示。

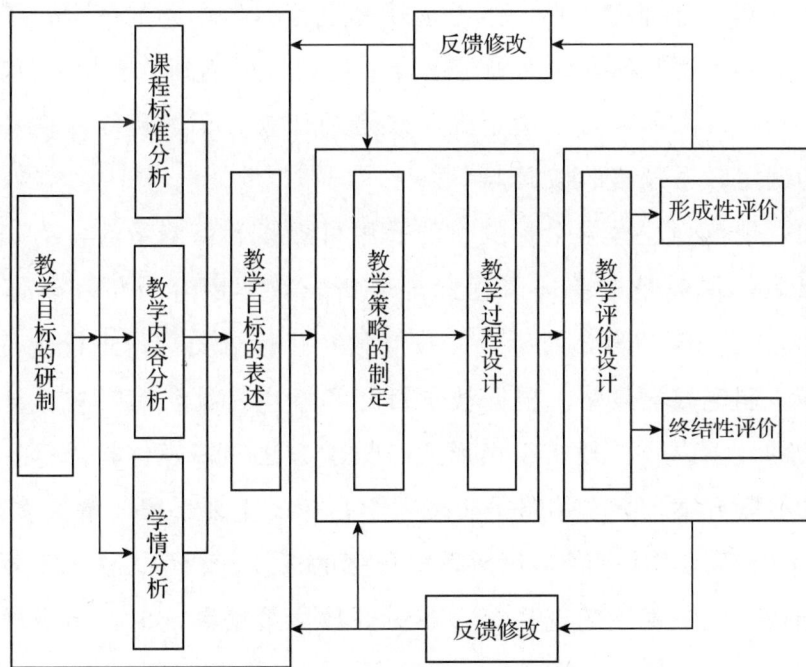

图 1-1　历史教学设计的一般流程

第一，研制教学目标。教学目标是学生学习活动完成后应达到的学习效果，既是教学的出发点，也是教学的最终归宿。教学目标是整个历史教学活动的灵魂。教学目标的研制是历史教学设计的核心任务。教学目标确定教学内容，教学目标控制教学活动。教学目标的研制是一项复杂的工作，它建立在课程标准分析、教学内容分析和学情分析的基础上。

其一，课程标准分析的目的是把握教学的任务与要求，制定便于操作和检测的教学目标。其具体任务是研读历史课程标准的内容，理解历史课程标准的理念，把握历史课程标准中的课程目标规定，并在此基础上，完成从课程目标到教学目标的转化。

其二，教学内容分析的目的是准确理解、深度把握教学内容。其具体任务是理解一课内容主题、编写者思路和意图，准确进行本课的知识定位，对本课教学内容进行逻辑梳理，进一步确定本课的知识结构，最后用自己的语言表述本课内容。

其三，学情分析的目的是了解起点和学生的学习需求。其具体任务是：了解学生的知识基础和兴趣，作为选择和设计教学内容的依据；了解学生的认知能力和态度倾向，作为确定适合学生的、可达到的教学目标的依据；了解学生的学习障碍，作为确定教学难点的依据；了解班级特性和认知倾向，作为确定教学策略的依据。

其四，规范表述教学目标的目的是用可观察和可测量的行为表述教学目标。其具体任务是在前述课程标准分析、教学内容分析和学情分析的基础上，规划一课的教学目标，并按照教育目标分类理论进行规范表述。

第二，制定教学策略。根据教学目标和学生特征，有针对性地选择并组合相关的教学内容、教学组织形式、教学方法和多媒体技术等，从而形成优质的教学方案。教学策略是实现教学目标的重要手段，解决教师"如何教"和学生"如何学"的问题，包括教学顺序的选择、教学方法的选择、教学资源的选择、教学媒体的选择等。在历史教学策略制定时，历史教学内容的组织和整合、具体教学方法的选择应是主要考虑的问题。

第三，设计教学过程。设计教学过程是教学设计的主体部分，主要对学生的学和教师的教进行设计。其具体任务是：围绕教学目标和教学策略，运用史料、史事等设计学生活动；以为学生提供策略支持为思想，设计教师的行为。

第四，设计教学评价。评价对象既包括学生的学习表现，也包括教师的行为。评价的核心任务是了解教学目标是否达成。历史新手教师为了促进自己的专业成长，需要重视对自己教学行为的评价设计。

第五，修改和完善教学设计。根据教学过程中评价所获得的反馈信息，对教学设计进行重新思考，搞清楚所发现问题的症结和解决策略，然后修改。修改时，历史新手教师要注意教学设计的系统性，如果对教学目标进行了调整，那么教学内容、教学策略等也需要进行相应的调整。

二、把握教学设计

第一，保证历史教学设计的系统性。教学活动作为一个整体的系统实践活动，教学设计是由多种要素组成的，这些要素既相互独立又相互关联、相互促进，共同组成了教学的有机整体。在历史教学设计的过程中，历史新手教师要明确每一个要素在整个系统中的地位和作用。教学对象分析是历史教学设计科学化的前提；教学目标是历史教学设计的核心，是历史教学设计各要素共同的目标追求；教学内容是历史教学设计的主要内容，也是达到教学目标的载体；教学策略则是教与学活动实施的路径，是实现教学目标的重要辅助手段；教学评价是历史教学设计的调节器，贯穿教学活动的始终，教学评价可以检测教学目标的实现，为教学设计的修正和完善提供依据。历史新手教师要以系统理论为指导，把教学中的各个要素有机地整合起来，去追求教学活动的最优效果。

第二，科学地完成每一个要素的设计。教学设计是教育科学化的产物，有专门的理论指导，如学习理论、教学理论和传播理论等。当进行教学设计时，教师是在学科思想的指导下做一项教育技术工作。每一种理论都有自己的认识论和方法论，因此，要保证教学设计的有效性，历史新手教师必须理解教学设计的相关理论，并在完成每一个要素的设计时，把握理论的内核，遵守过程的规范性、科学性。例如，以科学、严谨的态度执行教学设计的流程，实事求是地分析学情，正确地研究教材，科学地确定教学内容，准确地表述教学目标，有依据地设计学习活动、选择教学方法及制定教学策略。当然，我们要强调，不能仅把教学设计作为一项操作技术工作。优秀的教学设计一定融入了教师的学科意识，并且经过了实践检验。

第三，以有效教学为追求。教学设计的研究对象是学生，教学设计的目的是帮助学生达到学习目标。因此，追求有效教学以使学生达到学习目标是进行教学设计的首要追求。这就要求教学设计中各要素的设计都紧紧围绕学习目标的达到而进行。其一，教学目标设计要基于扎实的课程标准分析、教学内容分析、学情分析，符合学生的思维特点、知识水平和心理需要，具有可操作性；其二，教学策略设计要重视调动学生参与，灵活选择多种教学方法，活跃课堂氛围，合理使用多媒体教学；其三，在过程设计中要注重历史探究、小组合作、体验学习、情境学习等多种学习方式，促进学生主动学习，使学生在特定的历史时空中感悟历史变迁，形成运用历史思维和历史方法解决真实问题的能力，实现深度学习；其四，评价设计既要有形成性评价，也要有终结性评价，发挥评价的导向功能、激励功能、诊断功能，为有效教学保驾护航。

第四，既要重视预设，也不害怕生成。教学是一种有目的、有意识的教育活动，预设是教学的基本特性，是保证教学质量的基本要求。预设是教学设计中对课堂教学的规划，如目标的预设、活动方案的预设等，是教学设计的重要组成部分。课堂教学是一个开放、动态的过程，是教师与学生交往、互动的过程，学生作为鲜活的生命个体，带着自己的知识、经验、思考参与课堂活动，课堂教学在正常状态下必然呈现出丰富性、不确定性。如何对待教学设计时的预设和其后课堂教学中的生成，是历史新手教师在教学设计时必须思考和认真对待的问题。预设有利于发挥教师的主观能动性，有利于学生快速地掌握知识；但教学中过于注重预设性学习，可能会阻碍学生的主体性，抑制学生的思维，降低学生的学习热情。历史新手教师由于缺乏实践经验，为了保证教学的顺利推进，在教学设计时，往往特别详细地呈现各环节的内容，什么环节说什么话、什么时候提问、每个问题叫几个学生回答等，都事先做精细的安排。由此，上课就变成了执行教学设计的过程。这种做法在入职初期是可以理解的，但不应成为常态。因为这种教学不是以学生为本的教学形态。怎么解决？一方面需要依靠历史新手教师的专业知识储备；另一方面只能以教学设计时充分的预设弥补经验的不足，需要对那些会引发学生兴趣和成为课堂兴奋点的内容在大脑中进行内容的补充。还有，历史新手教师需要清醒认识课堂教学的生成对自我专业发展的促进作用，课堂教学的生成可以促使历史新手教师审视和反思自己的教学设计与教学行为，修订、完善自己的教学设计，也使历史新手教师的教学智慧和实践能力获得发展。

第五，规范地呈现教学设计。这是教学设计的最后一项工作，也是对前面工作的汇总输出，需要重视呈现的规范性，包括教学设计内容完整、结构清晰、方便教师实施。教学设计的呈现内容包括：课题（说明本课课题名称）、课型及课时（说明本课是讲授新课，还是复习课或是活动课；说明所用的课时）、课程标准分析（呈现课程标准内容和教师对课程标准的理解）、教学内容分析（呈现教师对教学内容的逻辑梳理和自我认识）、学情分析（说明教师对学生的分析过程与结论）、教学目标（说明本课的学习任务）、教学重点与难点（说明本课教学的关键内容和学生学习的困难以及相应的解决策略）、教学方法（说明本课教学采用的教学方法）、教学媒体（说明本课教学使用的媒体技术）、教学过程（说明教学环节，不同环节的学习活动、教师教学行为、设计意图、时间分配等）、板书设计（呈现完整的板书）、教后反思（呈现教学实施后教师对本课教学效果的分析与反思）。

教学设计的呈现有简案和详案两种。简案只呈现纲目的、简单的活动说明，详案则比较详细地呈现教学过程中的学习活动、教师指导学习的行为、设计意图以及时间分配等。详案的具体形式有实录式和表格式。对于历史新手教师来说，采用表格式详案更便于开展教学和实施课后反思（表 1-1）。

表 1-1　教学设计表格式详案

课题					
课型及课时					
课前系统分析	课程标准分析				
	教学内容分析				
	学情分析				
教学目标					
教学重点与难点					
教学方法					
教学媒体					
教学过程	教学环节	学习活动	教师教学行为	设计意图	时间分配
	导入				
	新课				
	总结				
板书设计					
教后反思					

| 练习 |

请对照本讲中教学设计呈现的内容，看看自己的教学设计是否符合规范，如不符合，请进行调整与完善。

▶第二讲
研制教学目标

一、进行课程标准分析

分析课程标准是完成教学设计的首要环节。对于历史新手教师来说，分析课程标准主要是指研读历史课程标准的内容，理解历史课程标准的理念，把握历史课程标准中的课程目标规定，并在此基础上完成从课程目标到教学目标的转化。课程标准分析的目的是把握教学的任务与要求，制定便于操作和检测的教学目标。

（一）理解历史课程标准

当开始一课的教学设计时，历史新手教师面对摆在面前的教科书、教师教学用书、历史课程标准及专业书，到底应优先参照哪个进行教学设计？这个问题的答案很明确，就是历史课程标准。规范地实施历史教学，必须从正确理解历史课程标准开始。

1. 理解历史课程标准与教学设计的关系

尽管课程改革持续了多年，但到目前为止，仍有许多历史教师在完成教学设计时主要依赖教科书和教师教学用书，忽视历史课程标准的存在。之所以发生这种现象，是因为许多历史教师没有弄明白历史课程标准与教学设计的关系。

（1）作为国家课程的执教者，历史教师有全面落实历史课程目标的职责。

我们必须明确，历史课程标准由国家颁布，它作为一种政策力量，规范着历史课程的实践。历史课程标准反映了国家对学生学习历史的学习结果的统一基本要求，即通过历史课程的学习，学生能够知道什么、理解什么和做到什么。历史教师作为国家课程的执教者，不能偏离历史课程目标进行教学设计和开展教学。

(2)历史教师须树立以历史课程标准为教学依据的观念。

历史课程标准是历史教师开展教学工作的主要依据。历史教师的教学设计是以教学目标为导向的，制定教学目标是教学设计的首要任务，而制定教学目标的依据必须是历史课程标准。当然，历史课程标准还是教学设计中内容选择、学习活动设计以及评价设计等的依据。历史新手教师最先需要的是研究历史课程标准，深刻理解历史课程标准所阐释的课程理念，然后依据对历史课程标准的理解，结合教学内容的特点和学生心智发展的特点研制教学目标，而后充分开发和利用课程资源，精心进行教学设计。

《义务教育历史课程标准（2022年版）》"教学建议"指出：

> 历史课程的教学要力求体现课程的基本理念，以发展学生的核心素养为目标，并依据目标对教学内容进行适当的选择与整合，精心设计以学生为主体的教学过程和教学活动，组织学生参与探究历史的实践活动，使学生在特定的历史情境下发现问题、解决问题，形成自己对历史的正确认识。[1]

《普通高中历史课程标准（2017年版2020年修订）》"实施建议"提出：

> 历史教学是培养和发展学生历史学科核心素养的基本途径。要实现基于历史学科核心素养的教学，教师须确立新的认知观、教学观和评价观，从知识本位转变为素养本位，努力将学生对知识的学习过程转化为发展核心素养的过程。为此，在教学实践中，教师要将教学目标、教学内容、教学过程及教学评价等聚焦于培养和发展学生的历史学科核心素养。[2]

历史新手教师须树立以历史课程标准为教学依据的观念，正确理解历史课程标准，在此基础上完成教学设计，进而实施课程，实现国家课程的教育目标。

---

[1] 中华人民共和国教育部制定：《义务教育历史课程标准（2022年版）》，55页，北京，北京师范大学出版社，2022。

[2] 中华人民共和国教育部制定：《普通高中历史课程标准（2017年版2020年修订）》，45页，北京，人民教育出版社，2020。

（3）历史课程标准对教学设计具有方向性指导。

历史课程标准在本质上属于指导性文件，而非指令性文件。历史课程标准只规定最低限度的标准线，作为衡量历史教学是否达到教育目标的一个尺度。因此，历史新手教师在教学实践中需要结合教育改革的形势、地区教育发展水平、不同学校与不同水平的学生的需求，发挥自己的主观能动性，创造性地开展历史教学的设计和实施。

2. 理解历史课程标准的理念

历史课程标准是国家课程的指导性文件，理解蕴藏于其中的理念，既是历史新手教师开展教学工作的必要步骤，也是促成历史新手教师专业成长的必经之路。

（1）历史新手教师要从历史课程的性质中品悟历史教育的功能。

《义务教育历史课程标准（2022年版）》对历史课程的性质表述如下：

> 义务教育历史课程是学生在马克思主义唯物史观指导下，了解中外历史发展进程、传承人类文明、提高人文素养的课程，具有思想性、人文性、综合性、基础性特点，具有鉴古知今、认识历史规律、培养家国情怀、拓宽国际视野的重要作用。[1]

《普通高中历史课程标准（2017年版2020年修订）》对历史课程的性质表述如下：

> 历史学是在一定历史观指导下叙述和阐释人类历史进程及其规律的学科。探寻历史真相，总结历史经验，认识历史规律，顺应历史发展趋势，是历史学的重要社会功能。历史学是人类文化的重要组成部分，在传承人类文明的共同遗产、提高公民文化素质等方面起着不可替代的重要作用。

> 中学历史课程承载着历史学的教育功能。普通高中历史课程，是在义务教育历史课程的基础上，进一步运用历史唯物主义观点，以社会形态从低级到高级发展为主线，展现历史演进的基本过程以及人类

---

① 中华人民共和国教育部制定：《义务教育历史课程标准（2022年版）》，1页，北京，北京师范大学出版社，2022。

在历史上创造的文明成果，揭示人类历史发展的基本规律和大趋势，促进学生全面发展的一门基础课程。学生通过高中历史课程的学习，进一步拓宽历史视野，发展历史思维，提高历史学科核心素养，能够从历史发展的角度理解并认同社会主义核心价值观和中华优秀传统文化，认识并弘扬以爱国主义为核心的民族精神和以改革创新为核心的时代精神，具有广阔的国际视野，树立正确的世界观、人生观、价值观和历史观，为未来的学习、工作与生活打下基础。[①]

义务教育历史课程标准和普通高中历史课程标准对历史课程性质的具体表述要求我们的历史教学以民族意识和国家意识为核心，兼顾国际意识，提升学生的素养；要求我们的历史教学注重学生人文精神的培育，使学生在历史学习中获得人生体验、人生启示，确立正确的世界观、人生观、价值观；要求我们的历史教学向学生普及历史常识，使学生掌握基本的、重要的历史技能，注重历史和现实的联系，为学生进入和适应社会打下基础。

(2)历史新手教师要从历史课程的理念中学习历史教育理念。

《义务教育历史课程标准(2022年版)》对历史课程的理念表述如下：

1. 立足学生核心素养发展，充分发挥历史课程的育人功能

历史课程是落实立德树人根本任务的重要课程，注重培育学生核心素养。通过发掘人类优秀文化遗产的育人功能，使学生树立正确的历史观、民族观、国家观、文化观，增强责任意识和社会担当，成为德智体美劳全面发展的社会主义建设者和接班人。

2. 以中外历史进程及其规律为基本线索，突出历史发展的阶段性特征

历史课程内容主要包括中国历史、世界历史和跨学科主题学习。中外历史采用"点—线"结合的方式呈现。"点"是具体的历史事实，"线"是历史发展的基本线索。通过以"点"连"线"、以"线"穿"点"，使课程内容依照人类历史发展的时序，循序渐进地展开叙述，使学生在

---

① 中华人民共和国教育部制定：《普通高中历史课程标准(2017年版2020年修订)》，1页，北京，人民教育出版社，2020。

掌握历史事实的时候避免时序的混乱，把握历史发展的阶段性特征。跨学科主题学习板块的设计，旨在加强学生对中外历史进程及其发展特征的总体性把握和比较性认识，并体现历史课程与其他课程学习的有机结合。

3. 精选和优化课程内容，突出思想性、基础性

历史课程内容的选择坚持正确的思想导向和价值引领；精选基本的、重要的、典型的史事，注重吸收史学研究的新成果；充分反映人类文明的灿烂成就、社会主义先进文化、革命文化、中华优秀传统文化，以及世界其他国家和地区的优秀文化；增强课程内容的生动性。

4. 树立以学生为主体的教学观念，注重学生自主探究的学习活动，鼓励教学方式的创新

历史课程的教学以学生为本，充分考虑学生学习历史、认识历史的特点，通过学生自主探究的学习活动，体现学生在教学中的主体地位，实现历史课程育人方式的变革。提倡选择多样化的教学资源，探索多样化的教学方式和方法，鼓励将现代信息技术与历史教学深度融合。培养学生学会学习、发现和解决问题的能力，为创新型人才成长奠定基础。

5. 综合运用多种评价方式和方法，发挥评价促进学习和改进教学的功能

历史课程评价以考查学生核心素养的发展状况为目标；综合运用诊断性评价、形成性评价、终结性评价等多种方式；注重评价主体多元化，让学生在自评、互评的过程中学会反思和自我改进；倡导将评价融入教学设计，实现"教—学—评"一体，发挥评价促进学习和改进教学的功能。[1]

根据以上关于历史课程的理念的表述，结合之前关于历史课程的人文性的定位，我们可以认识到"立德树人"的历史教育理念就是通过历史学习促成学生的全面发展。

---

[1]　中华人民共和国教育部制定：《义务教育历史课程标准(2022年版)》，2～3页，北京，北京师范大学出版社，2022。

《普通高中历史课程标准(2017年版2020年修订)》对历史课程的基本理念表述如下:

1. 以立德树人为历史课程的根本任务

历史课程最基本和最重要的教育理念,是全面贯彻党的教育方针,切实落实立德树人的根本任务,坚持育人为本、德育为先,使历史教育成为形成和发展社会主义核心价值观的重要途径。发挥历史课程立德树人的教育功能,使学生能够从历史的角度关心国家的命运,关注世界的发展,成为德智体美劳全面发展的社会主义建设者和接班人。

2. 坚持正确的思想导向和价值判断

历史课程要以唯物史观为指导,对人类历史发展进行科学的阐释,将正确的思想导向和价值判断融入对历史的叙述和评判中;要引领学生通过历史学习,认清历史发展规律,对历史与现实有全面、正确的认识,形成实事求是的科学态度以及正确的世界观、人生观、价值观和历史观;要增强学生的历史使命感,不断增强学生对伟大祖国的认同,对中华民族的认同,对中华文化的认同,对中国共产党的认同,对中国特色社会主义道路的认同;增强学生的世界意识,拓宽国际视野。

3. 以培养和提高学生的历史学科核心素养为目标

历史课程要将培养和提高学生的历史学科核心素养作为目标,使学生通过历史课程的学习逐步形成具有历史学科特征的正确价值观、必备品格与关键能力。课程结构的设计、课程内容的选择、课程的实施等,都要始终贯穿发展学生历史学科核心素养这一任务。在结构设计上,要在体现基础性的同时,构建多视角、多类型、多层次的课程体系。在内容选择上,要精选基本的、重要的史事。在课程实施上,进一步改进教学方式、学习方式和评价机制,将教、学、评有机结合,促进学生的自主学习、合作学习和探究学习,提高实践能力,培养创新精神。[①]

与义务教育历史课程标准的课程理念相比,普通高中历史课程标准的

---

① 中华人民共和国教育部制定:《普通高中历史课程标准(2017年版2020年修订)》,2~3页,北京,人民教育出版社,2020。

课程基本理念除了考虑学生年龄的增长外，还根据国际、国内形势发展，从根本任务、思想导向和价值判断、目标三个方面具体化了育人目标：历史课程的根本任务是要把学生培养成具有社会主义核心价值观的社会主义建设者和接班人；必须坚持正确的思想导向和价值判断，以唯物史观为指导，增强学生对伟大祖国、中华民族、中华文化、中国共产党、中国特色社会主义道路的认同；以培养和提高学生的历史学科核心素养为目标。

(3)历史新手教师要从历史课程的目标中掌握历史教学总的学生学习目标。

《义务教育历史课程标准(2022年版)》对历史课程的目标表述如下：

1. 初步学会在唯物史观的指导下看待历史

能够认识劳动在人类社会发展中的重要作用，知道物质生产是人类生存和人类社会发展的基础；知道人民群众是物质生产的主要承担者和历史的创造者；知道生产力发展的重要性，知道生产力和生产关系的矛盾运动、经济基础和上层建筑的矛盾运动是社会历史发展的根本动力；知道在阶级社会中存在着阶级矛盾和阶级斗争，阶级斗争是推动历史发展的直接动力；初步了解人类社会形态从低级到高级的发展趋势。能够将唯物史观运用于历史学习，结合史实进行阐述和说明。

2. 学会在具体的时空条件下考察历史

了解历史发展的时间顺序和空间要素，初步掌握计算历史时间和识别历史地图的方法，并能够在历史叙述中运用这些方法；能够将事件、人物、现象等置于历史发展的特定或总体进程及具体的地理空间中加以考察，并从历史发展的角度认识其地位和作用。

3. 初步学会依靠可信史料了解和认识历史

了解史料的主要类型，初步学会从多种渠道获取历史信息，提高对史料的识读能力；能够尝试运用史料说明历史问题，学会根据可信史料对历史进行论述；初步形成重证据的意识和处理历史信息的能力。

4. 初步学会有理有据地表达自己对历史的看法

能够初步区分历史叙述中的史实与解释；能够客观叙述和分析历

史，有理有据地表达自己的看法；在理解和辨析相关史料的基础上，尝试发现和提出新的问题，加以论证，形成自己的历史认识。

5. 形成对国家和中华民族的认同，具有国际视野，有理想、有担当

能够从历史的角度认识中国国情，认识中华民族多元一体的历史发展趋势，增强热爱家乡、热爱祖国的情感，铸牢中华民族共同体意识；了解并认同社会主义先进文化、革命文化、中华优秀传统文化，认识中华文明的历史价值和现实意义，增强民族自尊心、自信心和自豪感；了解中国历史上的英雄人物，崇尚英雄气概，传承民族气节；培育和践行社会主义核心价值观，把握习近平新时代中国特色社会主义思想的核心要义，树立中国特色社会主义道路自信、理论自信、制度自信、文化自信。

了解人类文化的多样性，理解和尊重世界各国、各民族的文化传统，认识中国历史与世界历史相互关联；了解中华文明对世界文明进步作出的突出贡献，体现立足中国、面向世界的视野和胸怀，初步树立构建人类命运共同体的意识。

逐步确立积极进取的人生态度，形成健全的人格，具有为家乡、国家和世界发展贡献力量的远大理想和责任担当。①

《普通高中历史课程标准(2017年版2020年修订)》对历史课程的目标表述如下：

1. 了解唯物史观的基本观点和方法，包括人类社会形态从低级到高级的发展、生产力和生产关系之间的辩证关系、经济基础和上层建筑之间的相互作用、人民群众在社会发展中的重要作用等，理解唯物史观是科学的历史观；能够正确认识人类历史发展的总趋势；能够将唯物史观运用于历史的学习与探究中，并将唯物史观作为认识和解决现实问题的指导思想。

2. 知道特定的史事是与特定的时间和空间相联系的；知道划分历

---

① 中华人民共和国教育部制定：《义务教育历史课程标准(2022年版)》，6～8页，北京，北京师范大学出版社，2022。

史时间与空间的多种方式，并能够运用这些方式叙述过去；能够按照时间顺序和空间要素，建构历史事件、历史人物、历史现象之间的相互关联；能够在不同的时空框架下对史事作出合理解释；在认识现实社会时，能够将认识的对象置于具体的时空条件下进行考察。

3. 知道史料是通向历史认识的桥梁，了解史料的多种类型，掌握搜集史料的途径与方法；能够通过对史料的辨析和对史料作者意图的认知，判断史料的真伪和价值，并在此过程中增强实证意识；能够从史料中提取有效信息，作为历史叙述的可靠证据，并据此提出自己的历史认识；能够以实证精神对待历史与现实问题。

4. 区分历史叙述中的史实与解释，知道对同一历史事物会有不同解释，并能对各种历史解释加以辨析和价值判断；能够客观论述历史事件、历史人物和历史现象，有理有据地表达自己的看法；能够认识历史解释的重要性，学会从历史表象中发现问题，对历史事物之间的因果关系作出解释；能够客观评判现实社会生活中的问题。

5. 在树立正确历史观基础上，从历史的角度认识中国的国情，形成对祖国的认同感和正确的国家观；能够认识中华民族多元一体的历史发展趋势，形成对中华民族的认同感和正确的民族观，具有民族自信心和自豪感；了解并认同中华优秀传统文化、革命文化、社会主义先进文化，了解中国各个历史时期的英雄人物，传承民族气节、崇尚英雄气概，认识中华文明的历史价值和现实意义；了解世界历史发展的多样性，理解和尊重世界各国、各民族的文化传统，具有广阔的国际视野，树立正确的文化观；认同社会主义核心价值观，认同走中国特色社会主义道路是历史的必然，树立中国特色社会主义道路自信、理论自信、制度自信和文化自信；能够确立积极进取的人生态度，塑造健全的人格，树立正确的世界观、人生观和价值观。①

义务教育历史课程标准中课程目标的五条和普通高中历史课程标准中

---

① 中华人民共和国教育部制定：《普通高中历史课程标准（2017年版2020年修订）》，6～7页，北京，人民教育出版社，2020。

课程目标的五条分别对应着唯物史观、时空观念、史料实证、历史解释和家国情怀历史学科核心素养的五个方面。历史学科核心素养的五个方面是一个有机整体："唯物史观是历史学习的理论指引，是其他素养得以达成的理论保证；时空观念是历史学科本质的体现，是其他素养得以达成的基础条件；史料实证是历史学习的必备技能，是其他素养得以达成的必要途径；历史解释是对历史思维与表达能力培养的基本要求，是其他素养得以达成的集中体现；家国情怀体现了历史学习的价值追求，是其他素养得以达成的情感基础和理想目标。"①

（4）历史新手教师要从历史课程的内容和学业质量中获取历史教学的任务和要求。

通过对义务教育历史课程标准中课程内容的部分研读，可以归纳出本阶段历史学习的学习主题：中国古代史以传承中华优秀传统文化和文明成果为主；中国近代史以救亡图存为主线，以民族复兴、国家富强为目标；中国现代史突出社会主义建设成就和社会主义核心价值观教育；世界史则注重全面反映多元文化和历史发展道路的多样性，以及世界各国、各地区之间联系不断加强的趋势。

通过对义务教育历史课程标准中学业质量的部分研读，可以明确本阶段是以核心素养培育为目标的。由于学业质量并没有按年级分开表述，因此就需要教师自己结合学情，规划核心素养的培育。解决方法：一是在实践中探索解决的方案，二是参照《义务教育历史课程标准（2022 年版）》中的规定规划。本阶段各年级学生历史学习的能力发展目标：七年级的学生，侧重于技能的培养，主要培养时空观念，要求能够识读历史图表，正确地计算历史年代，阅读普及性的历史读物，了解传说、故事、演义与史实的区别；八年级的学生，主要培养初步收集与阅读基本史料的能力和初步从多角度分析历史问题的能力，以及初步调查研究的能力；九年级的学生，主要培养绘制简单的历史示意图的能力，培养能够对同类的历史事物进行初步的比较、概括和

---

① 中华人民共和国教育部制定：《义务教育历史课程标准（2022 年版）》，6 页，北京，北京师范大学出版社，2022。

综合，能够初步运用史料对历史进行分析、论证等的能力。

《普通高中历史课程标准(2017 年版 2020 年修订)》中高中三年的历史课程由必修、选择性必修和选修三类课程构成，由此也规定了不同阶段的学习任务和要求。其中历史必修课程是全体高中学生必须修习的课程，内容分为中国古代史、中国近现代史和世界史三个部分；历史选择性必修课程由学生根据个人兴趣和升学需求选择修习，设三个模块，即《国家制度与社会治理》《经济与社会生活》《文化交流与传播》；历史选修课程由学生自主选择，设两个模块，即《史学入门》《史料研读》。

(5)历史新手教师要从义务教育历史课程标准的"课程实施"和普通高中历史课程标准的"课程内容"中获取转变学习方式和教学方式的策略建议。

《义务教育历史课程标准(2022 年版)》"课程实施"，给历史新手教师开展历史教学提供了中肯且操作性强的教学建议。教学建议共五点：以正确的思想统领历史课程的教学，确立基于核心素养的教学目标，以核心素养为导向整合教学内容，设计有助于核心素养形成和发展的教学过程，采用多种多样的历史教学方式方法。历史新手教师可从中领悟历史教学中转变学习方式和教学方式的实施策略。

《普通高中历史课程标准(2017 年版 2020 年修订)》在"课程内容"中呈现了各个模块各个专题的内容要求后，设有"教学提示""学业要求"小栏目，对教师如何处理教学内容以落实历史学科核心素养做了提示。"教学提示"提供了多个示例，为教师实际操作提供了范本；"学业要求"对学生学习完成后应该具备的历史学科核心素养提出了细化的要求。历史新手教师认真学习和领会"教学提示""学业要求"中的内容，会给自己的教学实践带来很大的帮助。

综上所述，历史课程标准对历史教师教学设计和教学实施的影响是全方位的，给予了历史教师方向性指导。历史新手教师要认真学习历史课程标准，要深化对历史课程标准的理解，从而真正实现基于历史课程标准进行教学设计和教学实施。

（二）从课程目标到教学目标的转化操作

历史课程标准对教学设计最核心的方向性指导在于目标设定上，即从历史课程目标到单元或课时教学目标的转化。这里的教学目标是指教师对学生通过教学活动要达到的学习效果的预期。

历史课程标准是对学生的学习结果的描述，是概括化的，指向的是学生在整个学段内的学习，而不是指向一节具体的课。历史课程标准中的"课程内容"列出了学生学习的具体知识点，能够为教师教学设计中"教什么"提供依据，但它是对全体学生共同的、统一的基本要求。历史新手教师不能将"课程内容"直接作为自己教学设计中的教学目标，需要根据学生实际的学习情况乃至具体的学习环境完成对"课程内容"的转化，使其变成具有可操作性的教学目标。

教学案例及分析

下面以"战国时期的社会变化"一课为例说明从课程目标到教学目标的转化（图 1-2）。

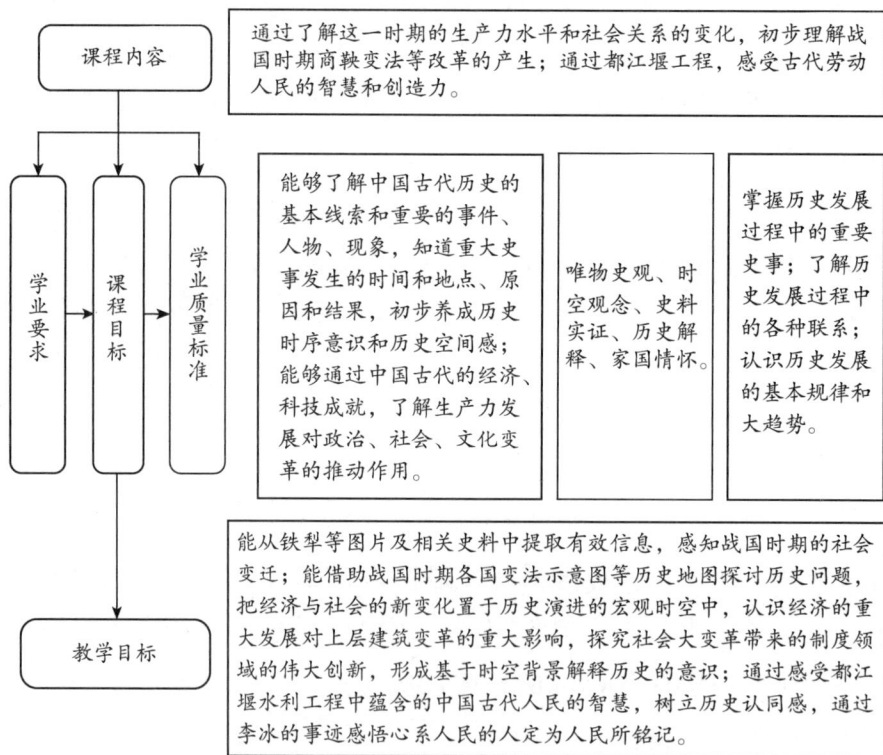

图 1-2　以"战国时期的社会变化"为例说明从课程目标到教学目标的转化

关于本课，历史课程标准中"课程内容"的表述为："通过了解这一时期的生产力水平和社会关系的变化，初步理解战国时期商鞅变法等改革的产生；通过都江堰工程，感受古代劳动人民的智慧和创造力。"历史新手教师不能直接把它作为教学目标，需要对它进行解读。解读的方法就是在"学业要求""课程目标""学业质量标准"中找到与"课程内容"相对应的内容。因为从逻辑上讲，本课属于中国古代史的学习内容，历史课程标准在中国古代史"内容要求"后有相对具体的"学业要求"，可供历史新手教师制定教学目标时参照；"课程目标"是"课程内容"的上位内容，只有把"课程内容"放在"课程目标"中才能做出更全面、更深刻的解读；"学业质量标准"对核心素养进行了描述，虽然有些笼统，有待进一步细化，但仍然是历史新手教师进行教学目标研制必须参照的依据。

在"学业要求"中与"通过了解这一时期的生产力水平和社会关系的变化，初步理解战国时期商鞅变法等改革的产生"相对应的是"能够了解中国古代历史的基本线索和重要的事件、人物、现象，知道重大史事发生的时间和地点、原因和结果，初步养成历史时序意识和历史空间感"。本课这一部分课程内容讲的是中国古代社会一次影响深远的社会变迁，其是一个非常复杂的历史现象，在学习和理解这一历史现象的过程中，需要借助历史地图、文字史料和图片史料，需要解释生产力发展对政治变革的推动作用，此过程中涉及的核心素养包括唯物史观、时空观念、史料实证、历史解释及家国情怀。再结合学业质量标准，这一部分的教学目标可以表述为"能从铁犁等图片及相关史料中提取有效信息，感知战国时期的社会变迁；能借助战国时期各国变法示意图等历史地图探讨历史问题，把经济与社会的新变化置于历史演进的宏观时空中，认识经济的重大发展对上层建筑变革的重大影响，探究社会大变革带来的制度领域的伟大创新，形成基于时空背景解释历史的意识"。

在"学业要求"中与"通过都江堰工程，感受古代劳动人民的智慧和创造力"相对应的是"能够通过中国古代的经济、科技成就，了解生产力发展对政治、社会、文化变革的推动作用"。本课这一部分课程内容讲的是古代人类文明成果，一项世界文化遗产。由此可进一步分析：都江堰工程体现了古人在水利方面的杰出智慧，一心为民的人（李冰）必将为人民所铭记。这一部分的教学目标就可以表述为"通过感受都江堰水利工程中蕴含的中国古代人民的智慧，树立历史认同感，通过李冰的事迹感悟心系人民的人定为人民所铭记"。

由此，历史新手教师就完成了从课程目标到教学目标的转化。

✎ | 练习 |

请从你所教的教科书中选取一课，按照上面的步骤，完成从课程目标到教学目标的转化。

二、进行教学内容分析

在分析完课程标准、总体上明确了一课的教学目标后，通过分析教学内容，可以进一步细化教学目标，产生教学内容呈现和教学方法选择的初步意向。

（一）教学内容分析概述

教学内容就是课堂教学中学生学的内容和教师教的内容，是教学目标得以实现的载体。对教学内容的分析关乎教学设计的成败，因此历史新手教师应特别重视分析教学内容。

教学内容分析主要指向教科书内容分析。教科书是依据课程标准编写的最为重要的教学材料和教学工具。历史教科书体现国家意志，是国家主流意识形态建设的重要载体，既要落实党和国家提出的一系列指导思想，又要反映历史学科的发展趋势，还要体现当代社会的进步以及满足当前中国社会发展对人才培养的需求。现行的部编版历史教科书是中央直接部署、教育部具体落实、集各方面力量、依据历史课程标准编写的。

（二）教学内容分析的任务及操作

1. 准确理解教学内容

准确理解教学内容，既包括对教科书呈现的知识点的理解，也包括对一课主题的理解及对编写者的思路和意图的理解。只有完成对教学内容的理解，才能使后续的教学设计和课堂教学建立在坚实的基础上。

对教科书呈现的知识点的理解和对一课主题的理解，考验的是历史新手教师的历史学科功底。由于历史新手教师的知识与经验不足，因此他们不可能对教学中遇到的每一课的内容都完全把握，这就需要借助教师教学用书以及学术研究成果。

对编写者的思路和意图的理解，考验并锻炼历史新手教师的教学能力。我们可以借助教科书的组成要素进行分析。教科书包括课文系统和课文辅助系统。课文系统是教科书的主体部分，呈现的是一课的基本内容，一般来说涵盖了课程标准所要求的主干知识，也会有一些相应的必要内容的补充。课文辅助系统是指配合课文学习所设计的有关栏目，包括课文前设、课文旁设、课文后设，有激发兴趣、拓展知识、提供材料、促进思考、展开活动、巩固提高等多方面的功能。以初中为例，部编版历史教科书设计了多样的栏目，如"相关史事""人物扫描""材料研读""问题思考""课后活动""知识拓展"等。这些课文辅助系统的栏目设计，体现了"教本"与"学本"相结合的理念，拓展了教科书的信息，加强了教科书的可读性、可学性和教学实施的可操作性，有助于学生阅读与思考。另外，部编版历史教科书设置了大量的插图，这些插图是教科书的有机组成部分，使教科书达到了图文并茂的效果。这些插图的主要功能是：配合内容叙述，相互印证，活化内容；可使学生拓宽视野，获取更多的信息；可使学生感受历史情境，以培养他们的思维能力。历史新手教师在进行教学设计时，不可忽视对这些插图的使用，要研究这些插图的功能和所含的信息，考虑如何运用这些插图，如何引导学生从插图中提取有效信息，如何指导学生掌握识图、用图的方法，如何通过插图提升学生的观察能力、分析能力和理解能力。因此，历史新手教师在进行教学设计时，不要一上来先想着从别处寻找和补充教学内容，应首先考虑运用教科书中的这些栏目来引导学生的学习，以发挥出各栏目在教学实际中的作用，在此基础上再补充、拓展其他内容。

2. 深度把握教学内容

深度把握教学内容包括准确进行一课的知识定位，对一课教学内容进行逻辑梳理，进一步确定出一课的知识结构，最后用自己的语言表述一课内容。

知识定位需要把一课的教学内容放在一个长时段中，以发现其在知识链条中的地位和作用。这个长时段可以是教科书的一个单元，也可以是历史的一个发展阶段。教科书每一单元的前面设有单元导语，可以作为进行知识定位的很好参照。教学内容的逻辑梳理就是分析教学内容的层级关系，既可以促进教师深度把握教学内容，也可以作为教学设计时确定课堂教学进程的一个重要依据。梳理完教学内容后的结构化表达，就是确定一课的知识结构，它也是学生学习一课之后需要在大脑中留存的知识框架。对教学内容的语言表述十分重要。教科书是编写者依据课程标准编写的，代表的是编写者对课程标准的理解。历史新手教师在教学实践前，必须完成自己对课程标准的理解，实现对教学内容的深度把握，其方式就是能用自己的语言对教学内容进行表述。

历史新手教师进行教学内容的分析，既要符合历史的实际，史事要准确，又要符合国家的主流意识形态，用正确的历史观开展教学内容分析，形成正确的观点。历史新手教师首先接触的多是中国古代史的教学，在教学设计和教学实施时，要有意识地引导学生理解我国历史的发展、统一多民族国家的形成与发展以及古代的中外交流，激发学生的民族自豪感，使学生树立民族自信心和自尊心，加深学生对我国历史文化的认同感。

教学案例及分析

下面以"明朝的统治"一课为例说明对教学内容的准确理解（表1-2）和对教学内容的深度把握（图1-3）。

表 1-2　以"明朝的统治"为例说明对教学内容的准确理解

课文结构		课文系统的内容	课文辅助系统的内容	备注
课文前设			朱元璋采取了哪些专制集权的措施？与前代相比，明朝的官僚机构和科举考试有什么变化？	
课文子目	明朝的建立	元末政治腐败，社会动荡。朱元璋领导的农民起义结束了元朝的统治，建立了明朝。	1. 相关史事：朱元璋。 2. 图片：朱元璋像。 3. 地图：明朝疆域图。	
	朱元璋强化皇权	朱元璋吸取元朝灭亡的教训，强化皇权，在政治上采取一系列措施，从地方到中央全面改革官制。为监视官民，朱元璋设立了锦衣卫。	1. 问题思考：朱元璋对地方和中央官制的改动，最突出的特点是什么？ 2. 材料研读：《明太祖实录》中"不许立丞相"史料。 3. 相关史事：明成祖时建立内阁。 4. 图片：锦衣卫印。	
	科举考试的变化	明朝科举考试规定考试的题目必须来自"四书""五经"，考生对题目的解释必须以朱熹的《四书集注》为标准。	1. 图片：南京江南贡院的科举考场。 2. 图片：举子看榜图。 3. 材料研读：顾炎武抨击八股文。	
	经济的发展	明朝时，农业、手工业和商业在前代的基础上继续发展。	图片：明代青花扁壶。	
课文后设			1. 课后活动： 想一想：朱元璋废除丞相，强化皇权，这一举措有什么利弊得失？ 议一议：八股取士对教育、选官等方面造成什么样的负面影响？ 2. 知识拓展：廷杖。	

对照义务教育历史课程标准，"明朝的统治"一课的课文系统与课程内容的要求基本一致。"朱元璋强化皇权""科举考试的变化"两个子目，对应"通过了解明清时期加强皇权的举措，初步认识君主专制带来的社会弊端"。第四个子目"经济的发展"对应"通过了解明清时期的经济改革和全球性经济互动，初步认识这一阶段中国经济发展的内因和外因"。第一个子目"明朝的建立"在课程标准中没有提及，编写者设计这一子目的意图可能是呼应课题"明朝的统治"，希望学生对明朝的历史有一个全面的了解和认识。

本课的课文辅助系统为学生学习本课内容提供了很好的支持。课文前设的两个问题和课文后设的"课后活动"中的问题都紧扣本课的核心主题明朝的专制集权，有助于学生聚焦主题。第一个子目中的辅助内容很好地补充了学生学习本课内容所需要的细节。"相关史事"和"朱元璋像"补充了朱元璋的个人信息；"明朝疆域图"有利于学生理解明朝是一个统一的封建王朝，培养了学生的识图能力和空间意识。第二个子目中的辅助内容既补充了历史细节，也注重了以史料探究历史的学科特质。其中"问题思考"和"材料研读"中所提的问题指向本课的主题；"相关史事"补充了内阁建立的内容；"锦衣卫印"的图片可以使学生明白锦衣卫是一个正式的机构，但需要教师补充一些关于该机构行使权力的内容。课文后设中"廷杖"的内容可以在本子目的讲述中使用。第三个子目中的辅助内容主要是两幅图，"南京江南贡院的科举考场"和"举子看榜图"，对学生理解科举考试有一定的帮助，但对学生理解八股取士没有直接帮助，教师还需补充相关史事。第四个子目中的辅助内容只有一个，即"明代青花扁壶"的图片，有助于学生理解明代手工业的发展情况，但对于农业和商业及商帮的发展情况，教师仍需补充相关历史细节。

课程内容

> 通过了解明清时期加强皇权的举措，初步认识君主专制带来的社会弊端；通过了解明清时期的经济改革和全球性经济互动，初步认识这一阶段中国经济发展的内因和外因。

内容逻辑梳理

> 本课主要包括四部分内容：明朝的建立、朱元璋强化皇权、科举考试的变化和经济的发展。明朝的建立是朱元璋强化皇权的前提；朱元璋吸取前朝教训，从政治上改革官制，强化皇权；朱元璋改革科举制度是为了通过控制读书人的思想巩固统治；明朝经过初期皇权的加强，统治得以巩固，社会安定，为明朝经济的发展提供了良好的社会环境。

知识结构

明朝的统治
- 明朝的建立（1368年于应天府）
- 强化皇权和社会控制
  - 废丞相和中书省，权分六部；废行中书省，设三司
  - 分大都督府为五军都督府
  - 设厂卫监视官民
  - 八股取士控制读书人
- 经济的发展
  - 农业
  - 手工业
  - 商业

自我语言表述

> 本课为第三单元"明清时期：统一多民族国家的巩固与发展"的第一课时。封建专制主义制度是我国古代政治制度的核心。明清两代是中国历史的最后两个朝代，君主专制达到顶峰，中国统一多民族的形势得到巩固，中国的版图大致奠定。
>
> 明朝结束了元朝末年腐朽、黑暗的残暴统治，使皇权进一步强化。明朝加强皇权，在统治初期稳固统治的同时，也对经济的恢复和统一多民族国家的巩固与发展发挥了积极的作用，但也不能忽视明清时期是我国封建社会逐步走向衰落的时期。明朝采取的这些措施，一方面为经济的发展创造了有利的环境，另一方面八股取士也扼杀了知识分子的创造性。太过集中的权力，不仅给明朝的统治埋下了危机，而且让社会失去了进步的原动力。在这一背景下，明朝君权的加强恰恰是明朝封建统治在政治上衰落的表现。

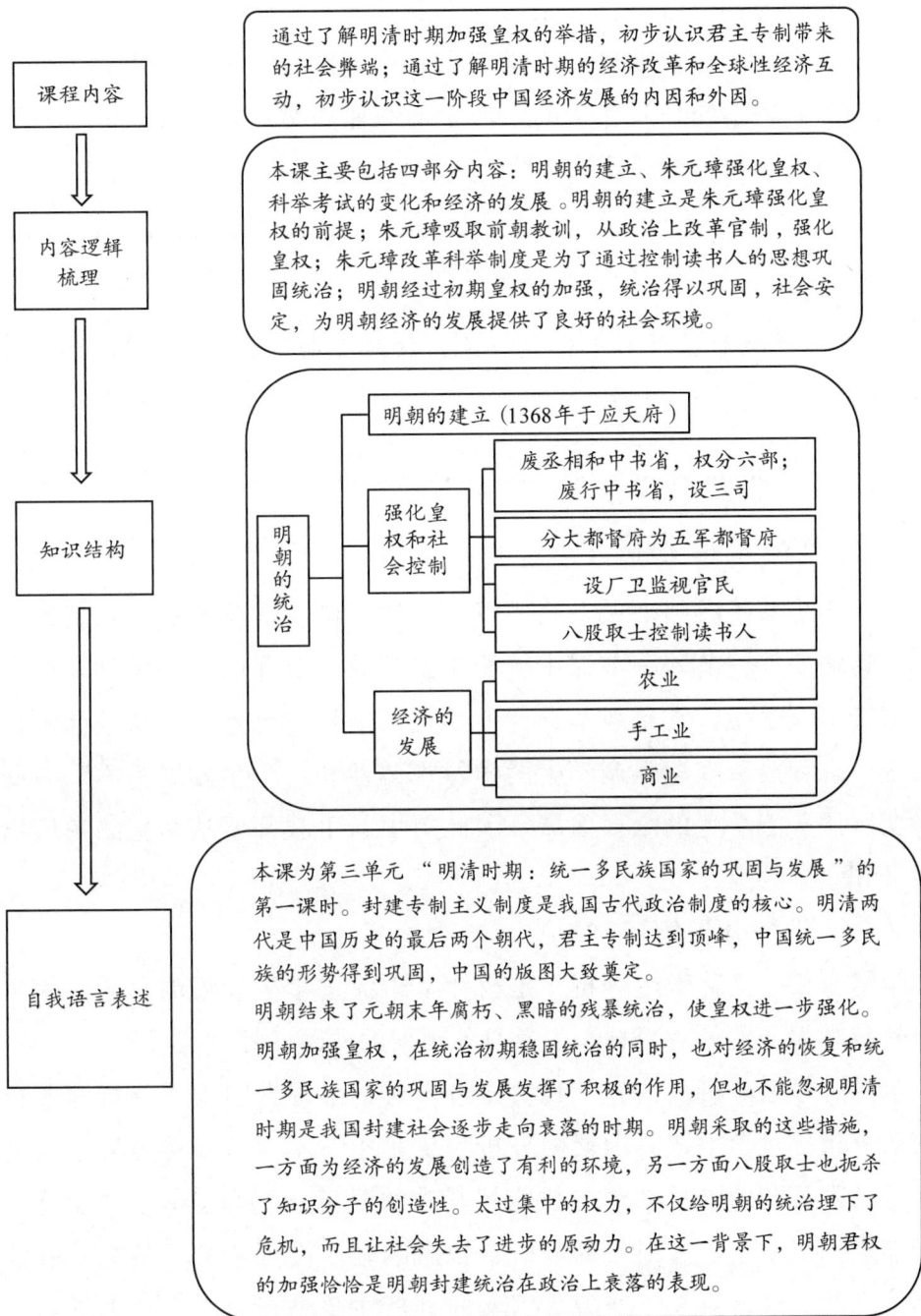

图 1-3 以"明朝的统治"为例说明对教学内容的深度把握

分析教学内容是历史教师完成教学设计的一个十分重要的环节，也非常考验历史教师的专业功底和教学能力。对于内容的教学处理，需要一定的教育学和心理学知识及在实践中产生的职业敏感性，所有这些都需要历史新手教师从最初的教学设计开始，认真地分析每一课的教学内容。

| 练习 |

请从你所教的教科书中选取一课，按照上面的步骤，完成教学内容的分析。

三、进行学情分析

对于历史新手教师来说，胜任历史教学工作非常重要的一项就是了解学生。这需要从一节课一节课中去积累。完成一节课的教学设计，同样需要了解和研究学生，它是教学设计科学化的前提，也是进行高效课堂教学的关键。课程改革理念强调学生的学习主体性和以学生发展为本，教师的教学实践服务于学生的全面发展，因此历史新手教师要从学生的角度出发来设计和实施教学。

（一）学情分析概述

学情分析，又称学生分析，是教师基于促进学生发展的理念，为了实现有效教学而开展的对影响学生学习各因素的诊断、评估与分析。

第一，学情分析的内容。其主要包含对学生智力因素的分析和非智力因素的分析。对学生智力因素的分析主要是指对学生从事特定的学科内容的学习已经具备的有关知识与技能的基础的分析，以确定学生初始能力和教学起点。对学生智力因素的分析直接影响教学设计中学习目标的确定和教学内容的选择。对学生非智力因素的分析主要是指对学生从事学习产生影响的心理、生理和社会以及学生的学习风格的分析，主要包括学生的意志、兴趣、动机、情感、性格、心理等认知倾向和班级的特性等。对学生非智力因素的分析直接影响教学设计中教学策略的制定和教学方法的选择。

对学生非智力因素的了解，不是短时间能完成的，历史新手教师需要在不断的教学实践中完成。这里我们更多关注对学生智力因素的分析。学情分析从过程上分为课前学情分析、课中学情分析和课后学情分析。这里我们探讨的是课前学情分析。课前学情分析能够为教学设计提供依据，确保教学目标实现。

第二，学情分析的功能。学情分析具有以下功能：了解学生的知识基础和兴趣，作为选择和设计教学内容的依据；了解学生的认知能力和态度倾向，作为确定教学目标的依据；了解学生的学习障碍，作为确定教学难点的依据；了解认知倾向和班级的特性，作为确定教学策略和方法的依据。

只有真正了解学生的已有知识经验和认知心理特点，才能确定他们在不同领域、不同学科和不同学习活动中的最近发展区，从知识、技能等方面科学地阐述和设定教学目标。没有学生的知识经验作为基础，任何讲解、操作、练习、探究、合作和交流等都难以得到真正的落实。

（二）学情分析的方法及操作

学情分析在本质上就是研究学生，为确保学情分析的科学性和客观性，需要一定的科学方法。那种仅依靠经验的学情分析并不可靠，特别是不适合刚参加工作、对学生的了解还处于初始状态的历史新手教师。学情分析常用的方法有观察法、资料分析法、访谈法、问卷调查法等。

观察法。观察法是指教师在日常教学活动中，有目的、有计划地通过对学生言语和行为的观察、记录来判断其心理特点的基本研究方法。教师的观察要有明确的目的，实施观察前教师要清楚自己主要想收集哪方面的信息，还要运用适当的方式对观察结果进行及时记录，并进行相应的统计与分析，形成学情调研结论。刚参加工作的历史新手教师在课堂教学中实施观察有一定的难度，可以选择录像与录音等方式保存课堂教学的音像资料，课后通过回放的方式进行观察，这样可以得到比课堂观察更多、更全面的信息。

资料分析法。资料分析法也可称为文献分析法，即教师通过已有的文字记载材料，如学生的档案、笔记本、作业和试卷、教师评语等，间接了解、分析学生基本情况的一种方法。例如，通过查阅学生的档案，教师可以比较系统地了解学生的学习、生活、思想、个性以及家庭背景等方面的基本情况；通过分析学生已有的作业和试卷，教师可以在一定程度上了解学生的认知水平、思维特点及其学习方法等方面的重要信息。教师也可以通过上一届学生学习某课的相关材料，推断本届学生学习某课的知识储备、学习经验。

访谈法。教师通过与学生口头谈话的方式从学生那里收集关于学情的第一手资料。访谈前，历史新手教师需要进行充分的访谈准备，包括根据课题列出详细的学情调查的访谈提纲，选择一定数量的有代表性的访谈对象，确定适合的访谈时间、地点等。由于学生众多，历史新手教师不可能一一访谈，因此访谈对象的选择是需要进行认真思考的。历史新手教师可以根据学习能力对访谈对象进行分类，但一定要以因材施教的态度对待他们。通过访谈，历史新手教师可以了解到学生的知识储备、学习经验及其学习态度、学习动机等方面的信息，为教学设计和教学活动的有效开展提供决策支持。

问卷调查法。问卷调查法即教师通过自主设计的问卷对学生的知识基础、态度和情感倾向、学习兴趣和学习障碍等进行较为全面的了解，并进行科学的统计分析，为教学设计和教学实施提供决策的依据。为了保证通过问卷能获得有效的信息，问卷的编制需注意以下事项：应有问卷说明；问卷要能涵盖学情各个方面的内容；不同的问题类型需选择不同的题型，对知识基础的调查用选择题，对态度和情感倾向的调查可以用选择题，也可以用阐释题，对学习兴趣和学习障碍的调查用阐释题；表述应客观、准确、简洁、通俗易懂，避免在问题表述中带有任何暗示性或倾向性。调查实施后，教师要科学、严谨地进行统计，得出统计结论。

以上的方法要想得出相对客观的学情信息，教师需要明确其背后的科学原理和规范性要求。对于历史新手教师来说，我们建议采用访谈法和问卷调查法相结合的方式开展学情分析。访谈法能够针对某一个对象或者某一个问题进行深入了解，获取第一手资料。问卷调查法有利于教师对所需要的学情进行长期的分析研究。二者的结合是定性研究和定量研究的结合，能够得出相对客观的学情信息。

教师在得出学情分析的结论之后，还需要进一步寻找学情分析的结论与教学设计、教学实施的关系，要把学情分析的结论与教学设计、教学实施的各个环节建立起联系。

教学案例及分析

下面以"全球航路的开辟"为例说明以问卷调查法进行学情分析。[①]

一、问卷设计思路

本问卷是在学生完成了预习之后进行的，设计本问卷出于两方面的考虑：一是因为本课内容在初中也有，目前高中教科书容量大，希望通过此调查了解学生对本课内容的兴趣及掌握情况，为教学设计中的内容设计提供决策依据；二是本课教学想突出学生的主体地位，设计学生的自主学习和合作学习，希望通过此调查了解学生对自主学习和合作学习的态度，为教学设计中教学方法和学习方式的选择提供决策依据。

二、问卷内容

1."全球航路的开辟"一课，你有学习兴趣吗？

2. 你觉得本课内容哪部分最有意思？

3. 你觉得本课内容哪部分最枯燥乏味？

4. 你对哪部分知识感觉最为模糊，把握不住知识逻辑或学习要领？

5. 结合初中历史课程，你能够说出什么内容？

6. 关于"新航路开辟的动因和条件"，你能说出多少？

7. 根据自己的现有知识，你知道哪些航海家开辟的航海路线？

8. 在预习过程中，你觉得哪些知识仍然不能理解？

9. 预习之后，你希望老师重点讲授的知识是什么？

10. 以下内容，按照你的兴趣程度，从高到低排序。

新航路开辟的过程，新航路开辟的内、外条件，新航路开辟的多种动因，其他航路开辟的过程，新航路开辟的影响，梁启超关于新航路开辟与

---

① 本案例由北京市怀柔区第一中学宋文捷老师提供。

郑和下西洋的思考。

11. 如果让你向其他同学讲"新航路开辟的过程"，你会采用以下哪种方式？

语言讲述、表格对比、时间轴梳理、PPT 加动画的多媒体应用、观看视频解说。

12. 如果让你向其他同学讲"其他航路开辟的过程"，你会采用以下哪种方式？

语言讲述、表格对比、时间轴梳理、PPT 加动画的多媒体应用、观看视频解说。

13. 如果让你站在讲台前讲述，你的意愿是？

不，完全不可以；最好别人上，但自己可以尝试；只要准备充分，完全可以；可以和小伙伴一起上台讲给大家听。

14. 你不想上讲台讲的原因是？

可以在同学当中说说，上台紧张；怕自己说错，被同学嘲笑；对知识没有自己的理解，不知道说什么。

15. 和小伙伴一起，你打算采用以下哪种方式合作？

准备环节分工，收集资料、制作等由不同的人进行；展示环节分工，每个人讲不同的部分；小组每人做一种，择优展示。

三、问卷统计结果分析(部分)

为了解学生对本课知识的学习兴趣，问卷设置问题"'全球航路的开辟'一课，你有学习兴趣吗？"，数据分析情况如图 1-4 所示。

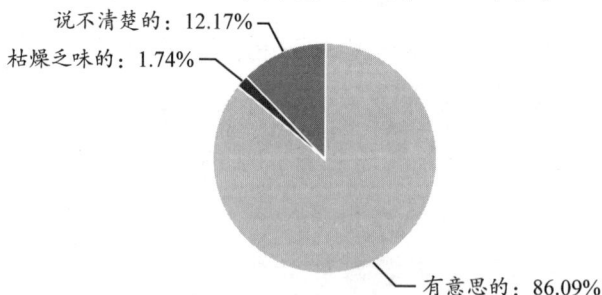

图 1-4 "全球航路的开辟"学习兴趣调查图

不难发现，有86.09%的学生认为本课的学习是有意思的。进一步调查学生对哪一部分更为感兴趣时，发现有38.38%的学生认为新航路开辟的过程更有意思，而与之有相同学习过程的其他航路开辟的过程则是学生最不感兴趣的(图1-5)。本课是九年级上册第15课"探寻新航路"的延伸，学生对新航路开辟的内、外条件，四位航海家及航行路线了解较多，但对新航路开辟的多种动因的分析不够深入，对其他航路开辟的过程一点儿都不了解。学生对自己已经学习过的知识更为熟悉，也更加有把握。因此，历史新手教师应将新航路开辟的过程与其他航路开辟的过程这两部分相结合，引导学生使用迁移的方法学习未知内容。

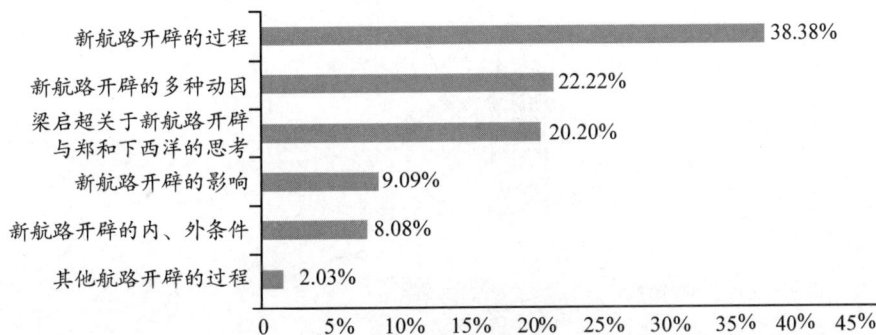

兴趣点	百分比
新航路开辟的过程	38.38%
新航路开辟的多种动因	22.22%
梁启超关于新航路开辟与郑和下西洋的思考	20.20%
新航路开辟的影响	9.09%
新航路开辟的内、外条件	8.08%
其他航路开辟的过程	2.03%

图1-5 学生学习兴趣点调查图

在调查学生自主展示意愿时，有40%的学生选择了"最好别人上，但自己可以尝试"，有27.83%的学生选择了"可以和小伙伴一起上台讲给大家听"，只有14.78%的学生选择了"只要准备充分，完全可以"，是所有选项中最低的。在进一步调查学生不想上讲台讲的原因时，有50%的学生选择了"可以在同学当中说说，上台紧张"，说明一部分学生是有能力表达的，但由于紧张不敢上台。在调查学生小组合作愿意采用何种方式时，有62.16%的学生选择了"准备环节分工，收集资料、制作等由不同的人进行"。学生在校进行了信息技术学习，有一定的多媒体使用基础，对PPT加动画的多媒体应用方式最感兴趣。针对学生的特点，教师可以调动学生的积极性，引导学生对第二个子目、第三个子目进行自主学习并展示。

关于本课"新航路开辟的动因和条件"，有38.93%的学生认为自己能够说出新航路开辟的条件，但动因表述不够全面；有35.88%的学生认为自己能够基本表述动因和条件，但并不完善；有12.21%的学生认为自己对这两部分都不能表述完整；有11.45%的学生能够准确说出动因和条件；有1.53%的学生完全不知道，也不知道从哪里寻找答案（图1-6）。教师在本课授课之前发放了学前小测，其中"请写出新航路开辟的动因和条件"题目中，完全正确的学生约占总人数的1/3，由此可以看出，学生对这一部分的学习仍然存在不足，教师需要在教学中进一步强化，加深学生的理解和记忆，课后及时跟进，帮助学生掌握知识要点。

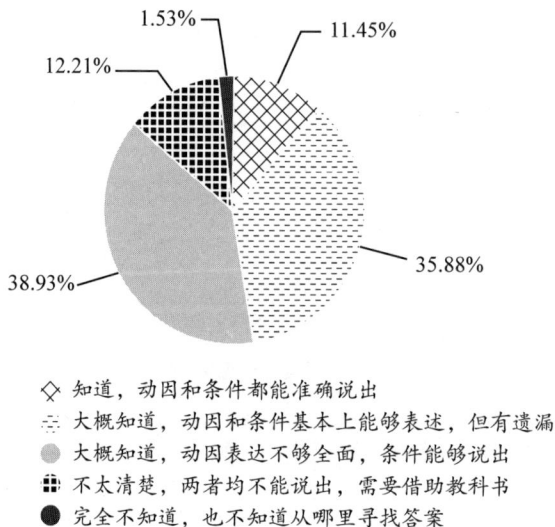

◇ 知道，动因和条件都能准确说出
⋮ 大概知道，动因和条件基本上能够表述，但有遗漏
▦ 大概知道，动因表达不够全面，条件能够说出
▦ 不太清楚，两者均不能说出，需要借助教科书
● 完全不知道，也不知道从哪里寻找答案

图1-6　学生学习知识程度调查图

该案例以问卷调查的方式进行学情调研，属于实证性的学情调研。问卷的设计规范、结构合理，既有针对学生知识基础的问题，也有针对学生学习兴趣的问题，还有针对学生自主学习、合作学习的问题。对教学内容的整合是教师进行教学设计的重要工作，而要完成这项工作，了解学生在初中的知识基础是十分重要的。高中阶段，出于培育学生学科核心素养的目的，教师必须重视以学生为主体的活动，而此类活动的设计，同样需要以学情为依据，了解学生对自主学习和合作学习的态度。因而，该案例的

针对性很强，得出的结论具体实用，对教师的教学设计和教学实施有直接的参照意义。在该案例中，教师根据统计数据进行了专业的分析，进而提出了有针对性的目标、方法策略等，让学情调研真正发挥了作用。不足之处在于在呈现问题时没有考虑结构性，如关于学生学习兴趣的问题应该放在一起，并且可以考虑合并同类型的问题。

教师应注意学情分析的表述，最好采用总分总的结构：先综述学情的总体概况，为主体部分的分析做好铺垫；主体部分用数据说话，更有说服力；结尾部分，在总体概括、点明要点的基础上，提出合理化对策。

如何让学情分析真正有效地服务于教学设计和课堂教学，这属于教师的实践性知识，也是新手教师专业发展中的重要组成部分，需要他们在今后的实践中不断积累、总结。

| 练习 |

请从你所教的教科书中选取一课，尝试按照访谈法或问卷调查法实施一次学情分析。

四、进行教学目标表述

教学目标是学生在教师的一系列教学活动后应该达到的学习结果，可分为课程教学目标、单元教学目标、课时教学目标等不同层次。这里我们关注的是课时教学目标。

（一）教学目标表述概述

历史教学目标在历史教学设计和教学活动中居于核心地位。对于历史教学设计来说，历史教学目标的研制是最重要的环节，合适的历史教学目标是选择教学形式和制定教学方法、策略的基础；对于历史教学活动来说，历史教学目标是历史教学活动的出发点和归宿，是课堂教学的核心和灵魂。历史教学目标主要有两个方面的功能。对历史教学设计来说，历史教学目标具有导向和整合的功能，决定着整个教学过程的方向，是历史教学设计中各组成要素的联结点，统率各要素。对历史教学活动来说，历史教学目标具有甄别和激励的功能，是历史教学活动的灵魂，所有的历史教学活动都是为了实现历史教学目标。在历史教学过程中，教师需要及时进行教学效果评价，检验历史教学目标的完成情况。合适的历史教学目标能激发学生对新内容的学习欲望，调动学生学习历史的积极性和主动性。

《义务教育历史课程标准（2022年版）》对历史教学目标的表述有了明晰的要求，和高中一样，包括唯物史观、时空观念、史料实证、历史解释、家国情怀五个方面，这就意味着历史教学全面转向核心素养培育时代。历史教学目标的表述，虽然不一定非要出现核心素养五个方面的词语，但应该是核心素养的具体化。当然，历史新手教师可能会有一定的不适应，建议不适应的历史新手教师可以先以三维目标为框架进行教学目标的表述，但其指向必须是核心素养。经过了一段时间的课堂实践后，在能完全理解历史学科核心素养的基础上，历史新手教师就可以考虑改变教学目标的表述方式，呈现历史学科核心素养。

（二）教学目标表述的方法及操作

1. 借助认知目标分类学，细化对教学目标的理解

由安德森等学者修订的布鲁姆认知目标分类学，具有重视外部表现和可评价的特点，能够对预期的认知结果做出准确的陈述和评价，可以帮助历史新手教师理解学生的学习过程，同样可以作为历史新手教师细化和表述教学目标的工具。其理论核心是把"知识"和"认知过程"两个维度相结合的框架结构，以进一步提高目标含义的准确性。其中，知识维度按照从具体到抽象的顺序，分为事实性知识、概念性知识、程序性知识和元认知知识四大类别。认知过程维度按照从简单到复杂的顺序，分为记忆、理解、应用、分析、评价和创造六大类别。具体结构如表1-3所示。

表 1-3　知识类别与认知过程类别

知识维度	认知过程维度					
	记忆	理解	应用	分析	评价	创造
事实性知识						
概念性知识						
程序性知识						
元认知知识						

知识类别伴随着特定的认知过程。在一般情况下，记忆总是和事实性知识、理解总是和概念性知识、应用总是和程序性知识相互关联在一起。元认知知识的学习相当复杂，通常与分析、评价和创造的认知过程相关联。

2. 以教学内容分析和学情分析为基础，形成教学目标的内容主题

分析教学内容、分析学情是研制教学目标的前期准备工作。分析教学内容确定了学习内容的范围、深度。分析学情提供了学生学习的起点、兴趣和期望。建构目标就是把教学内容分析和学情分析的结论综合起来，进行提炼，并加以陈述。

3. 借助行为目标，规范表述教学目标

行为目标是美国心理学家马杰为了克服传统教学目标的模糊性而提出的，后由阿姆斯特朗和塞维吉进行了进一步的阐释和发展。行为目标也叫作业目标，是指用可观察的和可测量的行为来表述的目标。ABCD 表述方法："A"指学习者(audience)，指教学对象，是目标句子中的主语；"B"指行为(behavior)，是学习后学习者应该能做什么的说明，是目标句子中的谓语和宾语；"C"指条件(condition)，说明上述行为在什么条件下产生，是目标句子中的状语；"D"指程度(degree)，明确上述行为的标准。这四个要素，构成了教学目标表述中的行为主体、行为动词、行为条件和表现程度，即谁来做，怎么做，在什么条件下做，做到什么程度。

(1)行为主体。历史新手教师在表述教学目标时，一定要保证目标的行为主体是学生，不要出现"让学生……""使学生……"等字眼。把教学目标的

行为主体从教师转向学生，这不是一个被动句到主动句的转变，而是一名教师教学理念的转变，这样才能促使教师采取的教学方法更多地立足于学生。只有教师教学角色发生根本性的转变，才能带来学生学习方式的转变。由于教学目标的行为主体是学生，因此在很多情况下，教学目标的表述一般都省略了行为主体。

（2）行为动词。在具体的教学实践中，教学既涉及教师"怎么教"，也涉及学生"怎么学"，是二者的有机融合。但在教学目标表述时，主语是学生，主要表达的是教师教的行为和学生学习行为之后应该达到的结果。历史新手教师要做到行为的表述清晰、明确、具体、可观察、可测量。

（3）行为条件。这里涉及的是实施"怎么教""怎么学"的方法所需要的条件，包括行为情境、工具的利用、资料的辅助、时间的限制以及他人的帮助与合作等。

（4）表现程度。历史新手教师要提出要实现目标的程度和标准，以衡量学生学习行为结果的水平与质量，即"做到什么程度"。实现的程度主要体现在两个方面：一是结果性目标，二是体验性目标或表现性目标。要准确把握实现的程度，需要选择合适的行为动词。

目标分类及常用行为动词如表 1-4 所示。

表 1-4　目标分类及常用行为动词

目标分类	水平层次	常用行为动词
结果性 目标	了解	说出、写出、列举、复述、描述、辨识、识别等。
	理解	解释、说明、阐释、分类、概述、判断、整理等。
	应用	分析、比较、探讨、质疑、总结、评价等。
	模仿	模拟、重复、再现、例证、扩展、缩写等。
	独立 操作	完成、表现、制订、解决、拟定、安装、绘制、测量、尝试、试验等。
	迁移	联系、转换、灵活运用、举一反三、触类旁通等。

续表

目标分类	水平层次	常用行为动词
体验性目标或表现性目标	经历	经历、感觉、参加、参与、尝试、寻找、讨论、交流、合作、分享、参观、访问、考察、接触、体验等。
	反应	遵守、拒绝、认可、认同、承认、接受、同意、反对、愿意、欣赏、称赞、喜欢、讨厌、感兴趣、关心、关注、重视、采用、采纳、支持、尊重、爱护、珍惜、蔑视、怀疑、摒弃、抵制、克服、拥护、帮助等。
	领悟	形成、养成、具有、热爱、建立、树立、坚持、保持、确立、追求等。

教学案例及分析

下面以"战国时期的社会变化"一课为例说明教学目标的表述(表1-5)。

表1-5　以"战国时期的社会变化"为例说明教学目标的表述

课程内容	教学内容分析		词语转化	教学目标表述
	知识梳理	隐性学习目标		
了解这一时期的生产力水平和社会关系的变化。	兼并战争,战国社会特征。	战乱之下,人民渴望能尽早结束战乱局面。	"了解"需转化为可评价、可检测的"描述"。	能从铁犁等图片及相关史料中提取有效信息,感知战国时期生产力发展;能在地图上识别出战国七雄,能描述战国时期的社会特征,统一是中国历史发展的总趋势。
初步理解战国时期商鞅变法等改革的产生。	商鞅变法,社会关系的变化与商鞅变法	商鞅改革的勇气、智慧和精神。	"理解"需转化为可评价、可检测的"说明";"欣赏"	能借助战国时期各国变法示意图等历史地图探讨历史问题,把经济与社会的新变化置于历史时空中,认识生产力发展对社

续表

课程内容	教学内容分析		词语转化	教学目标表述
	知识梳理	隐性学习目标		
	的关系。		和"认同"商鞅不畏强权、勇于改革的精神。	会阶级关系的重大影响，说明社会大变革带来的制度的伟大创新，形成基于时空背景解释历史的意识；欣赏和认同商鞅不畏强权、勇于改革的精神。
通过都江堰工程，感受古代劳动人民的智慧和创造力。	都江堰工程。	一心为民的人（李冰）必将为人民所铭记。	"感受"需转化为可评价、可检测的"解释"；"树立"心系人民的人定为人民所铭记的历史意识。	能够解释都江堰水利工程中蕴含的中国古代人民的聪明与智慧，树立历史认同感，通过李冰的事迹树立心系人民的人定为人民所铭记的历史意识。

注：本案例中学情分析略。

运用认知目标分类学的知识可对"战国时期的社会变化"一课的课程内容进行细致的分析。就知识维度而言，战国时期的兼并战争、秦国的强大是事实性知识，战国时期的社会特征、商鞅变法、都江堰工程是概念性知识。从认知过程维度来讲，"了解"与记忆的认知过程有关，"理解"与理解的认知过程有关，而"感受"则与应用、分析的认知过程有关。

借助认知目标分类学细化了本课的课程内容后，通过对本课教学内容的分析，可进一步挖掘出如下隐性学习目标："战乱之下，人民渴望能尽早结束战乱局面""商鞅改革的勇气、智慧和精神""一心为民的人（李冰）必将为人民所铭记"。在此基础上，完成行为动词的转化，本课的教学目标就基本成形了。

教师制定的教学目标必须考虑能否达到的问题，不能仅仅停留在教学目标的观感上，出现大而空的局面。历史新手教师只有将教学目标在教学设计中呈现出来，在课堂讲授中表现出来，在学生身上体现出来，才能使设计、实施、效果三者有机统一起来，才能使学生切实得到实惠。历史新手教师还需要在课堂教学实施后进行反思调整，主要是考虑教学目标的适切性问题。

🖇 | 练习 |

请从你所教的教科书中选取一课，尝试结合认知目标分类学、行为目标理论完成教学目标的表述。

五、确定教学重点和难点

一节高效的历史课一定是有内在结构、重点突出、有效扫除学生学习障碍的课。反映在历史教学设计中，就需要教师准确定位教学重点和难点，并提前制定好解决策略。

(一)确定教学重点和难点概述

教学重点是指在一课的教学内容中处于重要地位，对学生本课其他知识的学习和理解或对能力的培养及价值观的形成产生重要影响，最能体现教学目标要求的教学内容，它以知识点为主要表现形式，但也包括由内容所反映的学科核心素养等。很长一段时间，很多人都认为教学重点就是重要的知识点。这种认识与历史课程多维度立体化的教育功能不相匹配。除了一课知识链条中最重要的知识点可以成为教学重点，一课中最核心的学科核心素养训练等同样可以成为教学重点。

教学难点是指学生在学习历史过程中不易理解的知识或不易掌握的历史技能。教学难点也可以被理解为学生的学习障碍点，是由新的学习内容与学生已有的认知水平、认知能力之间存在落差，历史学科知识的百科属性、本身存在的超越学生接受能力的特点而产生的。

教学重点和教学难点既有联系也有区别。教学重点是基于教学内容的价值功能而言的，教学难点是基于学生的学习理解能力而言的。因此，教学重点不会因为学生的变化而发生改变，但教学难点则必须随着学生的变化而变化，因班级而异。在历史教学实践中，有时二者会发生重合，一个教学内容既是教学重点，又是教学难点，但更多的时候二者是不重合的。

为什么要进行教学重点和难点的确定？一些地方的教学设计规范格式中并没有教学重点和难点，但带来的是教师教学散乱无中心、教学没有针对性、低效率等现象。这些现象引起了许多历史教育学者和一线教师的注意，随后出现了"一课一中心""一课一灵魂""教学立意""教学内容主旨""教学核心目标"等多种主张。这些主张虽提法不同，但背后的思想是一致的，就是一节历史课需要有结构，需要通过内容聚焦和目标聚焦，有针对性地扫除学生的学习障碍。其中，"教学核心目标"的主张值得历史新手教师关注。教学核心目标是指在一课的若干教学目标中，有一个起到核心引领作用的教学目标，它就像一根"主线"引领着一课的教学。在《义务教育历史课程标准（2022年版）》颁布后，初、高中历史教学都进入了学科核心素养培育时代。历史学科核心素养是一个有机整体，因此最理想的状态是在一节课中实现对历史学科核心素养的整体培育。但是面对具体的学情和教学内容的特点，对于处于逐步去理解学科核心素养阶段的历史新手教师来说，分阶段、有步骤、有侧重地培育学科核心素养是当前历史教学的实然状态。从一节课的教学效率来讲，确定教学重点和难点可以使教师形成逻辑严密的、有结构的、系统的教学体系，使教学过程主次明晰、轻重有别，只有这样才能有效达到教学目标。

（二）确定教学重点和难点的方法及操作

1. 教学重点的确定

以教学核心目标为教学重点的确定方法。对照课程标准，依据本课的教学目标，以"本节课能让学生领悟到的核心内容是什么"为思考路径，选取最能体现一节课价值的教学目标为教学重点。

以知识点为教学重点的确定方法。通过分析教学内容，能直接体现本课主题的内容、在一课知识链条中处于最重要地位的知识点就是教学重点。

以具体的学科核心素养为教学重点的确定方法。教学重点是基于教学内容的价值功能而言的，学科核心素养无疑是历史教学内容最突出的价值。因此，历史新手教师可以在理解学科核心素养内涵的基础上，根据教学内容的特点，结合学情，来确定教学重点。比如，教学内容中有多幅历史地图，需要借助历史地图达成历史理解的，那么时空观念就可以定为教学重点；教学内容中涉及重大历史事件的原因剖析，影响意义阐释的，那么历史解释就是教学重点；教学内容是以感情教育和价值观教育为指向的，那么家国情怀就是教学重点。

2. 教学难点的确定

确定教学难点需要教师对学生的接受能力有准确把握，这种把握不能以教师的主观感觉为出发点。对于教学经验相对缺乏的历史新手教师来说，更不能凭借个人主观预判学生，最好以实证调查得出的学情分析结论为依据。在进行调研时，可以选择以下知识点。

第一，学生难以理解的理论性较强的知识点，如"专制主义中央集权制度""民族交融"等历史概念。

第二，超越学生年龄特点和认知水平的专业性较强的知识点，如"中央与地方的官制"、各思想流派等。

在确定完教学重点和难点后，教师要处理好主要内容与次要内容的关系，将主要的教学环节与教学活动围绕着重点和难点来进行，既需要补充相关内容充实重点和难点，也需要设计相关的学习活动突破重点和难点。

教学案例及分析

下面以"君主立宪制的英国"一课为例说明教学重点和难点的确定。[①]

教学重点：《权利法案》。

确定依据：《权利法案》是在资产阶级革命中产生的第一个法律文件，首创了资产阶级的君主立宪制，体现了当时资产阶级的进步性，并且理解《权利法案》对于理解英国资产阶级革命的目的有很大帮助。

突破方法：教师提供有关《权利法案》条文的内容，学生结合英国资产阶级革命的目的，通过阅读、分析、研讨等方式正确认识《权利法案》。

教学难点：理解英国资产阶级革命的历史意义。

---

① 本案例由北京市密云区第三中学宫俊岩老师提供。

确定依据：教科书这块内容本身较单薄，理论性和综述性太强，而且分散在其他章节当中，加上九年级学生的理解能力和知识水平有限，学生很难理解"英国资产阶级革命的历史意义"。

突破方法：采取化整为零、分别突破的方法。

（1）对于理解英国资产阶级革命产生的国内影响的解决方法是：先利用多媒体给出其历史意义，然后让学生用所学史实举例证明，即寓论于史，用具体史实突破。

（2）对于理解英国资产阶级革命产生的国外影响的解决方法是：首先，由于这部分内容超越了学生现阶段的知识水平，因此可从浅化教科书着手，根据学生课下收集的资料和教科书的目录安排，指导学生进行大致了解，暂时模糊认识；其次，随着以后的学习和学生认知水平的提高，再不断从英国资产阶级革命的历史意义中逐步完成认知过程，升华认识。

教师教学用书会给出一课的教学重点和难点。对于历史新手教师来说，教学重点的选择是可以遵循教师教学用书给定的教学重点的，但不能照搬。历史新手教师需要进一步思考某一内容被定为教学重点的依据是什么，如何突破此重点。而对于教学难点来说，历史新手教师必须进行实证的学情调研，特别是有针对性地对可能的学习难点进行调研，了解学生的思维能力，不仅要考虑大多数学生的思维能力水平，还要照顾到学困生的思维能力水平。上面的案例是值得提倡的，此案例在确定了教学重点和难点后，进行了确定依据的思考，并制定了突破重点和难点的策略。此案例对于教学重点确定的分析是到位的，制定的突破策略相对有效，是合格的确定教学重点的案例。但此案例在确定教学难点上，没有采用更有说服力的实证调查的结论作为依据，而是将教师的经验判断作为依据，缺乏说服力。

| 练习 |

请从你所教的教科书中选取一课，尝试按照上面案例的格式，确定教学重点和难点。

▶第三讲
制定教学策略

一、教学内容设计

（一）教学内容设计概述

教学内容设计就是以教学目标的实现为追求，以学生的认知为基础，通过呈现逻辑清晰、结构完整、重点突出的教学内容，实现有效学习的设计行为和过程。教学内容设计水平直接影响一节课的教学效果。教学内容设计是历史新手教师必须修炼的教学基本功，也是对历史新手教师学科专业能力的检验。

教学内容设计的背后，包含一系列的理论和理念。按照巴班斯基的教学过程最优化理论，教师教学实践之前需要选择最优的教学内容。根据建构主义理论，教学不是从教师到学生进行简单知识转移，而是学生通过教师的帮助和支持，自主建构知识的过程。其中教师的帮助和支持包括教师在教学设计时将教学内容根据学生的认知进行优化与调整的设计行为。课程改革之后一直提倡的教材观，即教师应该"用教材教"，而不是简单地"教教材"。第一，教材内容不等于教学内容。教材内容是教材编写者依据课程标准，结合自己对课程内容的理解在教材中的组织和呈现；教学内容则是以学生认知为基础，在教学过程中同师生发生交互作用，服务于教学目标的知识内容或信息。教材编写者在编写教材的过程中无法照顾到不同的学情。从现在的部编版历史教材内容的呈现看，它更多照顾到的是我国大部分地区的教师教学和学生学习，而对于一些教育水平相对突出的地区来说，此教材内容不适合直接作为教学内容使用。第二，教材呈现的所有知识并不都是学生必须掌握的。教材编写者虽然会依据课程标准编写教材，但在编写中会有自己对课程内容的理解，从而使教材中的内容并不都是学生必须掌握的，需要教师根据自己学生的情况进行内容调整。第三，教材内容

不一定方便学生对知识的理解。尽管教材编写队伍中既有学科专家也有教学专家，但由于教材容量有限，许多历史的细节是无法呈现的，因此需要教师根据自己学生的情况进行内容的补充与完善。第四，教师本身是一个有创造力和个性的生命个体，教学设计的过程就是教师发挥创造力的过程，教师以自己对学科知识的理解和对学生的了解，选取更适合的内容或创造性地激活教材内容，形成有自己个性的教学内容。

教学内容设计的目的有两个：一是方便学生学习，需要教师把教材文字还原为鲜活、生动的历史；二是通过教师设计的符合学生认知的教学内容提高学生的学习效率。

教学内容设计可以分为两个层次：一是学科知识的逻辑和学生学习认知逻辑相结合的教学内容设计；二是以教学立意为核心的教学内容设计。笔者觉得第二个层次更适合示范课，在常规教学中，第一个层次更可取。因为基于教学立意的教学内容设计，非常容易走向教师在内容解读上的自我展示，并不总是利于学生的学习。因此，下面我们将聚焦第一个层次的教学内容设计。

（二）教学内容设计的任务及操作

第一，依据课程标准内容和教学目标，确定一课的核心知识点。要想形成一课完整的知识体系，最好的做法是确定一课的核心知识点。

第二，以核心知识点为中心，按照历史逻辑梳理它与每一部分教学内容之间的联系，建构起以核心知识点为中心的知识体系。历史发展本身具有时序性，历史学科知识同样具有时序性，可据此对教材内容中不符合时序性的内容进行调整，还可对照之前教学内容分析的知识结构图进行梳理。以上梳理可以使一课的历史知识在符合时序性的同时，形成一个便于学生学习和记忆的知识结构。

第三，根据教学目标的完成要求，着重对教学重点和难点进行内容的补充与调整。对于教学重点，可根据历史的要素（时间、地点、人物、原因、经过、结果、意义等）对缺失的内容加以补充。对于教学难点，可根据历史现象的逻辑解释，对遗漏的内容和视角加以补充；也可根据学生的认知，补充生动、具体的史料；还可适当补充有助于突破难点的图例、最新的史学观点。以上对教学重点和难点的补充，可以使一课的教学内容有详有略、主次分明。

第四，结合学生的认知逻辑对教学内容进行增加和删减。在宏观上形成了一课的知识结构，并对教学重点和难点进行了补充与调整后，需要在微观层面对教材内容进行一定的增加和删减。内容的增加和删减要依据课程标准和教学目标来进行。课程标准中有明确要求，但教材内容中没有体现或很少体现的部分，需要增加；课程标准中没有，但教材内容中存在，且对教学目标的实现也没有助益的部分可删减。对于学生感兴趣的历史人物，对于学生理解历史事件有帮助的历史细节可予以补充。

教学案例及分析

下面以"汉武帝巩固大一统王朝"一课为例说明教材内容设计的任务及操作。

一、教学目标

通过"推恩令"的实施、"罢黜百家，独尊儒术"、盐铁专卖、北击匈奴史实，能总结出汉武帝巩固大一统王朝的措施；理解汉武帝巩固大一统王朝采取的措施对中国历史发展产生了深远的影响；感受汉武帝的雄才大略和有为进取的精神；学习卫青、霍去病的爱国精神。

二、核心知识点

汉武帝巩固大一统王朝的措施。

三、历史逻辑梳理

本课历史逻辑梳理见表1-6。

表1-6　本课历史逻辑梳理

人物	汉武帝
施政背景	内忧外患
施政指导思想	大一统思想下加强中央集权
措施	"推恩令"、"罢黜百家，独尊儒术"、盐铁专卖、北击匈奴
影响	

四、教学内容的结构表述与内容增加和删减

本课教学内容的结构表述与内容增加和删减见表 1-7。

表 1-7　本课教学内容的结构表述与内容增加和删减

教学内容的结构表述		内容增加和删减
雄才大略汉武帝		增加：汉武帝的政治抱负。
内忧外患的局势		调整：诸侯王与豪强内容。 增加：匈奴的压迫与屈辱，汉武帝初期的经济状况。
巩固大一统王朝的措施	大一统的内涵	增加：大一统的内涵及当时的必要性。
	政治领域的措施	
	思想领域的措施	增加：儒家学说的演进与特征。
	经济领域的措施	
	军事领域的措施	
秦汉大一统的深远影响		增加： 1. 疆域扩大。 2. 从华夏族到汉族。 3. 大一统成为民族心理和信念。 4. 中国成为坚实有力量的政治实体。

　　本课教材内容结构相对清晰，对照课程标准"汉武帝的大一统"，虽然表述稍有模糊，但教材四个子目分别呈现的是政治、思想、经济和军事领域的措施，很容易确定本课的核心知识点"汉武帝巩固大一统王朝的措施"。以"汉武帝巩固大一统王朝的措施"为中心，按照历史逻辑，这些措施所产生的深远历史影响是学生通过学习获得的重要历史认识。教材只写到了"西汉王朝开始进入鼎盛时期"，所以教师需要在进行教学内容设计时补充这些措施所产生的深远历史影响。笔者确定的教学重点是"大一统的内涵"，教学难点是"大一统的内涵""大一统的历史影响"。为了突破教学重点和难点，教师需要补充汉武帝施政背景的相关内容，其中包括汉武帝的政治抱负、其执政初期的局势和经济状况等。为了突破"大一统的历史影响"这一教学难点，教师需要把视野放宽，联系秦朝，思考从秦到汉的大一统政策对中

华民族历史的深远影响，需要增加疆域、民族发展和民族心理等相关内容，深化学生的历史认识。

| 练习 |

请从你所教的教科书中选取一课，尝试按照上面案例的格式，完成教学内容的设计。

二、确定教学方法

（一）教学方法概述

1. 教学方法的含义

教学方法是在教学过程中，教师和学生为实现教学目标、完成教学任务而采取的教与学相互作用的活动方式的总称。

广义的教学方法是指实现教学内容、达到教学目的的一切手段、途径。狭义的教学方法是指讲授、实验、练习、演示、讨论等具体的方法。我们认为，教学方法是基于一定理论指导的调节教学过程的教学手段或教学操作行动。这里的理论是指教师信奉的或者当前主流的教育理论，如关于教学，当前主流的观点认为教学是以教材为媒介的，教师的教授活动与学生的学习活动二者之间是互动的，教学设计是以学为中心的。

2. 教学方法的分类

要进行教学方法的选择，首先需要了解教学方法的分类。[1]

巴班斯基依据对人类活动的认识，把教学方法分为：组织和自我组织学习认识活动的方法、激发学习和形成学习动机的方法、检查和自我检查教学效果的方法。

拉斯卡依据教师对教学过程的不同认识、教师和学生在教学活动中发挥的不同作用，把教学方法分为呈现方法、实践方法、发现方法和强化方法。

---

[1] 参见翁迪晓：《核心素养下历史课堂的构建》，13～16页，长春，吉林大学出版社，2022。

威斯顿和格兰顿依据教师与学生交流的媒介和手段，把教学方法分为：以教师为中心的方法，包括讲授、提问、论证等方法；相互作用的方法，包括全班讨论、小组讨论、同伴教学、小组设计等方法；个体化的方法，包括程序教学、单元教学、独立设计、计算机教学等；实践的方法，包括现场和临床教学、实验室学习、角色扮演、模拟和游戏、联系等方法。

李秉德依据教学方法的外部形态和学生认识活动的特点，把教学方法分为五类：第一类，以语言传递信息为主的方法，包括讲授法、谈话法、讨论法、读书指导法等；第二类，以直接感知为主的方法，包括演示法、参观法等；第三类，以实际训练为主的方法，包括练习法、实验法、实习作业法等；第四类，以欣赏活动为主的方法，包括陶冶法等；第五类，以引导探究为主的方法，包括发现法、探究法等。

黄甫全依据从具体到抽象的认知特点，把教学方法分为三个层次：第一个层次，原理性教学方法，如启发式、发现式、设计教学法、注入式等；第二个层次，技术性教学方法，如讲授法、谈话法、演示法、参观法、实验法、练习法、讨论法、读书指导法、实习作业法等；第三个层次，操作性教学方法，如语文课的分散识字法、外语课的听说法、美术课的写生法、音乐课的视唱法、劳动技术课的工序法等。

以上研究者的分类，虽然为历史新手教师全面了解教学方法提供了相对详细的信息，但是仍需要历史新手教师在教学实践中深化认识。

（二）教学方法选择的依据

巴班斯基的教学过程最优化理论认为，最有效、包罗万象的教学方法是根本不存在的，每种教学方法就其本质来说都是辩证的，既有优点又有缺点，都可能有效地解决某些问题，而解决另一些问题则可能是无效的，这是普遍的教学方法原则。

1. 教学目标是教学方法选择的首要依据

教学目标是教学的根本。教学方法是实现教学目标的手段，教学方法的选择必须服务于教学目标。特定的教学目标往往需要特定的教学方法去实现。就认知领域来讲，可参照何克抗教授的研究（表 1-8）。

表 1-8　教学目标与教学方法的搭配

教学方法	记忆事实	记忆概念	记忆程序	记忆原理	运用概念	运用程序	运用原理	发现概念	发现程序	发现原理
讲授法	▲	★	△	★	★	△	☆	☆	△	☆
演示法	★	△	△	△	△	☆	△	△	★	△
谈话法	▲	★	☆	★	★	△	☆	☆	△	☆
讨论法	☆	▲	☆	☆	★	☆	★	△	▲	☆
练习法	△	☆	★	★	☆	★	☆	▲	△	▲
实验法	★	▲	☆	△	▲	★	☆	☆	△	★

资料来源：

何克抗、郑永柏、谢幼如编著：《教学系统设计》，120 页，北京，北京师范大学出版社，2002。

注：★最好　☆较好　▲一般　△不定

2. 分析教学内容特点，选择教学方法

不同类别的教学内容宜选用不同的教学方法。就一课的教学来说，历史新手教师需要进行教学内容的分析。如果教学内容是历史事件，可以用讲解法分析背景，用讲述法或演示法介绍过程，用讨论法探讨影响；如果涉及历史人物，可采用讲述法或图示法来表述其活动；如果是历史现象，可采用图示法或演示法呈现历史现象；如果是科技文化史的内容，较好的方法应该是参观法或探究法。

3. 依据学情选择教学方法

学情是教学方法选择的最大限制条件。教学方法只有符合学生的年龄阶段特征，特别是符合学生的认知规律，才能获得良好的教学效果。因此，历史新手教师应了解学情，针对学情选择相应的教学方法。如果学生思维活跃且理解能力强，可采用发现式或与之类似的教学方法；如果学生理解能力弱，且班级气氛沉闷，需考虑选取能调动学生学习积极性的教学方法。

4. 研究各种教学方法的优劣，选择教学方法

每一种教学方法都有优点和缺陷，都有自己的适用领域(表 1-9)。要选用适合的教学方法，就需要历史新手教师研究各种教学方法，全面认识和

深刻理解各种教学方法的优劣和适用领域。

表 1-9　教学方法的认知贡献

教学方法	学习知识	培养能力	培养品质	参与社会活动	满足需求和兴趣
讲授法	★	▲	▲	▲	▲
讨论法	★	☆	☆	☆	▲
视听法	★	★	▲	☆	☆
探索法	☆	★	☆	▲	☆
发现法	☆	★	☆	▲	▲
教学系统设计法	☆	★	▲	▲	▲
程序教学法	☆	★	▲	▲	▲
操练法	☆	★	▲	▲	▲
角色扮演法	▲	★	★	★	★
模拟法	▲	★	★	★	▲
小组调查法	▲	☆	★	★	☆
社区活动法	▲	☆	☆	★	☆
独立研究法	☆	☆	☆	☆	★
头脑风暴法	▲	★	☆	▲	★

资料来源：

杜芳主编：《新理念历史教学论》，76 页，北京，北京大学出版社，2013。

注：★最有效　☆ 较有效　▲少有效

　　许多专家认为教师的个人特点也应是教师选择教学方法的依据，但笔者觉得这一点并不适用于历史新手教师。对于历史新手教师来说，他们需要经历一个掌握各种教学方法的学习过程。当然这个学习过程是在教学实践中进行的。历史新手教师应该通过教学实践体验各种教学方法，通过教学实践反思、认识各种教学方法的特点，为未来更为得心应手地进行教学方法的选择和组合奠定基础。

　　要成为优秀的历史教师，历史新手教师应充分掌握教学方法的体系，然后根据教学任务、教学内容特点、学生发展水平和个人特长以及具体的教学条件等，有策略地应用教学方法，以形成高效、科学的教学。

教学案例及分析

下面以姚琳讲授的"汉武帝巩固大一统王朝"一课为例说明教学方法的选择。

一、课程标准规定

通过了解秦朝统一、陈胜和吴广等领导的秦末农民起义、西汉"削藩"和尊崇儒术，知道统一多民族封建国家建立和早期发展的过程；通过了解休养生息政策、"文景之治"、张骞通西域、"丝绸之路"的开辟、汉武帝的大一统，知道西汉从建立之初的社会残破发展到国力强盛的变化及原因。

二、教学内容分析

教材从政治、思想、经济、军事四个方面阐述汉武帝巩固大一统王朝的措施及其影响，线索清晰。

三、学情分析

七年级的学生对历史充满好奇，但因阅读有限和年龄较小，缺乏一定的历史积累和对历史概念的理解。教师需要进行历史学习方法的指导，帮助学生了解历史现象、历史事件及其内在联系。由于是异地借班上课，因此学生的活动与探究需提前预设多种方案，以防各种突发情况发生。

四、教学目标

1. 知道"文景之治"为汉武帝的大一统奠定了物质基础；知道汉武帝为巩固大一统王朝在政治、思想、经济、军事方面采取的措施，并了解这些措施的作用和影响。

2. 阅读教材中的史料、图片、地图，学会读图和分析、归纳史料，培养论从史出的学史思维与习惯；在参与情境模拟、小组讨论、课外探究的活动中学会自主探究和合作探究。

3. 感受汉武帝对中国历史的发展和对中外文明的交流做出的伟大贡献，体会大一统是中华民族长期发展过程中形成的观念和思维方式，认识维护和巩固国家统一是中华民族长期的任务。

五、教学重点和难点

理解大一统。

六、教学方法

教法：讲解法、对话教学法。

学法：史料探究法、课外自主学习法、体验学习法。

七、教学媒体

PPT。

八、教学过程

本课的教学过程见表1-10。

表1-10　本课的教学过程

教学环节	教学过程	设计意图
导入	伴随大气磅礴的音乐，学生观看由炎帝、黄帝、尧、后母戊鼎等图片组成的微视频，走进中国悠久的历史。	好的开始是成功的一半。刚刚学习过的内容，这份熟悉感容易拉近学生与历史的距离。于是我从教材和《中国历史地图册》中挑选出一组图片构成了一幅从炎黄时期到汉武帝时期的历史长卷。伴随大气磅礴的音乐，历史长卷缓缓拉开，将学生带入学习情境。

续表

教学环节	教学过程	设计意图
温故知新	呈现一组汉高祖、汉文帝、汉景帝的人物画像，通过人物画像，帮助学生回忆西汉的建立、汉高祖推行的休养生息政策和"文景之治"的出现。 教师：大家还记不记得，"文景之治"是怎样一幅景象呢？ 学生：当时西汉的国力增强，国家积累了大量钱粮。	教科书中"西汉建立和'文景之治'"和"汉武帝巩固大一统王朝"是前后两课。如何让学生知道"文景之治"为汉武帝的大一统奠定了物质基础，又不将过多笔墨放在"文景之治"上，此处选用汉高祖、汉文帝、汉景帝画像，以温故知新的方式简单回顾"西汉的建立"和"文景之治"。这样一是体现了历史发展的时序性；二是将前后两课内容整合起来，使学生连续地理解这段历史；三是考虑到异地借班上课，如果学生还没有学到第11课"西汉建立和'文景之治'"的内容，只要能够从课本中找出"文景之治"的表现，也是可以的。

续表

教学环节	教学过程	设计意图
背景铺垫	教师：此时的汉王朝呈现出一片欣欣向荣、百业俱兴的盛景。在这样的背景下，公元前141年，汉景帝病逝，太子刘彻即位，即汉武帝。中国历史上一个辉煌的时代，随着新皇帝的即位，徐徐拉开了帷幕。登基称帝的这一年，刘彻只有16岁。16岁的少年皇帝，接管了一个庞大的帝国，等待他的将是什么呢？ 教师播放《中国通史》视频片段。 教师：通过视频内容我们了解到，这位16岁的少年皇帝是个幸运的继承者，他接管下的帝国四海统一，繁荣富足。但为什么说繁荣背后危机四伏呢？ 学生1：刘邦建立西汉后，分封了一些诸侯王。随着经济的发展，诸侯王的势力也膨胀起来。 学生2：那时候，私人铸币还没有完全禁绝。 学生3：西汉初，朝廷对地方的控制很弱，统治者奉行"无为而治"的政策。 学生带着"为什么会出现这些问题"的疑问，观察西汉初期各封国大致范围图，了解西汉初期汉高祖刘邦分封诸侯王的大致情况。 教师做细节补充：全国当时设54个郡，诸侯王国占据39个郡，大的王国更是地跨数郡，中央直接管15个郡。地图上绿色区域表示的各个诸侯国地域相连，加在一起比中央直接管辖的范围还要大。不仅如此，这些诸侯王在自己的封国内，可以自设法令、自征赋税、自铸货币，甚至拥兵自重。诸侯王的生活骄奢淫逸，甚至有的诸侯王在死后还穿戴金缕玉衣。 教师引导学生阅读教科书第57页关于"金缕玉衣"的图片与文字介绍，让学生知道这件金缕玉衣使用了大量金丝和近2500块玉片，其制作耗费了大量的人力、物力，而这也显示了当时的诸侯王不仅拥有政治上的特权，还拥有非常雄厚的经济实力。	这里，我进行了较大篇幅的历史背景铺垫。汉武帝用54年的文治武功巩固了大一统王朝，他采取的诸多措施，对于那个时代而言是一场伟大的改革。如何使学生理解汉武帝改革的初衷，就需要教师为学生构筑出汉初繁荣与危机冲突的背景画面。我选取了西汉初期各封国大致范围图、"金缕玉衣"的图片与文字介绍和"七国之乱"来解决问题。对年号"建元"的细节补充，则能让学生感受到少年天子改革的决心与魄力，使汉武帝这个人物更加丰满起来。

续表

教学环节	教学过程	设计意图
背景铺垫	教师：当这些诸侯国势力越来越强大、越来越膨胀的时候，它们会对中央造成什么样的影响？ 学生：反抗、威胁中央，威胁国家的统一和安定。 教师：汉文帝、汉景帝时已经意识到了这个问题。汉景帝时还采取了直接削藩的措施，可结果如何？ 学生：出现了"七国之乱"。 教师引导学生阅读教科书第 57 页"相关史事"中"七国之乱"的介绍，让学生知道当时虽然平定了"七国之乱"，但是王国问题没有从根本上得到解决。 教师：除此之外，还有一个一直困扰汉王朝统治者的问题，那就是来自北方的匈奴不断南下侵扰，严重影响北方边疆的安宁。 教师：面对这些危机，少年皇帝心中充满忧虑，但是他也非常勇敢地肩负起了帝国的重担。为此，在他登基的第二年，也就是公元前 140 年，他设了年号"建元"。"建元"，即建立一个新的纪元，表达了他准备改革、破除危机、开创一个新的时代的雄心壮志。汉武帝也成为中国历史上第一个使用年号的皇帝。	
措施讲述	一、思想："罢黜百家，独尊儒术" 教师：此时的少年皇帝已经意识到，汉初以来"无为而治"的政策已经不能解决所有的问题，他必须有所作为。于是，他在即位之初便下诏令，选举贤良方正之士，由天子亲自策问古今治乱之道。当时奉诏对策的有一百多人，其中一人的对策引起了汉武帝的关注。他是谁呢？ 教师呈现《从秦始皇到汉武帝》视频片段和相关史料。 材料　《春秋》大一统者，天地之常经，古今之通谊也……诸不在六艺之科孔子之术者，皆绝其道，勿使并进。 　　　　　　　　——《汉书·董仲舒传》	一、先处理汉武帝思想上的改革，也经历了一番波折。认真研读这段历史后，我认为，汉武帝采取的一系列巩固大一统王朝的措施是交错进行的，并不是完成了某一方面，再进行另一方面。但是，他的治国理念是比较早明确的。所以，我大胆重整教材，首先从思想

教学环节	教学过程	设计意图
措施讲述	教师：视频和史料提到的是谁？他提出的哪一观点深得汉武帝的赞赏？ 学生：董仲舒，大一统。 教师：他认为天下所有的权力应该归谁呢？ 学生：皇帝。 教师：因此，这一观点深得汉武帝的赞赏。大一统的理论也成为汉武帝的治国理念。 教师呈现西汉长安太学复原图、汉代讲经图。 结合教科书，通过两幅图片使学生了解汉武帝兴办太学和地方官学，以儒家"五经"为教材，将儒学确立为官方正统，从而实现了思想上的大一统。 二、政治："推恩令"的实施 教师：政治上，汉武帝着手解决诸侯王势力强大、地方豪强横行的问题。他是如何解决的呢？我们请两位学生模拟一下当时的场景（通过情境模拟引出主父偃和"推恩令"）。 材料1　诸侯王或欲推私恩分子弟邑者，令各条上，朕且临定其号名。 　　　　　——《史记·建元已来王子侯者年表》 材料2　"推恩令"实施图。 材料3　古之贵者不乘牛车，汉武帝推恩之末，诸侯寡弱，贫者至乘牛车。 　　　　　——《晋书·舆服志》 通过材料1学生可了解如何"推恩"，通过材料2学生则能直观地理解王国封地在"推恩"后越变越小，而材料3中的"诸侯寡弱"更直接体现了"推恩令"的影响。之后，通过介绍课前探究的淮南王刘安意图叛乱被削藩小故事，引出汉武帝的"削藩"政策。通过西汉初期各封国大致范围图和西汉后期各封国大致范围图两幅地图的对比，引导学生得出"诸侯王的势力被大大地削弱了"的认识。再通过阅读教材，使学生了解刺史制度的建立及其作用，进而理解汉武帝通过政治上采取的	着手，明确本课的主题——大一统思想，再探讨汉武帝是如何实现大一统的。这样的调整更能体现历史发展的时序性。 二、"推恩令"的实施，学生在理解上颇有难度。首先通过情境再现，调动课堂气氛，激发学生兴趣；其次在阅读《史记·建元已来王子侯者年表》中"推恩"原文的基础上，让学生对"推恩令"有大致了解；最后通过"诸侯寡弱"理解"推恩"的效果。这样的处理，一方面能使学生学会从史料中找寻信息，做到论从史出；另一方面能使学生在层层推进中真正理解"推恩令"的巧妙之处。对"削藩"的处理，则是给学生提前布置了课外探究活动，能使学生在自主探究的过程中增长见闻，锻炼能力，课堂

续表

教学环节	教学过程	设计意图
措施讲述	一系列改革措施，大大加强了中央对地方的控制，从而实现了政治上的大一统。 三、经济：盐铁专卖 教师：汉武帝在解决政治危机的同时也意识到，地方之所以能够坐大，是因为他们手握国家的经济命脉，而国家却面临着严重的财政困境。所以，在经济上，汉武帝也大刀阔斧地开始了一系列改革，那他是怎样做的呢？大家知不知道汉武帝时发行的货币是什么？ 学生：五铢钱。 教师：铢是一种重量单位。五铢钱，重如其文。别小看这枚很轻的钱币，它反映了汉武帝一项非常重要的经济改革措施，知道是什么吗？ 学生：汉武帝将铸币权收归中央，统一铸造五铢钱。 教师：自此，国家收回铸币权，货币也稳定下来。 材料1 西汉盐铁官分布图。 材料2 民不益赋而天下用饶。 　　　　　　　　　——《汉书·食货志》 四、军事：北击匈奴 教师：军事方面，汉武帝用一系列决战反击匈奴，彻底解决了汉初以来长期存在的北方边患问题，将西汉王朝推向了鼎盛。	上教师处理这一内容时也能化繁为简。这样，政治改革的内容就有重有轻、较全面地呈现出来了。 三、对七年级学生来说，理解经济改革措施有难度。我以五铢钱引出铸币权收归中央的话题。盐铁专卖的难点，通过西汉盐铁官分布图和史料来解决。经过比较、筛选，我选择了《汉书·食货志》中"民不益赋而天下用饶"的相关史料，通俗易懂，学生也能接受，而且从课堂反馈中也收到了很好的效果。学生一看就能得出汉武帝实施一系列的经济改革措施后，改善了国家的财政收入，从而实现了经济上的大一统。
总结	通过一组图片(秦坑儒谷、五铢钱、汉代讲经图、马踏匈奴)，帮助学生回忆并进一步理解秦始皇和汉武帝所采取措施的不同与相同之处，再次感受汉武帝巩固大一统王朝所采取的措施。	这里通过秦坑儒谷、五铢钱、汉代讲经图、马踏匈奴一组图片解决几个问题：一是比较

续表

教学环节	教学过程	设计意图
总结	通过"秦皇汉武对中国历史做出了什么伟大的贡献"的问题，引导学生再次明确"秦始皇实现了中国历史上第一次大一统"，汉武帝则"巩固了大一统的局面"，进而体会秦汉时期作为中国历史上一个非常重要的时期的时代特征：我国统一多民族国家的建立和巩固时期。也是从这时起，大一统开始深深影响着中国历史发展的轨迹。	秦皇汉武出于相同的目的对待儒家的不同态度，二是借赏析文物图片巩固本课所学，三是借马踏匈奴图片点出汉武帝的"武功"。目的是希望学生对汉武帝和这段历史有一个清晰、全面的了解，还历史本来面目。但也不用过多笔墨，感兴趣的学生可以课外探究。
课外探究	谈谈我心中的汉武帝。 教师：汉武帝是一位有雄才大略的帝王，是一位文治武功的霸主。他用 54 年巩固了大一统王朝，一手打造出一个强盛的、辽阔的大汉帝国。是他，建立了一个国家前所未有的尊严与荣耀；是他，奠定了一个族群鼎立千秋的自信与豪情；还是他，使"汉"成为一个民族永远的名字。从那时起，他就带领我们昂首挺胸地走向世界。大家知道我们走向世界的道路叫什么吗？ 学生：丝绸之路。 教师：五铢钱近年来屡次在丝绸之路上被发现。这条丝绸之路不仅仅是东西方的贸易之路，还是东西方的文化交流之路、东西方的友谊之路，更是中国走向世界之路。大家知道为这条丝绸之路的开通奠定基础是在哪位皇帝的统治时期吗？ 学生：汉武帝。 教师：在汉武帝 54 年的文治武功中，大一统一直是他的梦想与追求。而大一统在漫长的历史发展过程中，早已成为中华民族的文化认同和情感认同。大一统的观念早已深入中华民族的血液	每一堂课都应该有它的灵魂，而大一统就是本课的灵魂和主线，辅以汉武帝改革精神这条暗线。通过每个教学环节不经意的渗透，以及教师反复的强调，学生开始对大一统有了一定的理解与认同；通过对秦皇汉武贡献的理解，学生了解了秦汉时期是我国统一多民族国家的建立和巩固时期。正是因为汉武帝巩固了大一统王朝，才使中国作为一个大国、强国，开始走向世界。通过本课的学习，使学生真正体会到汉武

续表

教学环节	教学过程	设计意图
课外探究	之中。 教师呈现学生课外探究展示小报。 通过学生做的一些课外探究，教师可在学法指导方面进行深入的实践与研究。	帝不仅仅是一位雄才伟略的皇帝，而且他对西汉、中国的秦汉时期，乃至今天的中国都做出了巨大贡献——认同大一统。 展示部分学生的课外探究成果，进行经验分享，这是一种同伴互助式的学习。图片的滚动播放从形式上也和开篇导入相呼应。

　　这是一个非常成功的展示课案例，之所以成功，是因为与教师采取适宜的教学方法有着密切关系，这选择的背后，也体现着教师对新课程理念的深刻理解和把握。现在的历史教学已告别了课堂控制论，走向了课堂互动。课堂教学被认为是以教材为媒介，教师的教授活动与学生的学习活动二者之间互动的过程。在本案例中，教师采用了对话教学法——主要是教师与学生之间的对话，围绕着每一子目的内容，以史料研读为媒介，以探究问题为引导，在教师与学生的对话中使学生形成了对内容的理解，有助于学生历史知识的建构。学生活动"谈谈我心中的汉武帝"是在学生与文本的持续对话后进行的一次深层次的思想对话，把本课的对话教学提升了一个层次，有效实现了教学目标，体现了教学方法服务于教学目标的思想。

　　在本案例中，教师也考虑到了七年级学生的学情，依据教学内容的特点，以讲解法辅助教学。比如，在"背景铺垫"中教师就采用了讲解法，分析了汉武帝继位后所面临的危机局面，而补充的历史细节教师也结合地图以讲述的方式交代清楚，便于学生获得更全面的信息，以形成历史理解。在突破本课难点，实现学生对大一统的理解时，教师通过一组图片，生动讲解了从秦始皇的实现大一统到汉武帝的巩固大一统，揭示出大一统从此成为影响中国统一多民族国家发展的重要思想。

教与学是互相配合、无法割裂的，好的教学方法一定要和各种学习方法搭配才能取得好的效果，也体现了以学为中心的教学理念。在本案例中，教师选择了多种学习方法，如史料研读法、课外自主学习法等。多种学习方法提高了学生的学习参与度，也促进了学生的历史学习和知识建构。比如，案例的最后展示了学生的课外探究成果，并进行了经验分享，体现了教师对同伴互助式学习的重视。

"教学艺术"一词是指教师对教学方法的创造性应用达到了艺术般的高度，给人以艺术的魅力。我想这应该是每一位历史新手教师都应追求的境界。

✎ | 练习 |

请从你所教的教科书中选取一课，尝试按照正文的内容和案例示范，完成一课教学方法的选择。

三、精选教学资源

（一）教学资源概述

1. 教学资源的含义

教学资源，更多的时候被称为课程资源。教学资源有广义和狭义之分。广义的教学资源是指有利于实现课程目标的各种因素。狭义的教学资源仅指教学内容的直接来源。历史教学资源是指一切有利于实现历史课程目标的物质与人力因素的总和。其中，物质教学资源包括历史教材、历史遗址遗迹和博物馆、文物、历史音像资料、互联网资源、社区资源等；人力教学资源包括教师、学生、家长及社会各界人士。

2. 教学资源与历史教学

教学资源是开展教学设计和实施课堂教学的重要条件。从教学设计来说，教学资源是教学内容的必要补充，通过这种补充，教学内容变得丰满而生动，为提高课堂效果奠定了基础。学生手中的教科书是基于课程标准的简约文本，能够呈现的教学内容有限，决定了教师要想达到教学目标，就必须对教学内容进行有效的补充。因此，教学资源的选择是教师创设和生成课堂教学的重要且必需的步骤。

从课堂教学来看，虽然编写者努力在课文正文和辅助内容的编写中达到某种平衡，让教科书既适宜教师的教，又适宜学生的学，但是受容量限制，教科书所呈现的只能算作一个样例，只是搭起了教学的骨架。这样的骨架没有呈现出丰满而生动的历史，对学生来说，缺少吸引力，也缺少历史理解的思维支撑。为了达到教学目标，教师需要借助生动的教学资源吸引学生的注意力，需要借助有趣味的活动激发学生的学习动力，需要借助浅显或通俗的内容帮助学生理解繁难的教学内容。可以说，教学资源是课堂教学的有机组成部分，相当于课堂教学的血肉和肌肤，可以让历史变得丰满而生动，可以吸引学生关注学习内容，激发学生的学习动力，拓宽学生的知识视野，帮助学生实现历史理解，最终达到提高课堂教学效果的目的。

（二）精选教学资源的任务及操作

在进行教学设计时，教师要结合教学目标、教学重点和难点等，精选教学资源，使之成为一节课教学设计的有机组成部分。对于大多数教师来说，对教学资源的收集和选择，是伴随整个职业生涯的事情。对于历史新手教师来说，精选教学资源基本属于从零做起的状况，他们需要一课一课地进行教学资源的收集和整理，逐步建立起属于自己的教学资源库，还需注意利用寒暑假有目的、有计划地进行教学资源的收集和整理。当然，平时的收集和整理也很重要，历史新手教师应在阅读时或教研活动中发现好的素材及时获取，丰富自己的教学资源库。

第一，用好部编版教材、教师教学用书、学生学习用书是精选教学资源的基础。教学资源概念的提出，并不是让教师不顾教材，把精力放在寻找教材以外的教学资源上。那种在教学设计中不先研究教材、用好教材，而直接去网络上搜寻教学资源的做法是明显失当的。因此，用好部编版教材是教师进行教学设计的首要任务。在完成了教学内容分析和整合后，教师需要参照教师教学用书和学生学习用书，研究和分析其中提供的史料、图片、表格等辅助内容，从中选择可用的作为教学资源。部编版教材的教师教学用书所提供的信息很丰富，历史新手教师一定可以从中选取到可用的教学资源。这样做可以帮助历史新手教师完成教学设计时节省一定的时间，使历史新手教师可以把更多的时间、精力投入教学实施的准备工作中。

第二，占有一定数量的教学资源是精选教学资源的前提。收集教学资源的途径有很多，网络、电视、报纸、图书、学术期刊等都可以成为教师收集教学资源的重要渠道。教师还可以发现和利用好人力资源，如家长中的历史见证人、阅历丰富的长者等。由于对网络技术掌握较好，因此历史新手教师更愿意从网络上获取历史课件，然后从历史课件中借鉴别人适用的教学资源。对于生活在网络时代的历史新手教师来说，这一点无可厚非，但网络不应成为历史新手教师收集教学资源的唯一途径。在学习、阅读中随时发现和积累教学资源应该成为历史新手教师收集教学资源的常用方式。一方面历史新手教师可以在阅读中深化对教学内容的理解和把握，教学资源收集与整理的过程，也是历史新手教师进行知识积累的过程；另一方面从学术书籍中获得的教学资源更具科学性和真实性，部分减轻了历史新手教师甄别教学资源的工作量。

第三，做好教学资源的精选工作。所谓"精选"，指教师要根据并围绕教学目标选择相应的教学资源。教学资源的利用关键在于质，不在于量。教师要选择的是有典型性和真实性、信息量大、有利于开展相应教学活动和实现教学目标的教学资源，不应盲目追求教学资源的数量，而忽视教学资源的质量，影响教学效果。教学资源是教学的辅助，是教学内容的补充，绝不可喧宾夺主，课堂气氛活跃，但活跃之后学生头脑中什么都没有留下是不可取的；同样，信息太多，分散了学生的注意力，占用了太多时间，影响了教学目标实现的课堂教学也是不可取的。教师要了解各种教学资源的教育价值，有针对性地进行选择。

其一，文字史料资源。从历史学科来说，没有史料就没有历史研究。

在提倡培育学生学科核心素养的背景下，运用史料辅助教学活动，是体现学科特色和培育学生学科核心素养的必要途径。历史教学借助或模拟历史学研究的方法，可以使学生认识历史、还原历史、建构自己心中的历史。这也是文字史料资源的教育价值。

其二，图片资源。图片资源是历史知识的有机组成部分。图片资源在历史教学中的价值在于：它生动活泼、形象鲜明，与文字内容相辅相成，可以拉近学生与历史的距离，增加历史教学的趣味性，激发学生的学习热情；它可以重现教学内容，培养学生的观察力和想象力，帮助学生实现历史理解。

其三，视频资源。视频资源是指以电影、电视、动画片或纪录片为形式，对历史知识进行形象化表达的教学资源类别。其特点是视听兼顾，集知识呈现和艺术美感于一体，感染力强，且信息量大。视频资源在历史教学中的价值在于：它对学生注意力的吸引要高于其他教学资源，可以使静态的历史知识动态化、具象化，引发学生的学习兴趣；它能够带给学生强烈的多感官冲击以及心灵方面的震撼，更能够引发学生情感的共鸣，有助于学生历史情感的生发；它将教学内容以直观的方式展现出来，使学生在感觉上对历史产生亲近感、真实感，从而形成历史表象，有助于学生对历史知识的理解。

在历史教学中使用教学资源的首要目的在于优化课堂教学结构，既要有利于教师的教，又要有利于学生的学，从而提高课堂教学效率。教学资源的精选取决于教师的专业素养，因此历史新手教师要想提高教学资源的质量，首先要做的就是提高本身的专业素养。

教学案例及分析

下面以"明至清中叶的经济与文化"一课为例说明精选教学资源的任务及操作。

一、课程标准要求

了解明清时期社会经济、思想文化的重要变化。

二、教材分析

本课教材内容主要有四个子目：社会经济的发展与局限、思想领域的变化、小说与戏曲、科技。本课教材内容揭示了明清社会在经济、思想等方面出现的新现象；虽然出现了新现象，但是置身于世界范围，仍显露出一定的危机。经济领域出现了高产粮食作物的引进、商帮等新现象，但传统的小农经济依然占据主导地位，经济转型困难重重；思想领域出现了陆王心学和抨击君主专制制度、提倡个性自由的思想家；商品经济繁荣，市民阶层进一步发展壮大，满足其需求的小说、戏曲也随之发展；明清科技虽然出现了大家，并且在西方传教士的影响下，出现了一些现代科学的因素，但总体处于对过去的总结状态。

三、学情分析

学生已经学习过明清君主专制加强、疆域奠定、面临内外危机的知识，但根据以往课堂表现，可知学生缺乏对时代的整体感知，也尚不具备将具体史事放到长时段进行考察的意识。据此，在讲授基础知识以外，本节课要注意培养学生建构知识逻辑体系、整体把握历史的意识和能力。

四、教学目标

1. 通过阅读教材、研读史料，说出明清社会经济、思想等方面的新变化。

2. 阐释变化的原因和各领域变化之间的联系，提高构建知识体系、整体把握历史的意识和能力。

3. 通过复述明清时期君主专制的发展和海防问题，明确明清社会在世界背景下的历史地位，总结中国社会面临的危机。

五、教学重点和难点

教学重点：理解明清社会经济、思想等方面的新变化。

教学难点：理解明清社会在世界背景下的历史地位。

六、教学资源的挖掘与精选

1. 教材资源。部编版《中外历史纲要》的编写充分考虑到了学生的学习。从本课来讲，除课文正文之外，课文辅助系统补充了史料和历史图片，还设置了"学习聚焦""史料阅读""历史纵横""探究与拓展"等栏目。这些都为本课的教学提供了很好的教学资源。"社会经济的发展与局限"子目下提供了《耕织图·耙耨》，清朝前期玉米、甘薯推广种植图和《盛世滋生图》（局部)三幅历史图片以及"17世纪初苏州丝织业中的自由雇佣劳动""徽州地区的经商习俗"两则史料，可以帮助学生实现对这一子目内容的理解，但对于此时中国经济在世界中的地位没有提及，需要教师补充。"思想领域的变化"子目下提供了一张王守仁的肖像画，在"探究与拓展"栏目中提供了四则有关思想家思想的史料，部分地补充了正文内容。但学生对思想的理解还存在一定的难度，还需要教师进一步挖掘和补充教学资源。"小说与戏曲"子目下只提供了一幅《红楼梦图咏》，戏曲部分没有提供相应的教学资源，需要教师做一定的补充。"科技"子目下提供了一幅利玛窦在中国刊印的世界地图《坤舆万国全图》(摹本)，两则关于徐光启《几何原本》的史料，在"历史纵横"中补充了《永乐大典》《四库全书》编纂的基本史事，有利于学生把握这一子目的内容。

2. 学术资源。基于以上对教材资源的分析，教师还需要通过进一步的史学阅读来进行教学资源的挖掘和补充。与本课第一个子目内容相关的学术资源有：《中华文明史》、樊树志《晚明史(1573—1644年)》、林达·约翰逊《帝国晚期的江南城市》等著作，余同元《明清社会近代转型及转型障碍》、樊树志《明清江南市镇的"早期工业化"》、管汉晖和李稻葵《明代GDP及结构试探》、樊卫国《论明清经济演进的内向化倾向》等论文。

关于明代中国经济结构的论述：在明代经济结构中，农业在总经济中所占的比重平均为88％左右(下限为86％，上限为90％)，这一比重高于库兹涅兹提出的不发达国家工业革命之前农业在经济结构中所占比例为70％的最高水平。明中期以后，虽然手工业和商业有所发展，但在经济中所占比重仍然没有超过20％，这与工业革命前农业在英国经济中所占比重不到40％形成鲜明对比。上述事实说明，明代中国是农业主导的经济结构，政府收入也主要来自农业。经济结构没有发生明显变化，说明明代中国基本上是一个稳态的农业社会，没有出现大规模的技术革新。

——管汉晖和李稻葵《明代GDP及结构试探》

关于明清经济特征的论述：14世纪中叶至19世纪中叶500年间，中国传统社会的农业、手工业和商业的惯性发展是传统社会生产发展的常态，但它与明清时期其它两个因素——消极防守的对外政策和人口增长相互结合、制约、互动时，这种经济形态得到强化并渐形塑成了中国经济内向化演进的模式……其内涵为：发展形式以渐进积累，数量缓慢增长为主，发展方向以内敛形式为主。政府和社会不注重甚至限制、拒绝向外开放，对外经济关系在整个社会经济运作中不占重要地位，对西方资本主义国家的扩张采取退守防御的政策。

——樊卫国《论明清经济演进的内向化倾向》

与本课第二个子目内容相关的学术资源有：《明清文化史札记》《王阳明全集》《黄宗羲全集》《日知录》《思问录》《明代遗民：顾炎武　王夫之　黄宗羲》等著作，冯天瑜《明清之际中国文化的近代性转向——以明清学术四杰为例》等论文。

关于明清思想的历史地位问题：中国近代文化并非单单取法西方，其资源还来自于中国的文化传统，尤其是明清之际的早期启蒙思想，而徐、黄、顾、王等学术四杰，则是提供本土资源的突出代表。黄宗羲们在日落的"明夷"之际书写的早期启蒙文字，等候未来的觉醒者访问（"待访"）。

——冯天瑜《明清之际中国文化的近代性转向——以明清学术四杰为例》

另外，《明代遗民：顾炎武　王夫之　黄宗羲》梳理出了思想家的生平或逸事，有助于学生理解思想家本身及其思想。

与本课第三个子目相关的学术资源有：冯天瑜《明清文化史札记》、卢前《明清戏曲史》、袁行霈《中国文学概论》、《西游记》等著作，苏兴《明清小说发展历史的变迁》等论文。

关于明清市民阶层发展的论述：据粗略统计，在"三言"、"二拍"近两百篇作品里，以市民为主人公或涉及市民的作品约近七十篇……作品以如此铺张的笔墨描写"市井细民"，在中国古典文学中是罕见其匹的。

——冯天瑜《明清文化史札记》

另外，《西游记》第68、第78、第88回中对商业繁荣的描写，可以帮助学生理解市民生活。

与本课第四个子目相关的学术资源有：《天工开物》、杜石然等《中国科学技术史稿》等著作，刘尚希等《明清科技发展：政府作用与历史经验教训》等论文。由于教材资源基本够用，本次不考虑补充。

3. 音视频资源。昆曲《牡丹亭》视频。

七、教学过程（略）

本案例是围绕一课的教学进行的教学资源挖掘，达到了精选教学资源、优化课堂教学的效果。教材是最重要的教学资源，用好部编版教材是教师进行教学设计首先应考虑的问题。本案例首先依照教学内容对教材提供的各类资源的有效性进行了分析评估，这是值得肯定的做法。并不是所有的资源都是教学资源，只有那些被选择进入课程、介入教学活动并对教学目标的实现有帮助的资源才是真正的教学资源。教学资源的挖掘要建立在对教学内容深度把握、对学情分析的基础上。在此基础上确立的教学目标与教学重点和难点是教学资源挖掘工作的中心。教师通过学术阅读，在了解明清社会经济、思想等方面研究的前沿动态的同时，挖掘出了对学生理解本课重点、难点有帮助的数则材料，实现了利用教学资源优化课程教学的目标。在本案例中，教师注重对学生感兴趣的教学资源的挖掘和利用。

教师在教学资源开发中居于主导地位，教师的视野和专业水平都会影响教学资源的挖掘与利用工作，更重要的是时间和精力的付出。在本案例中，教师是在大量阅读的基础上才挖掘出了有价值的材料。这是历史新手教师需要学习的。

✎ | 练习 |

请从你所教的教科书中选取一课，尝试按照正文的操作提示，完成一课教学资源的精选。

四、选择必要的教学媒体

（一）教学媒体概述

处于信息化时代的教育必然受到信息技术的影响。《基础教育课程改革纲要(试行)》中的第11条明确指出:"大力推进信息技术在教学过程中的普遍应用,促进信息技术与学科课程的整合,逐步实现教学内容的呈现方式、学生的学习方式,教师的教学方式和师生互动方式的变革,充分发挥信息技术的优势,为学生的学习和发展提供丰富多彩的教育环境和有力的学习工具。"在教师的教学设计中,教学媒体的选择和设计是重要的组成部分。

1. 教学媒体的功能

媒体是承载并传递信息的载体或工具。从传播学的角度看,教学过程实质上是一个信息的双向传播过程,教学内容是信息,信息通道就是教师和学生之间进行信息传递的媒介,即各种教学媒体。把媒体引进教学过程,突破了信息传递的时空限制,加快了信息传递速度,增加了课堂的信息容量。教学媒体即承载和传递教学信息、在教育者和学习者之间实现沟通的载体或工具。教学媒体在教学过程中的功能可以概括如下:展示事实,形成表象;创设情境,建立共同的经验;提供示范,便于模仿;呈现过程,解释原理;设疑思辨,解决问题。对于教学媒体的选择,历史新手教师首先需要熟悉和掌握其功能,然后依据教学目标、教学内容及教学方法进行选择。

在这个飞速变化的时代,教学媒体也在不断变化,但总体上可分为传统教学媒体和现代教学媒体。传统教学媒体是指黑板、教科书、挂图、模型等带有传统手工技术特征的媒体。现代教学媒体是以现代信息技术为依托,传递和再现教学信息的现代化信息传递工具,智能化、数字化、网络化、多媒体集成化是其典型特征。现代教学媒体体现在历史教学中,首先是多媒体计算机技术已广泛应用于历史教学中;其次是基于网络技术的各种新的教学形式不断涌现,如微课、慕课、数字故事等正在为历史教师所接受,并被用于实践。

多媒体教学是指教师运用多媒体计算机、网络技术、多媒体教室等技术和环境,通过预先制作的多媒体教学软件将文字、声音、图像、动画、视频等教学信息进行有机组合,向学生传递信息,达到教学目标的过程。历史新手教师在完成了教学内容分析、学情分析、目标研制、内容设计、方法设定和资源补充等一系列教学设计任务之后,进行内容呈现的多媒体设计就提上了日程。

2. 开发教学媒体的过程

教学媒体的开发建立在教学设计各项任务扎实完成的基础上。实际上，对教学媒体的开发从教学设计的最初就已经悄然开始了。在补充教学资源时，视频或图片资料、动画资料是教师更愿意补充的，视听、观察、探究等成了教师教学方法设定时青睐的选项。在教学设计各项任务都有效完成后，教学媒体的开发更多就只剩下多媒体课件的制作了。

多媒体课件是指使用计算机软件将文字、图形、声音、动画和视频等进行综合处理以提高教学效率的教学软件。多媒体课件按照制作工具和操作平台，可分为 PPT 课件、Authorware 课件、Flash 课件等。历史新手教师应该不断地接触和熟悉各种多媒体课件制作，使自己具备较强的教育信息化能力，其中首先要掌握的是 PPT 课件的制作。

（二）多媒体历史课件的制作

我们以 PPT 课件的制作为例进行讲解。

第一，总体构思。梳理一课教学的总体结构，如教学内容的呈现顺序、不同教学内容的教学方法设定、教学资源的类型等，做到心中有数。最好的方式是把教学设计转换为流程图。

第二，课件脚本设计。如果完成了从教学设计到流程图的转换，下一步就是根据教学内容容量，把需要呈现的教学内容和教学资源分配到 PPT 页面中，可以以图式化的提纲呈现出来。根据每一页的主题，确定内容，编写出每一页的文字脚本。文字脚本需严格遵照教学设计的理念和教学方法的设定，不能随意改变。在文字脚本完成后，还需进行页与页之间相连接的设计。

第三，初步制作。按照分页脚本使用软件，完成文字、图片、视频及动画等素材的输入或插入等编辑。在此过程中，出于教学需要，还需利用其他的多媒体软件进行历史思维导图、历史活动地图、历史网络交互式测试题等的制作，以丰富课件的内容。

第四，界面的设计与美化。设计和制作多媒体课件，要考虑到课件的艺术性，以其丰富的表现性和感染力，去激发学生的情感，提高学生的学习兴趣，还要考虑历史学科作为人文学科对学生审美能力的培养，因此需要对界面进行一定的设计与美化。其主要涉及以下几个方面。其一，根据内容特点，选择主题鲜明、风格一致的版式，如中国近代史的内容不宜采用色彩明艳的版式。其二，依据学生的接受心理，控制好每页的文字量，选择适宜的字体、行距等。一般标题字号在 40～44 号，正文字号在 24～32 号，行距以 1.5 倍为宜。如果担心自己讲解时可能会忘记某些知识，可以把详细内容放到课件下部的备注里面供需要时参考。另外，最好使用软件自带的字体，而不是自己安装的字体，以避免在其他电脑上运行时出现乱码。其三，图片一定要使用高质量的图片，不要将小尺寸、低分辨率的图片简单拉伸，这样做只会进一步降低图片的分辨率。其四，视频应以短小精悍为主，教师需要事先进行剪辑。其五，页面总体布局要注意颜色的搭配和主次素材的有序排列，不给学生造成认知负担。其六，制作结束时，注意核查并改正课件中存在的拼写和语法错误。

第五，使用前的调试。课件制作完成之后，要对课件的适用性、稳定性以及各环节的衔接进行调试，保障课件在授课播放过程中能够正常运行。

尽管多媒体教学已经成为潮流，但历史新手教师还是要认清它也有一定的局限性，并采取相应的措施予以补救。课堂内容的展示转瞬即逝，影响学生所学知识的系统性，为了弥补这一不足，历史新手教师可以适当放慢速度，反复演示讲解；还有对于课堂上学生的即兴问题，多媒体课件缺乏充分的准备，需要借助传统教学媒体予以回应；最为重要的是它对于师生情感交流的阻碍，需要引起历史新手教师的思考，历史新手教师可以适当借助黑板等传统教学媒体，以师生的互动弥补人机互动带来的情感交流不畅。

另外，多媒体制作的效率也需引起历史新手教师的关注。一个优秀的多媒体课件的制作是需要花费很多的时间和精力的。对于历史新手教师来说，完成教学设计，是把更多的时间和精力放在对内容的分析解读与教学方法的设定上，还是放在多媒体课件的制作上？我想答案应该是前者。因为教学媒体只是教学过程中教师使用的工具。

教学案例及分析

下面以"北魏政治和北方民族大交融"一课为例展示多媒体历史课件的制作。

一、总体构思

以本课教学内容为基础，按流程图呈现教学设计的总体构思(图 1-7)。

导入	出示《文姬归汉图》和《北齐校书图》	观察图片，寻找不同
淝水之战	出示东晋十六国形势图 和东晋前秦形势图	跟随教师，掌握线索
	出示淝水之战后形势地图	识读地图，回答问题
迁都	北魏政权及其发展的文字和图片	阅读文字，观察图片
	出示反映北魏统治下民族矛盾的史料	阅读史料，回答问题
	设置情境，思考对策	思考并回答
	出示图片，讲述冯太后的故事	观察图片，听教师讲述
	出示地图、史料及讨论的问题	讨论迁都原因
汉化措施	出示改革内容史料及内容汇总表格	阅读史料及表格
	出示《洛阳伽蓝记》史料	阅读史料，提取信息
北方地区的 民族交融	出示少数民族生产方式转变图片	观察图片，回答问题
	出示少数民族饮食、服饰图片	观察图片，回答问题
	出示少数民族乐器、歌舞图片	观察图片，回答问题
小结	总结提升	聆听并思考
	当堂练习	思考并作答

图 1-7 "北魏政治和北方民族大交融"一课流程图

根据流程图，PPT 课件共 15 屏，结构如图 1-8。

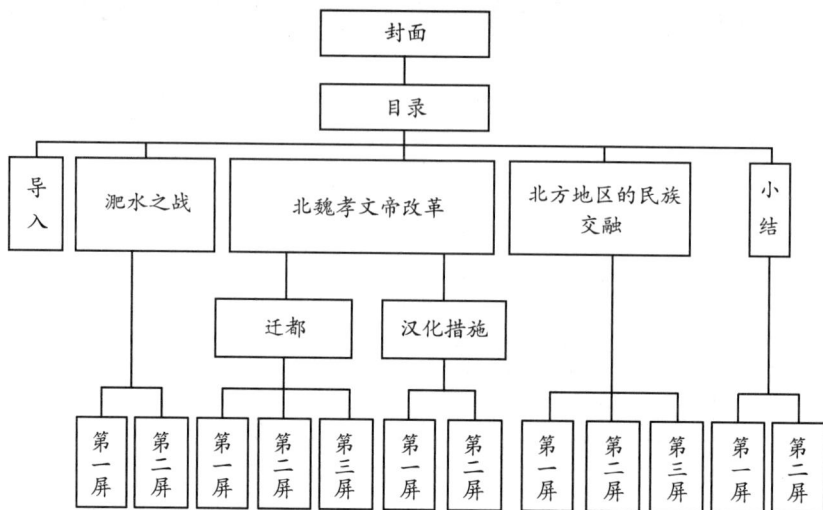

图 1-8　PPT 课件结构图

二、课件脚本设计

第一屏为封面，有图片和文字。

第二屏为目录，主要是文字。

第三屏为导入，展示了《文姬归汉图》和《北齐校书图》。

教师：大家观察这两幅图，他们的坐姿发生了什么变化？胡凳是什么时候传到中原地区的？这种变化说明了什么问题呢？今天我们带着这些疑问来学习本节课的内容。

第四屏为淝水之战第一屏，展示了东晋十六国形势图和东晋前秦形势图。

教师：回顾前课，我们知道，前秦苻坚锐意改革，国力强盛，迅速击败了北方各政权，统一了黄河流域，疆域东濒大海，南抵汉水，西至龟兹，北达沙漠，形成了与东晋对峙的局面。雄心勃勃的苻坚希望能快速实现天下统一。

　　…… ……

三、初步制作

本案例只展示了课件的第一屏和第二屏(图 1-9)。

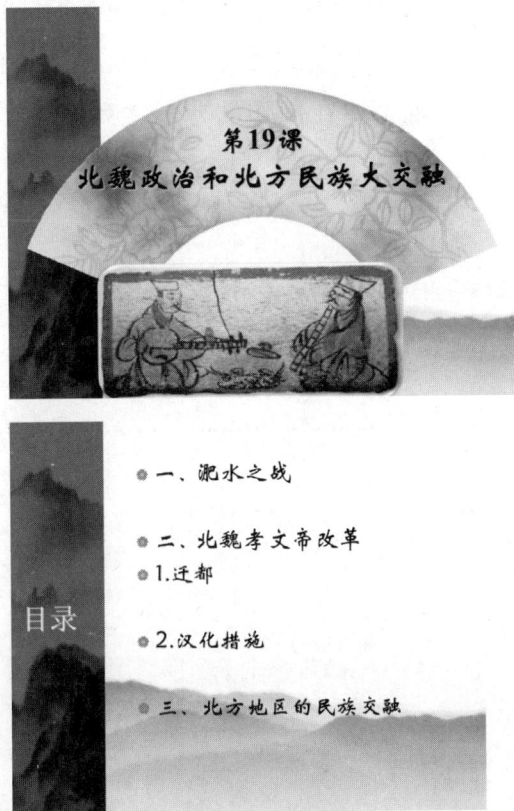

图 1-9　课件的第一屏和第二屏

四、界面的设计与美化(略)

五、使用前的调试(略)

本案例呈现的是以 PPT 为制作平台的课件制作过程。从制作过程来说，规范而有条理。第一，完成了从教学设计到教学流程图的任务转化。教学流程图可以使教师对于教学过程各环节有一个更清晰的把握，在编制教学流程图的过程中，也会促使教师对教学各环节的设计进行再次思考，如有不合适，可及时修改。第二，对课件结构的规划，容量合理。一节课的教学，13～20 屏是相对合适的。第三，文字脚本的编制规范。脚本的编制过程，涉及教师对图片或史料等素材的真实性和有效性进行重审的问题，如发现不好的素材，也应进行调整。按照规范的流程完成课件制作，可以保障教学设计的各种构思得到真正的贯彻执行。一个优秀的教学课件的制作是建立在教学设计高水平的基础上的。从内容来说，能否把多媒体与教学内容予以有机结合是衡量一个课件是否优秀的标准。作为人文学科，历史课件的思想性和艺术美观也应在制作的考虑之列。

| 练习 |

请从你所教的教科书中选取一课，尝试按照上面案例的程序，完成多媒体课件的制作。

▶第四讲
教学过程设计

一、设计学习活动

（一）历史学习方式概述

课程改革的一个显著特征和核心任务就是实现学生学习方式的转变。刚进入职场的历史新手教师应该成为促进学生学习方式转变的重要力量。

1. 学习活动设计的理论

学习活动设计是指教师在教学设计中对各类学习活动进行选择、组织、指导和改进等。学习活动设计需要教育理论作为支撑。在教学设计中，存在两种设计倾向：以教师为中心的教学设计和以学生为中心的教学设计。前者以教师教学为中心，重点关注教师"如何教"；后者以学生学习为中心，重点关注学生"如何学"。以学生为中心的教学设计，建立在建构主义理论的基础上。

（1）建构主义学习观。建构主义是 20 世纪兴起于西方的一种重要思潮，我国于 20 世纪 90 年代将其引进并使其成为课程改革的重要指导思想。建构主义学习观认为学习是以学生为中心的学习，学习的主要目的是满足学生自身求知的需要，学习是主动的，学生不是被动的知识接受者。学习是学生利用新旧知识、经验的相互作用来建构自己的知识，而不是由教师向学生传递知识。学生在整个学习过程中扮演着重要的角色，处于主体地位。建构主义学习观还认为学习是社会性、真实性的学习，强调在学习过程中学生处于与他人的密切联系之中，学生之间的协作和会话对于学习内容的理解起着关键性的作用。

(2)建构主义教学过程观。基于以上学习观，建构主义认为教学过程是充分体现学生主体地位的过程。知识并不能简单地由教师传授给学生，而只能由每个学生依据自身已有的知识和经验主动地加以建构，因此在教学过程中，学生的学习过程即学生的主动建构知识的过程。学生是学习的中心，是自己知识建构的决定者。学生头脑中已有的知识、经验、信念、价值观等都会对知识建构产生影响。学生的主动性能否得到充分的发挥，直接关系到建构活动的成功与否，关系到教学过程的效果。建构主义还认为教学过程是教师促进学生学习的过程。在学生建构知识的过程中，由于学生通常并不能清楚地意识到已有知识的局限性，并自发地去形成更为合理的思维方法或建构起系统的知识，因此需要教师的帮助。教师的角色是学生主动建构知识的帮助者、引导者和促进者。

(3)建构主义学习观和教学过程观对教学过程设计的启示。第一，历史新手教师应该认真思考"以学生为主体，以教师为主导"这一重要教育教学理念。这一理念的直接来源就是建构主义理论。学生的主体地位如何在教学设计中予以落实？这需要将以教师的"教"为主导的教学设计思路，变为以学生的学习活动为主导，把学生的学习活动作为实现教学目标的基本方法性要素，以教师的"教"为学生的学习活动提供策略支持的教学设计思路。

第二，历史新手教师应该重视合作学习等学习方式的应用。前文提到，建构主义学习观认为学生之间的协作和会话对于学习内容的理解起着关键性的作用。从知识建构的过程来看，知识的建构不仅是一个心理过程，而且是一个社会过程，其中包含合作、沟通、协商、争论、妥协、折中等社会交往行为。课堂学习中的社会交往行为可以帮助学生激活自己已有的知识、经验，并使学生在讨论交流中了解到各种不同的观点，不断对自己和别人的观点进行反思与重构，可以为学生的知识建构提供有利条件。学生的情感和社会性技能也在相互辩论、赞赏、合作、悦纳中得到良好的发展。因此，历史新手教师应重视设计各种形式的交往活动。

第三，历史新手教师应该重视情境教学。学生作为知识的主动建构者，其知识建构的关键就在于建立新知识与已有知识间的联系。从人类学的角度看，知识是个人与社会或物理情境之间互动的产物，本身就具有情境性。历史知识的过去性和不可复制性，决定了学生需要借助一定的情境才能实现历史理解。教学的目的不只是让学生懂得知识，更是要让学生运用所学知识去解决现实问题。如果教学不能帮助学生实现知识的情境化，那么学生所学的知识就只是一种储备，不能够解决实际问题。因此，历史新手教师应重视情境学习的活动设计，在帮助学生实现历史理解的同时，还应展示出与现实中历史学家解决问题相类似的探索过程，培养学生的学科核心素养。

2. 学习方式的分类

在进行学习活动设计之前，教师首先需要了解学习方式的分类。

从知识的接受方式来说，学习方式可分为接受学习和发现学习。接受学习是指教师将所学习的内容以确定的方式传授给学生的学习方式。在接受学习中，学习内容是以定论的形式直接呈现的，学生是知识的接受者。接受学习有主动接受和被动接受两大类型。发现学习是指学生在具体的学习情境中，经由自己或小组合作的方式去探索，从而获得问题答案（知识）的一种学习方式。在发现学习中，学习内容常常是以问题形式间接呈现的，需要学生自己去探究、发现，学生是知识的发现者。两种学习方式并不是截然对立的，发现学习需要以一定程度的接受学习为基础。

接受学习包括听讲、阅读、视听、演示等学习方式。发现学习包括自主学习，合作学习，体验式学习，情境式学习，探究学习(问题学习、设计学习、项目学习)，对话学习，实践学习，社会学习；其学习形式有自我组织、学习共同体、小组合作、项目团队。

对于以上涉及的学习方式的内涵，我们就不一一介绍了，这里主要介绍合作学习、体验式学习、探究学习。

合作学习是指学生在小组或团队中为了完成共同的任务，有明确的责任分工的互助性学习方式。

体验式学习是指学生通过实践与反思相结合来获得知识、技能、情感与态度的学习方式。

探究学习即从学科领域或现实社会生活中选择和确立研究主题，在教学中，创设一种类似于学术研究的情境，学生通过自主地发现问题、实验、操作、调查、搜集与处理信息、表达与交流等探索活动，获得知识、技能、情感与态度的学习方式。

（二）学习活动设计的任务及操作

历史新手教师应该以学生的活动为主开展教学设计。

1. 根据教学目标和教学内容的特点，选择学生学习方式

历史新手教师在没有掌握发现学习的状态下，接受学习依然要在教学过程中占据相当的份额。随着教学经验的丰富，历史新手教师可以逐步增加发现学习的教学实践。如果教学内容是历史事件，历史事件的背景、历史人物的活动，可以选择接受学习的方式；历史事件的过程，可以采用自主学习的方式；历史事件的影响，可以采用对话学习结合合作学习的方式。科技文化史的内容，可以选择体验式学习、实践学习或探究学习的方式。

2. 围绕史料进行各种发现学习的活动设计

史料是还原和重构历史的证据，是培养学生学科核心素养的重要凭借，因此在历史教学过程中不能没有史料。之前教师精选教学资源为以史料为中心设计学习活动奠定了良好的基础。

第一，围绕史料，设计体验式学习活动。学生是有思想、有感情的，学生接受历史知识的过程也是其用心、用情感去体悟历史的过程。因此，历史情感的培养当在体验式学习中实现。历史情感的激发离不开含有情感信息的史料。历史新手教师可以选择富含情感信息的视频史料、图片史料或文字史料，依据体验式学习的三环节，即感知—内省—外显进行学习活动设计。感知环节即让学生观察史料，激发他们内心的冲动，形成体验的氛围；内省环节就是教师通过问题引领，使学生联系自身的思想、行为，进行自我反思，在此环节中，也可以用小组合作的方式；外显环节即让学生把自己的内省成果在课堂上口头表达出来，也可以是学生的书面反思。

第二，围绕史料，设计探究学习活动。学生学习历史不只是为了记诵史事，更重要的是通过理性的思维和以证据为基础的想象来理解历史的发展。历史认识是这样一个过程：收集史料，分析或鉴别史料，对史料进行概括，得出最终结论。从这个角度讲，历史教学中的史料教学与探究学习有着密切的联系。在历史教学中运用史料最好的方式就是围绕史料进行探究学习。

史料探究学习活动可以按照呈现史料和探究问题—研究与探讨史料—归纳三个环节进行设计。

呈现史料和探究问题，即在呈现史料的同时出示问题。探究的欲望是由问题开始的，没有问题也就谈不上探究，因此探究学习必然要在一定的问题情境中进行。设计此学习活动时，教师需要创设问题情境，引导学生理解探究问题，以问题为中心来开展探究学习。教师提出的探究问题要层层深入，让学生逐渐深入地思考和探索，通过层层推理问题得出问题的答案。

研究与探讨史料，即在教师的指导与帮助下，学生分析史料，从史料中提取有助于问题解决的有效信息。此环节是探究学习的核心环节，且涉及史料识读和理解的方法，需要教师提供一定的支持。比如，常用的"6W"法，when（时间）、where（地点）、who（人物）、what（内容及结果）、how（形式与过程)、why(原因)。"6W"法包含了历史事件必备的要素,可以帮助学生有效地完成对史料的识读,弄清史料的表面信息,掌握史料的基本内容。这一环节也可以设计成合作学习的方式,学生分工合作,完成对问题的探究。

归纳,即进一步解析史料,理解史料的隐含信息,并对史料做出解释。具体可以分为以下步骤:在使用"6W"法掌握史料表面信息的基础上,全面提炼作者的主要观点;分析史料的深层含义,包括作者的意图、所站的立场;辨析、区分历史事实与作者的意图与立场;最后对探究成果加以归纳,形成问题的答案。这部分也可以采取合作学习的方式。

教学案例及分析

下面以"辛亥革命"为例说明学习活动设计的任务及操作(表 1-11)。[①]

表 1-11 以"辛亥革命"为例说明学习活动设计的任务及操作

教学环节	教学过程	设计意图
导入	结合中国历史时间轴回顾中国君主专制制度的产生、发展和强化。1911 年辛亥革命的爆发宣告了中国两千多年君主专制制度的终结。20 世纪初中国为什么会爆发辛亥革命?这场革命在中国由专制走向民主的过程中发挥了怎样的作用?革命由武装暴动到妥协,再到和平建国,其中有没有我们可以汲取的智慧?我们将从辛亥·视野、辛亥·聚焦和辛亥·背影三个角度来学习这场革命。 自主学习:学生自主学习本课内容,完成下列任务,然后在小组内交流,最后组长收集组内学生的疑问,教师根据组长收集的疑问推动课堂教学。 1. 依据辛亥革命大事年表,厘清辛亥革命的历史背景、基本经过和重要影响。 2. 在课本中标出孙中山的主要革命活动。 3. 结合武昌起义和全国各省独立形势图,简要讲述武昌起义的主要过程。 4. 体会中国近代由专制走向民主、由屈辱走向振兴的艰辛。	学生通过观看影视作品、历史书籍和课前搜集资料,对辛亥革命的基本史实有了一定的了解。因此,教师设计了自主学习。教师收集学生对辛亥革命的疑问,并用学生的疑问推动课堂教学。

① 参见林科:《基于课程标准的初中历史教学设计与实施——以"辛亥革命"一课为例》,载《中学历史教学参考》,2017(22)。

续表

教学环节	教学过程	设计意图
新课	**一、辛亥·视野** 合作探究：20世纪初中国为什么会爆发辛亥革命？ 教师讲解：（出示世界近代史时间轴）要研究这个问题，就应该将辛亥革命放到世界历史的坐标中去考量。15世纪新航路开辟以后，世界开始连成一个整体。从17世纪到18世纪，文艺复兴、宗教改革和启蒙运动以及近代科学的诞生，解放了人们的思想。从17世纪到19世纪，资产阶级通过革命或改革，相继在欧美主要国家和亚洲的日本取得了政权，并通过颁布法律巩固革命成果，资本主义制度得以确立。从18世纪到19世纪，两次工业革命大大推动了资本主义的发展和殖民扩张，其中第二次工业革命后，主要帝国主义国家掀起瓜分世界的狂潮。 学生回顾：1840年以后，中华民族的屈辱史、抗争史和探索史。 师生总结：辛亥革命并非一场孤立的革命，而是中国对15世纪以来世界近代化的一个呼应。正是世界政治、经济格局的变化和国内外各派政治势力的制衡消长，最终导致了辛亥革命爆发。	由于八年级学生还没有学习世界历史，所以设计通过教师讲解和学生回顾，将辛亥革命放到世界历史的坐标中去考量，帮助学生理解辛亥革命爆发的原因。
	二、辛亥·聚焦 （一）聚焦·武昌起义 结合武昌起义和全国各省独立形势图，简要讲述武昌起义的主要过程。疑问：武昌起义并不是孙中山领导的，为什么他能当选为临时大总统？ 学生交流：（略）。 师生总结：孙中山虽没有亲自指导武昌起义，但他组织兴中会、建立同盟会、提出三民主义，是整个辛亥革命的领导者。 （二）聚焦·三民主义 师生交流：鸦片战争以后，中国社会性质和主要矛盾的变化，决定了三民主义的基本内容；三民主义在中国的民主进程中取得了巨大成果。	将目光从世界聚集到辛亥革命上。通过聚焦·武昌起义、聚焦·三民主义和聚焦·《中华民国临时约法》，帮助学生深入理解辛亥革命在中国由专制走向民主的过程中所起到的作用。

续表

教学环节	教学过程	设计意图
新课	**二、辛亥·聚焦** （三）聚焦·《中华民国临时约法》 史料探究： 第一章　中华民国主权属于国民全体。国民不分种族、阶级、宗教信仰，一律平等。 第二章　全国各民族一律平等，国民享有人身、居住、财产、言论、出版集会结社通信、信仰等自由，有请愿、选举和被选举等权利。 第三、第四、第六章　以参议院行使立法权，临时大总统及国务员（内阁总理）行使行政权，法院独立行使司法权。 第五章　国务员于临时大总统提出法律案、公布法律及发布命令时，须副署之。 　　　　　　　　　　——《中华民国临时约法》 提出问题：《中华民国临时约法》的内容体现了哪些进步的原则？ 学生交流：（略）。 教师总结：《中华民国临时约法》是中国历史上第一部具有资产阶级共和国宪法性质的重要文件。它实践了主权在民、自由平等的资产阶级民主思想，并以根本大法的形式确立了三权分立、责任内阁的政体模式，迈出了中国由专制走向民主的重要一步。 **三、辛亥·背影** （一）背影·妥协 播放微视频：《辛亥·妥协》。 合作探究：依据微视频提供的信息，小组合作探究辛亥革命后孙中山为什么要向袁世凯妥协。 学生交流：（略）。 师生总结：革命阵营受到了来自袁世凯和帝国主义列强的双重的强大压力，而且革命阵营内部也发生了分歧。面对这种复杂的局面，孙中山被迫妥协。 教师讲解：辛亥革命爆发后，三股主要政治势力清王室、革命派和袁世凯都有自己的想法：清王室想镇压革	结合微视频和三派政治势力制衡消长示意图，帮助学生认识协商妥协和和平建国是革命派政治力量的理性选择；通过材料解读和图片对比，帮

续表

教学环节	教学过程	设计意图
新课	三、辛亥·背影 命，尽快恢复统治；革命派想以武力推翻清政府，建立资产阶级民主共和国；袁世凯想以武力统一全国，消灭革命势力，取代清政府。但事实上三方都没有绝对优势完全实现目标，清政府的统治早已名存实亡；革命派表面轰轰烈烈，但不具备北伐的能力；袁世凯既没有消灭革命军的把握，又不敢完全背叛清王室；同时，西方列强为了自身的利益也想尽快恢复和平。所以，1911年12月南北方代表在上海英租界进行和谈，在革命派做出妥协的基础上达成协议：清王室退位，获得优待；孙中山推举袁世凯继任临时大总统；袁世凯宣布赞成共和。 提出问题：你是如何看待革命派妥协的？ 学生交流：（略）。 教师总结：革命派妥协是为实现推翻清政府统治的目标，虽然有革命力量不足，被迫对袁世凯让步的性质，但是更多体现出革命派为了国家的利益，放弃个人权力的大公无私的境界。他们的理性和智慧，应该得到我们的理解和尊重。 （二）背影·巨变 史料探究： 从1912至1919年，中国新建的厂矿企业达470多家……加上原有企业的扩建，新增资本达到1.3亿元以上，相当于辛亥革命前50年的投资总额。中国工厂使用的蒸汽动力，1913年为43448马力，1918年为82750马力，约增长了一倍。 ——王丽丽《中国近代史纲要》 提出问题：你从材料中获得了什么信息？ 学生交流：（略）。 师生总结：中华民国的建立，在一定程度上促进了中国商品经济的发展，中国民族工业迎来了第一个黄金发展期。	助学生认识辛亥革命带来了20世纪中国政治、经济和社会生活的第一次巨变，从而使学生正确理解辛亥革命的历史意义。

续表

教学环节	教学过程	设计意图
新课	三、辛亥·背影 史料探究： 任凭你像尧舜那样贤圣，像秦始皇、明太祖那样强暴，像曹操、司马懿那样狡猾，再要想做中国皇帝，乃永远没有人答应。 ——梁启超 提出问题：辛亥革命后，中国人为什么再也不答应有人做皇帝了呢？ 学生交流：（略）。 师生总结：辛亥革命后，民主共和观念开始逐渐深入人心。 出示图片：滚动图片展示辛亥革命后中国社会习俗的变化（图略）。 学生感受：辛亥革命后，南京临时政府颁布法令，劝禁女子缠足，强令男子剪掉辫子，用新式礼服代替清朝官服，用鞠躬、握手礼取代有损人格的跪拜礼，以及用"先生"的称呼取代"老爷""大人"的称呼。总之，辛亥革命后，人民开始追求平等、文明、简约、健康的生活方式，整个社会风气为之一新。 合作探究：结合辛亥革命后中国的变化，思考辛亥革命失败了吗，正确理解辛亥革命的历史意义。 学生交流：（略）。 师生总结：辛亥革命后资产阶级共和国的方案虽然没能在中国实现，但是辛亥革命带来了20世纪中国政治、经济和社会生活的第一次巨变。如果用现代化史观看，民主化是一个过程，既然是一个过程，就不该苛求辛亥革命完成所有的使命，辛亥革命也就不失为一个成功的开端。	
小结	（结合中国近代史时间轴）百年沧桑，回看辛亥革命，它推翻了清朝统治，结束了封建帝制，使民主共和观念渐入人心，迈出了中国由专制走向民主、由屈辱走向振兴的有力一步。虽然资产阶级共和国的方案并没能在中国实现，但是中国人并没有气馁，而是沿着孙中山先生的足迹继续探索前行。1919年，五四反帝爱国运动爆发；1921年，中国共产党诞生，中国革命迎来了崭新的时代。	

　　建构主义学习观认为学习是以学生为中心的学习，教学过程要充分体现学生的主体地位。近年来，中国提出"以学生为主体，以教师为主导"的教学理念，此理念要在中学历史教学中落实，就需要从教学设计做起，即在教学设计中改变以教师活动为主的设计模式，重视学生的学习活动设计，而教师为学生的学习活动提供策略支持。本案例从总体上体现了"以学生为主体，以教师为主导"的教学理念，整个教学过程既设计了合作探究、学生交流、自主学习等体现新型学习方式的学习活动，也结合了教师的讲解。新型学习方式彰显了学生学习的主体性，教师的讲解体现着教师的主导地位。在本案例中，教师用 3 个合作探究串起了本节课的主要教学内容：辛亥革命的背景、辛亥革命后的妥协、辛亥革命的历史意义。教学过程对学生来说是一个在教师指导下的学习心理过程，对教师来说，是一个对学生的学习心理过程进行调控的过程。本案例的合作探究是接受学习和发现学习的结合，对于学生学习的促进作用是显而易见的。

　　除了合作探究外，在本案例中教师还设计了自主学习和情境学习活动。在导入之后设计了学生的自主学习活动，由自主学习实现了学生对武昌起义过程、孙中山主要革命活动等辛亥革命基本史实的掌握，并且教师根据收集的疑问推动了课堂教学。在"背影·巨变"中教师用史料和历史图片创设出了历史情境，学生通过研读史料和读取图片信息，感受到了辛亥革命后中国的变化，从而形成了对辛亥革命历史意义的正确理解。

　　总之，有效的教学过程设计，既包括教师的教的设计，也包括学生的学的设计。在教学过程中的师生互动、生生互动等也是教师不能忽略的。

✑ | 练习 |

　　请从你所教的教科书中选取一课，尝试按照上面案例的格式，完成一课学生学习活动的设计。

二、板书设计

（一）历史课堂板书设计概说

1. 板书的内涵

板书是教师在教学过程中借助在黑板上或投影上的文字、图表、视频等呈现、突出教学主要内容和讲解思路，提升教学效果的一种教学行为。在现在多媒体教学的大环境下，板书的含义也拓展了，出现了传统板书和电子板书。其中传统板书又称为"黑板板书"，是教师用粉笔在黑板上呈现的板书。电子板书是指教师利用电脑软件制作的、经电脑投影仪在屏幕上反射呈现的板书。电子板书有它的优势，如可以呈现有声、有色的教学信息，可以节省教师写板书的时间，增加一节课的教学容量。但电子板书也有明显的弊端，如电子板书要不断翻页，不利于学生对知识的反复回味；电子板书由于缺少教师的现场书写而使现场感缺失，事先在电脑上预设好的板书无法实现师生通过板书进行的情感和思维互动，失去了因互动而充满人文关怀的课堂氛围，影响了教学效果。

要改变上面所说的现象，就必须从新手教师抓起，从改变他们对板书的认识做起。下面以传统板书为例说明板书的教学功能和分类。

2. 板书的教学功能

第一，板书以直观性特点清晰呈现教学过程。板书具有直观性的特点，它和教学语言是互相配合的关系。语言描述是抽象的，看不见、摸不着的，听者只能凭借想象勾勒出别人用语言描述的事物，而板书则可以弥补语言表达的不足，把抽象的、复杂的内容展示在学生面前。在一节课的教学中，板书贯穿着整个教学过程，包括课前的板书设计、课上的板书呈现、课后的板书重构。在课堂教学中，教师的板书书写是随着教学过程的推进持续进行的，是一种运动状态的教学实践行为。教师通过板书清晰地、有节奏地呈现教学过程，也通过板书与学生、教学内容、教学方法等因素相互作用，从而保证教学过程的顺利推进。

第二，板书组织学生的思维活动，引导学生由形象思维向抽象思维发展。学生学习历史的过程，是教师引导学生通过感知、分析、比较、判断、推理等思维形式逐步建构历史知识的过程。学生在这一过程中发展思维和能力。板书的作用是吸引学生注意力、组织学生的思维活动，进而提高学生的能力。

第三，板书提纲挈领地提示和说明教学内容。在课堂教学中，师生间的沟通主要通过语言，但语言是短时间存在的，而板书可以长时间存在，方便学生充分地就教学内容展开理解和思索。板书是教师对教学内容浓缩概括后以提纲挈领的方式进行的表达，容易引起学生的注意，也利于学生记忆和回味。

3. 板书的分类

板书分为主板书和副板书。这里我们主要关注主板书。

纲要式板书：通过对教学内容的逻辑梳理，把教学内容有结构、分层次地列出大小子目的文字式的板书。这是大多数教师在多数时候使用的板书形式。但从其功能来讲，纲要式板书并不是最佳的形式，但它是在一节课内容较多、难以用其他板书形式呈现时的最佳选择。

表格式板书：用表格的形式将教学内容的要点呈现出来的板书。这种板书形式适合于对两种或多种历史事物进行比较或者内容较多、结构性相对较强的历史事件。

线索式板书：根据教学内容的纵向发展过程进行设计，展示教学内容层层推进的逻辑顺序的板书。这种板书形式适用于过程复杂、头绪繁多的历史事件。

图示式板书：将教学内容概括、浓缩为内容要点，然后使用符号、图形进行编排，组合成关系图形来揭示教学内容的内在关系和一课知识整体结构的板书。这种板书形式是较为直观的表达形式，也更方便学生的历史理解，适用于较为复杂和抽象的教学内容。

为了避免板书的盲目性和随意性，充分发挥板书的教学功能，历史新手教师需要在进行教学设计时精心构思板书的设计。

（二）历史课堂板书设计的任务及操作

下面以传统板书为例说明板书设计的任务及操作。

1. 内容的设计

在教学内容分析和教学内容设计的基础上，教师通过概括、抽象确定板书的内容。由于教学内容设计已完成了对一课知识结构的建构，因此板书设计已有了坚实的基础。此时要做的首先是遵循学生的认知规律，对板书的呈现顺序进行梳理；其次是标识重点内容和推敲文字表述，使板书突出重点，层次分明，文字准确、精练。

2. 形式的设计

根据教学内容的特点，选择最合适的板书形式。选定板书形式后，教师需要完成从知识结构图到板书的转换。在初中阶段，图示式板书最有利于学生对知识的理解和掌握，如果不是特别复杂的教学内容，这种形式应该是首选。图示式板书要把知识内在的结构、联系通过图示反映出来，要借助图形进行知识点之间的串联。

3. 版面的设计

在完成板书形式的设计后，教师还要注意板书的美观性，如板书的形态、色彩等，它们共同作用于师生的视觉感官，产生提示、强调、美化等作用。在板书的形态上，教师应注重板书内容的排列、组合和版面的规划、布局等；在板书的色彩上，教师应有意识地着以不同的色彩，以引起学生注意，突出重点，增加美感。

4. 动态呈现的设计

板书在教学过程中是动态呈现的，因此教师需要进行板书的动态设计。所谓动态设计，是指对板书在课堂教学中呈现的时间、时机、顺序等方面的规划、安排。

对于电子板书来说，教师同样需要完成这一系列操作。

教学案例及分析

下面以"繁盛一时的隋朝"为例展示板书设计（图1-10）。

第1课　繁盛一时的隋朝

一、大江南北归一统：隋统一

开国皇帝：

建立时间：

统一时间：

定都：

隋统一和隋文帝励精图治促进了隋初的繁盛。

二、千里江山一河牵：隋运河

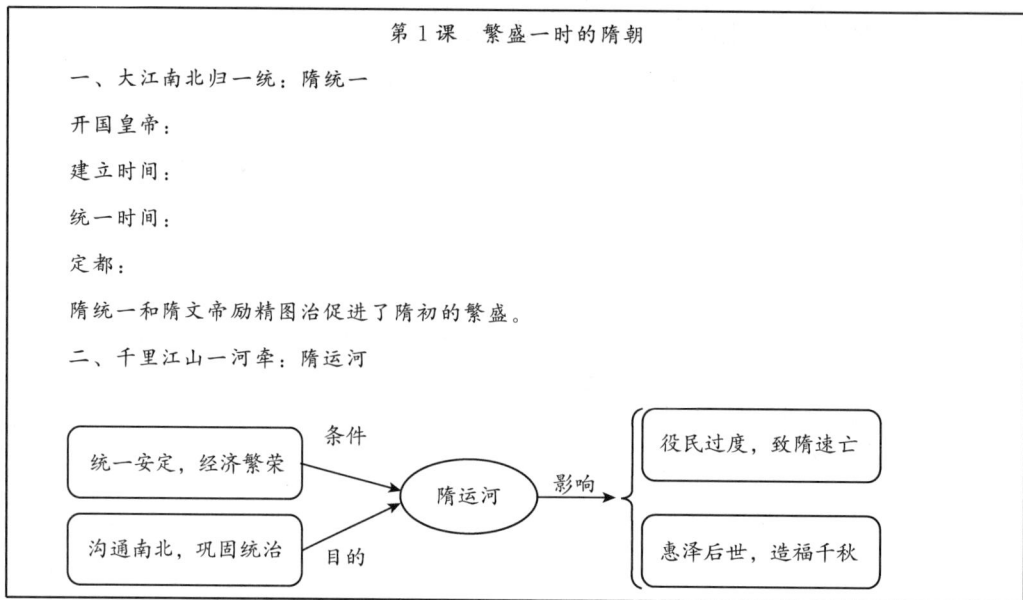

图 1-10　"繁盛一时的隋朝"的板书设计

（资料来源：北京市第八中学王艳香提供）

从板书的内容表述来看，本案例是在出色的教学内容分析和教学内容设计的基础上进行的板书设计。板书的形式要根据教学内容的特点选择运用，一节课并不是只能采用一种板书形式，应一切从实际出发，灵活应用。本案例采用了纲要式和图示式两种板书形式相结合的方式呈现教学内容。第一部分"大江南北归一统：隋统一"，从教学内容的特点来看，是历史要素清晰、明确的历史事实，适用于纲要式的板书形式。第二部分"千里江山一河牵：隋运河"，把隋朝修建大运河的背景、影响与隋朝灭亡的教学内容整合在一起，体现了教师对教学内容的深度理解和教学整合能力。由于本课内容是多个教学内容的整合，呈现出复杂的相互关系，因此如果继续采用纲要式板书，则对学生理解隋朝修建大运河的背景和隋朝灭亡的原因帮助不大。教师采用了图示式板书，以隋朝大运河为中心，既直观地呈现出了隋朝修建大运河的条件和目的，又在分析隋朝大运河历史影响的同时揭示了隋朝灭亡的原因。图示式板书通过图示串联起表面零散的三个历史知识，既有利于学生对三个历史知识的理解，也有利于学生对整个隋朝历史的整体把握，提高了学生的历史思维能力。

> | 练习 |

请从你所教的教科书中选取一课，尝试按照正文中讲述的步骤，完成一课的板书设计。

▶ 第五讲
教学评价设计

一、教学评价设计的内涵

教学评价主要是根据学科课程标准，运用科学的方法，对学科教与学的过程、教与学的效果以及影响教与学的各种因素进行定性和定量的价值判断。教学评价是学科教学环节的重要组成部分，对提高教学质量和学业水平、促进师生专（学）业发展具有导向、诊断、激励、促进作用。

教育改革正在如火如荼地进行中，评价改革先行倒逼教学改革的现状正把课程改革引向深入，对教师提出了"实现基于历史学科核心素养的教学"[①]的要求。为此，迫切需要教师"确立新的认知观、教学观和评价观，从知识本位转变为素养本位，努力将学生对知识的学习过程转化为发展核心素养的过程"[②]；迫切要求教师在教学实践中"将教学目标、教学内容、教学过程及教学评价等聚焦于培养和发展学生的历史学科核心素养"[③]，即迫切要求教师做到教、学、评一体化。

---

① 中华人民共和国教育部制定：《普通高中历史课程标准（2017 年版 2020 年修订）》，45 页，北京，人民教育出版社，2020。

② 中华人民共和国教育部制定：《普通高中历史课程标准（2017 年版 2020 年修订）》，45 页，北京，人民教育出版社，2020。

③ 中华人民共和国教育部制定：《普通高中历史课程标准（2017 年版 2020 年修订）》，45 页，北京，人民教育出版社，2020。

新的评价观要求教学评价以学生为主要对象，准确把握学业质量水平，多维度进行学习评价。

第一，教学评价以发展学生历史学科核心素养为纲。教师要以课程目标为依据，以学生历史学科核心素养的整体发展为着眼点，将评价贯穿于历史学习的整个过程。评价主要针对学生将所学历史知识与技能运用于解决具体问题时体现出的学科核心素养水平。教师要运用恰当有效的评价方法，系统搜集和科学分析处理学生的有关信息，综合发挥检测、诊断、激励、引导、调解、反馈等多方面的功能，准确判断学生学科核心素养的达成度。在评价过程中，教师要随时发现学习目标、学习内容、学习方法以及创设问题情境、解决问题等方面出现的不足，及时加以改进，保障以发展学生学科核心素养为纲的历史课程有效实施。

第二，教学评价要符合学业质量要求的评价目标。评价目标的确定，必须以课程内容、学科核心素养水平为依据，符合学业质量要求。教师要深刻理解学科核心素养的内涵，准确把握学业质量不同水平所描述的表现特征。教师要对学段、模块或主题、单元和课的评价目标进行整体规划与设计，注重对学生历史学科核心素养五个方面的发展状况进行综合评价，根据学生实际，结合具体内容，制定等级化、个性化的评价目标。教师要注重评价目标与教学目标的一致性，尽可能使教学和评价围绕学生学习这一中心展开，使教、学、评相互促进，共同服务于学生历史学科核心素养的发展。

第三，教学评价要多维度进行。这里的"多维度"表现在：其一，评价内容维度，注重课堂学习评价（关注学生在课堂学习活动中的表现）和实践活动评价（关注学生在复杂情境下开展相关实践活动的能力）的有机结合；其二，评价类型维度，注重形成性评价和终结性评价[①]的有机结合；其三，

---

① 教学评价的类型除形成性评价和终结性评价外，还包括诊断性评价。诊断性评价，是指在教学之前对学生的知识、能力和情感状况进行调查，了解学生的认知基础，以及对学习内容的感受与体验，评价结果是重要的课程资源，可为教学的有效开展提供重要参照。其方法包括问卷调查、测试、访谈，教师还可以根据对学生的熟悉程度进行经验判断。形成性评价，是指对学生的学习过程、结果以及与学习密切相关的情感、态度等因素进行全面评价，采取目标与过程并重、学习过程与评价过程交融的价值取向，其方法多样。形成性评价一般结合不同的学习任务进行。终结性评价，也称为总结性评价。

评价方法维度，注重量性评价（易操作、客观性强的评价）和质性评价（对学生历史学科核心素养的发展程度特别是价值观的形成做出判断的评价）的有机结合；其四，评价主体和评价方式维度，注重评价主体（教师、学生、家长等）的多元化和评价方式（课堂提问、纸笔测试、自我反思、同伴互评、教师评语、家长评价等）的多样化。

第四，教学评价要重视评价反馈。评价反馈是评价的重要组成部分。教师要系统搜集学生日常的、阶段性的学习成果并进行判断分析；要结合历史学科核心素养的表现水平、学业质量水平和学生个人能力等因素，寻找学生表现和目标要求之间的差距；要针对学生具体情况调整、修改教学策略，提出有针对性的学习建议；要及时、准确地通过合适渠道向学生反馈某些结果信息，主动告知或引导学生寻求改善学习的方法；要建立师生对话交流的渠道，共同解读和分析评价结果信息，发挥评价反馈的最大效用；要尊重学生的心理感受。

新的认知观、教学观、评价观对教师提出了教、学、评一体化的要求。由于课堂教学既是学校教育的主阵地，也是学科教学的主阵地，因此教学质量关键在课堂教学。如何看待和评价课堂教学是实施教学评价的主要内容。为此，《国务院办公厅关于新时代推进普通高中育人方式改革的指导意见》明确规定了教师"深化课堂教学改革"的具体操作路径："按照教学计划循序渐进开展教学，提高课堂教学效率，培养学生学习能力，促进学生系统掌握各学科基础知识、基本技能、基本方法，培养适应终身发展和社会发展需要的正确价值观念、必备品格和关键能力。积极探索基于情境、问题导向的互动式、启发式、探究式、体验式等课堂教学，注重加强课题研究、项目设计、研究性学习等跨学科综合性教学，认真开展验证性实验和探究性实验教学。提高作业设计质量，精心设计基础性作业，适当增加探究性、实践性、综合性作业。积极推广应用优秀教学成果，推进信息技术与教育教学深度融合，加强教学研究和指导。"

综上，教学评价需要围绕培养什么样的人这一核心解决为什么评（评价的目的、意义与功能），评什么（评价的主要对象和主要内容）和怎样评（评

价涉及的依据、方法、主体以及不同阶段的实施等)三大问题。课堂教学是教、学、评一体化的主阵地，这就需要教师做好教学过程评价设计和教学效果评价设计。

二、教学过程评价设计

这里的教学过程评价主要指课堂教学过程评价。新的评价观要求以学生为主要评价对象，因此教学过程评价更侧重于学生的学习评价。课堂学习评价是指在课堂学习过程中，教师对学生的学习过程和结果进行即时的了解、判断和解释。

评价与教学过程的有机结合是近年来国际学习评价研究的重要趋势。国外很多学者提出了形成性评价等理论，强调教师在教学过程中对学生学习的即时了解、判断和解释，以优化学生的学习过程，提升教学过程价值。在课堂教学中评价具有重要的教育功能，评价与教学过程是不可分割的。在有效的课堂教学中，评价贯穿于课堂教学的全过程。把形成性评价等评价方法应用于课堂教学，有利于把教师的"教"建立在学生的最近发展区，对于教师教学能力的提升和课堂教学质量的提高具有重要意义。

要做到评价与教学过程的有机结合，进行课堂学习评价设计，需要重点关注以下四个方面。[1]

第一，把评价目标与教学目标有机结合，设计与课程标准相适应的目标多元的学习评价的基本构架(表 1-12)，建立以评价学生核心素养为重点的目标体系。

---

[1] 参见孔企平：《关于评价与教学过程有机结合的探索》，载《全球教育展望》，2014(12)。

表 1-12　目标多元的学习评价的基本构架

目标	因素	考查的基本内容
学习目标	兴趣与动机	学生在课堂学习中是否有较高的兴趣和较强的动机？
	习惯与态度	学生是否养成了认真思考的习惯？
	合作精神	在课堂讨论等合作交流的活动中，学生是否比较积极？
	自信心	在课堂教学过程中学生是否具有较强的自信心？
	概念性知识	学生是否了解了基本知识？
	程序性知识	学生是否掌握了基本技能？
	问题解决与思考能力	学生是否具有解决问题的意识和能力？在解决问题的过程中，学生是否有合理的思考过程？
	学习方式	学生在学习时的学习方式是否合理？
	创新思维	学生是否善于提出问题？是否独立思考？思考过程是否清楚合理？

第二，把评价的重点和教学的重点有机结合，引进研究性、开放性问题，考查和培养学生的高层次思维与创新能力。

第三，把课堂作业的评价功能和教学功能有机结合，设计多层次的作业体系，促进学生对基本知识的掌握。

第四，把评价方法与教学方法有机结合，使用观察、谈话等基本方式，关注学生的学习过程，建立方法多样、定量与定性相结合的课堂学习评价体系。

历史新手教师要进行评价与教学过程相结合的课堂学习评价，可从课堂学习设计入手：围绕发展学生历史学科核心素养，课前依据历史课程标准，分析教学内容、学情，确立具体可操作的学习目标及学习重、难点；课后的检测设计贯穿于课中学习过程及评价，检测的标准是能否用历史学科视角和方法去分析问题、解决问题。

学习过程评价设计既包括课堂学习评价设计，也包括实践活动课程评价设计。后者评价的目的是检测学生能否以历史学科视角设计与历史课堂学习同步的实践活动课程的主题，如表 1-13 所示。

表 1-13　七年级至九年级实践活动课程评价设计

年级	实践活动课程	评价目标
七年级	走进学校周边风景名胜的历史	什么是历史
八年级	走进圆明园或中国思想近代化史迹考察	国家主权的维护或中国思想近代化
九年级	研发与世界历史主题相关的网页	多元文化和国际视野

教学案例及分析

下面以清华大学附属中学马红红老师的"第二次鸦片战争"为例说明教学过程评价设计。

1. 课前依据历史课程标准，分析教学内容、学情，确立具体可操作的学习目标及学习重、难点。

(1)课程标准要求及辨析。"通过了解林则徐虎门销烟、英法联军火烧圆明园、俄国割占中国北方大片领土等两次鸦片战争期间的主要史事，以及《南京条约》等不平等条约的签订，初步认识鸦片战争对中国近代社会的影响。"[①]课程标准中的"英法联军火烧圆明园"与已有研究成果揭示的"英军火烧圆明园，法军劫掠圆明园"不符。在教学中尝试创设历史解释情境，让学生体验在唯物史观指导下叙述和阐释第二次鸦片战争的历史进程。

(2)单元内容分析。第二次鸦片战争发生于 19 世纪五六十年代，中国近代史时期。侵略与反侵略贯穿中国近代史始终。列强一次次运用战争手段破坏中国国家主权的独立和完整，逐渐获得在中国的权益，逐渐增强对中国的影响力。清政府逐渐从天朝上国的迷梦中惊醒，被迫一点点

---

① 中华人民共和国教育部制定：《义务教育历史课程标准(2022 年版)》，19 页，北京，北京师范大学出版社，2022。

接受欧洲外交原则，从完全没有国家主权意识到被迫逐步近代化。列强对中国国家主权的侵略和中国军民维护国家主权是中国近代史的特征之一。

国家主权是指国家独立自主处理其内外事务的最高权力，是国家的根本属性，是国家基本权利的基础。一国主权是完整无缺、不可分割而独立行使的，它不受任何外来的干涉和限制。国家主权分对外主权和对内主权。对外主权包括政治主权的完整——中国的领土、领海、司法等方面的主权完整；经济、思想文化主权的独立，包括国内各类人类文化遗产的完整保存。对内主权包括国家保障公民的生存权、财产权等。

本单元包括第一次鸦片战争到太平天国这段历史：国家主权受到严重侵害，中国的半殖民地化程度进一步加深。本课凸显的是清政府从天朝体制被迫向近代西方的国际体系转变，终于在国家主权的问题上有所清醒，开始了近代化的历程。

（3）本课内容分析。本课下设"英法再次发动侵华战争""火烧圆明园与《北京条约》的签订""沙俄侵占中国北方大片领土"三个子目，介绍了第二次鸦片战争的背景、过程及其结果。课程标准不仅要求在第二次鸦片战争的时空背景下，呈现英法联军侵华、英法联军火烧圆明园和沙俄侵占中国北方大片领土这三个具体的史实，还要求理解三个史实之间的关系，以及侵略的实质。

（4）学情分析。相对于第一次鸦片战争，学生对于第二次鸦片战争的了解较少。学生虽然对于圆明园的历史有所耳闻，但是对于为何会有火烧圆明园的事件的认知是欠缺的。

基于八年级学生已有的知识可提出以下问题：

①英国为何提出修约要求？

②英法联军为什么要火烧圆明园？

③沙俄为何能侵占我国北方大片领土？

从国家主权维度来化解学生认识当时中外双方在国家主权问题上的"无意识""自觉"程度的差异这一难点，进而理解中国国家主权意识的缺失是近代中国落后挨打的关键因素。通过结构化板书帮助学生将学科逻辑转化为学生自己的认知逻辑。

（5）学习目标分析。通过第二次鸦片战争中的重大事件构成的一系列问题了解战争的过程；通过寻找相关史实和提取精选材料关键信息解答问题，理解战争过程的内在联系，进一步形成国家主权概念，认识中国国家主权意识的缺失是第二次鸦片战争中国主权进一步丧失的重要原因。

（6）学习重、难点及其突出、突破举措。

学习重点：第二次鸦片战争过程中的重大史实（火烧圆明园、沙俄侵占中国北方大片领土）。

突出举措：通过提供精选的材料，探究问题（哪国火烧的圆明园？火烧圆明园的原因？参加劫掠圆明园的还有谁？为何雨果要将英法视为强盗放在历史的审判台上？为什么清政府宁愿向沙俄割让大片领土，也不愿意在"公使驻京"的问题上让步？），突出重点。

学习难点：理解战争过程中重大史实（火烧圆明园、沙俄侵占中国北方大片领土）发生的原因及其危害。

突破举措：从史实理解国家主权的内涵，进而认识清政府缺乏国家主权意识是造成战争危害的原因。

2. 根据学习状况及时调整学习进度，实现学习目标（表1-14）。

表1-14　课中学习过程及评价

学习环节	教师引导	学生学习表现	评价目标
热身	提问：第一次鸦片战争的结果是什么？《南京条约》是否满足了英国的侵略诉求？为什么会有第二次鸦片战争？	承上启下，思考第二次鸦片战争爆发的原因。	检测第1课的掌握情况，并调动学生学习兴趣。

续表

学习 环节	教师引导	学生 学习表现	评价目标
探究一 英国为何 提出修约 要求？	材料1 鸦片战争后，英国商品并没有得到预期的市场，在1845—1855年，英国输华的棉纱由260万磅上升到290万磅，增加不过10%多，而棉布则由310万匹下降到200万匹，减少30%以上。 思考：英国没有得到期望的市场和利益，试分析原因何在。	结合当时中国的实际情况，分析造成这种现象的原因是中国自给自足的自然经济。	通过中英双方的对比理解战端又起的原因。通过对比，分析认识观念的冲突是双方走向战争的重要原因。
	材料2 中美《望厦条约》第三十四款：和约一经议定，两国各宜遵守，不得轻有更改；至各口情形不一，所有贸易及海面各款恐不无稍有变通之处，应俟十二年后，两国派员公平酌办。 思考：英国提出修约要求的原因。	英国不满足既得利益。	
	材料3 英国的修约要求：公使驻京；公使可至各省督抚衙门以平行礼会见督抚；中国全境开放，至少长江水域允许外商自由航行；修改税则，鸦片合法进口；制定华工出国章程；下诏追回华人欠英人款项；允许英人入广州城…… 思考：英国的修约要求对中国的危害是什么？清政府会如何应对？	分析修约内容，认识英国修约要求将侵害中国的关税主权、贸易主权和内河航运权。 阅读材料提取有效信息，认识天朝体制下的清政府习惯用以下对上的方式来处理对外关系，而且将这种外交限定在经济关系的范围内。	

学习环节	教师引导	学生学习表现	评价目标
探究一 英国为何提出修约要求？	材料4 在古代，中国一直处于先进地位，逐渐形成了以中国为天下中心的观念，直到16、17世纪西方殖民势力到来时，中国的封建统治者仍视他们为"慕义"或"慕利"而至的"朝贡者"，不肯与他们建立平等的国家关系，"对外关系被普遍认为只是经济关系，而不是政治关系"。基于这一认识，清廷规定，外国商人向清廷提出任何要求，皆必须采用以下对上的禀帖方式，交由中国行商转呈。 ——王开玺《鸦片战争与中外"平等"往来的交涉》 材料5 咸丰比起祖辈没有观念上的进步。礼崩乐坏是王朝灭亡的征兆，咸丰所考虑的国家利益与近代世界的看法不能完全吻合。 英国：借口修约，企图扩大侵略利益。 清政府：天朝上国的观念坚定不可动摇，试图维系之前的体系。 近代国际主权观念的形成和清朝的朝贡体系之间的矛盾。	对比中外对修改条约的态度及其原因。	

续表

学习环节	教师引导	学生学习表现	评价目标
探究二 英法联军为什么要火烧圆明园？	展示、讲解第二次鸦片战争形势图。 1. 第一次大沽之战 材料6 《天津条约》：外国公使常驻北京，觐见皇帝时用西方礼节；增开牛庄（后改营口）、登州（烟台）、台湾（后定台南）、淡水、潮州（后改汕头）、琼州（海口）、汉口、九江、南京、镇江为通商口岸；英法等国人员可以自由进入内地游历、通商和传教；外国商船可驶入长江各口岸；修改税则，减低商船吨税；对英赔款400万两白银，对法赔款200万两白银；鸦片贸易合法化。 材料7 坚守传统的咸丰帝对此极为不满，对即将赶赴上海参加中西税则谈判的桂良等提出修改中西《天津条约》的要求：推翻刚刚批准的中英、中法《天津条约》，以全免关税来换得英法等取消公使驻京、内地游历、长江通商、占据广州这四件大事。 ——李晓峰《第二次鸦片战争若干问题再研究——以"修约"、"换约"为中心》 思考：《天津条约》有几个？清帝最在乎其中的什么条款？	阅读材料，提取信息；结合对天朝体制的认识，思考咸丰皇帝最在意的条约是什么。（预设答案：有关政治关系的条约，如公使驻京。）	通过阅读材料、提取信息，解释战争过程中双方分歧的表现；通过对条约内容的分析，认识咸丰皇帝关注的国家利益是政治利益而不是经济利益，进而理解清政府在战争过程中的立场。结合本课所学知识引进研究性、开放性问题，对不同的观点进行判断，并用史论结合的方式进行历史解释。 通过思考圆明园的劫难，认识火烧圆明园是对人类文明的野蛮犯罪。

续表

学习环节	教师引导	学生学习表现	评价目标
探究二 英法联军为什么要火烧圆明园？	2. 第二次大沽之战 导火索——入京之争。 解释选择不同道路的原因。 第二次大沽之战，清政府的偶然胜利使得形势急剧变化。 3. 第三次大沽之战 材料8　1860年10月，英军劫掠并焚毁了圆明园。关于圆明园被焚的原因，我国史学界大致有"掩盖罪证说"、"掩盖罪证，同时惩罚清帝说"和"军事行动说"三种不同观点。上述三种说法，皆不符合或不完全符合历史事实。英军焚毁圆明园的最根本原因，是要对清帝及清政府进行最严厉的精神打击，并留下报复的痕迹，使之对外国人更加驯服。英法侵略者有关清政府在圆明园将英法战俘虐待致死的指责，亦难以完全成立。应该修正以往有关侵略者焚毁圆明园原因的种种错误观点，还历史以本来面目。 ——王开玺《英军焚毁圆明园原因辨析》 材料9　大不列颠应该攻打中国沿海各地，占领京城，将皇帝逐出皇宫，并得到物质上的保证，担保以后不再发生袭击。……应该教训中国人重视英国人，英国人高出于中国人之上，应成为中国的主人……我们至少应该夺取北京。 ——1859年伦敦《每日电讯》 思考：关于火烧圆明园的原因有哪几种？你赞同哪一种？为什么？	引导学生分析材料，回答问题。火烧圆明园的原因有4种。赞同第4种说法，因为中国学者、外国报纸均持相同看法。	

续表

学习环节	教师引导	学生学习表现	评价目标
探究二英法联军为什么要火烧圆明园？	材料10 闻圆明园为夷人劫掠后，奸民乘之，攘夺余物，至挽车以运之，上方珍秘，散无孑遗。 ——李慈铭《越缦堂日记补》 出示法国枫丹白露宫图片。 思考：为何雨果要将英法视为强盗放在历史的审判台上？ 思考：《北京条约》主要有哪些内容？对中国造成了哪些危害？	阅读材料，思考中国人参与劫掠的原因（预设答案：主权意识缺失），以及火烧圆明园事件的性质。	
探究三沙俄为何能侵占我国北方大片领土？	展示、讲解沙俄侵占中国北方领土示意图。 1. 中俄的传统关系 追述中俄的《尼布楚条约》所划定的边界，分析沙俄在中国的利益诉求。 2. 沙俄的威逼利诱 材料11 在"天朝体制"下，国家利益可以牺牲，但"国体"却不能有任何闪失。而从近代国际关系的观念来看，需要保全的恰恰是国家利益，至于清廷所要维护的"国体"，则根本没有保全的必要。这种观念、体制之间的冲突，正是晚清外交的瓶颈。 ——陈开科《耆英与第二次鸦片战争中的中俄交涉》 思考：为什么清政府宁愿向沙俄割让大片领土，也不愿意在"公使驻京"的问题上让步？ 思考："国体"和"国家利益"分别指的是什么？晚清外交的瓶颈是什么？ 总理各国事务衙门的设立终于突破了晚清外交的瓶颈，开始了"中外对话"的时代。	对比清政府对待沙俄和英、法的不同态度，分析其原因。（预设答案：清政府最在意的是保全以下对上的朝贡礼仪，而不是领土。）思考分析晚清外交的瓶颈是两种外交观念和体制之间的冲突。	通过分析，认识中外不同观念、体制之间的冲突正是晚清外交的瓶颈；历史解释水平层层递进。

续表

学习环节	教师引导	学生学习表现	评价目标
总结	《北京条约》的代价更加惨重，清王朝终于开始正视所谓"夷人"，形成了"中外提福"的局面。总理各国事务衙门的开办，标志着中国的近代化之幕徐徐拉开。第二次鸦片战争之后，清政府终于开始学着在西方的话语体系中去周旋博弈。	思考第二次鸦片战争的影响是什么。	通过第二次鸦片战争之后的变革，理解近代转型的艰难。

3. 根据课堂所学，整理笔记，叙述和阐释第二次鸦片战争的历史进程及其本质（图 1-11）。

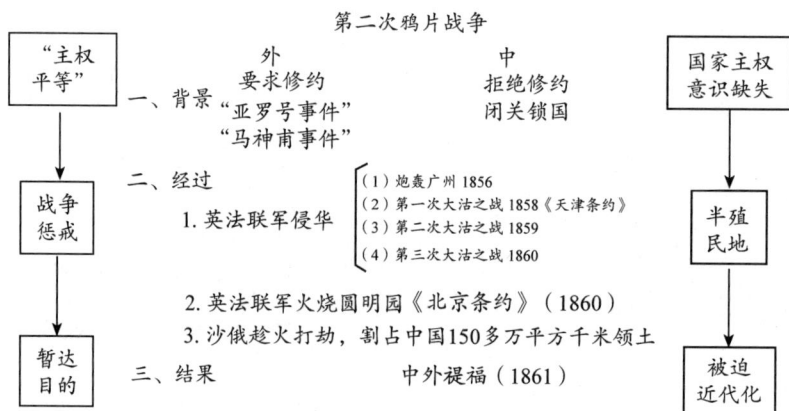

第二次鸦片战争

"主权平等" → 战争惩戒 → 暂达目的

一、背景　　外　　　　　　　中　　　　　国家主权意识缺失
　　　　要求修约　　　　拒绝修约
　　　　"亚罗号事件"　　闭关锁国
　　　　"马神甫事件"

二、经过
　1. 英法联军侵华
　　（1）炮轰广州 1856
　　（2）第一次大沽之战 1858《天津条约》
　　（3）第二次大沽之战 1859
　　（4）第三次大沽之战 1860

　2. 英法联军火烧圆明园《北京条约》（1860）
　3. 沙俄趁火打劫，割占中国150多万平方千米领土

三、结果　　中外提福（1861）

国家主权意识缺失 → 半殖民地 → 被迫近代化

图 1-11　本课课堂笔记

本课在八年级上册，学生通过对第二次鸦片战争基本史实的梳理，初步认识到清王朝统治者和普通百姓在看待这场战争时和我们今人的眼光是不一样的。统治者没有国家主权意识，因此可以痛快地让渡主权，甚至割地赔款。普通百姓没有国家主权意识，因此可以在英法联军火烧圆明园时趁火打劫。通过分析关键史料，学生感知了清王朝在第二次鸦片战争中的立场和主张，理解了在当时的时代背景下双方最终走向战争及英法联军火烧圆明园的原因。通过思考清王朝统治者捍卫江山和普通百姓对于侵略者

的态度，学生分析现象背后所透露出的晚清时统治者和普通百姓国家主权意识的缺失。

三、教学效果评价设计

教学效果评价，这里指长时段的教学效果评价，即终结性评价，主要是依据课程目标，在学习一个阶段或学段（如单元、学期、学年等）后对学习效果进行评价，侧重于学习的质量和进步程度。终结性评价有量性和质性两种评价方式。历史考试属于量性评价方式，纸笔测验为其主要形式；成长记录袋[①]属于质性评价方式。

试卷设计逐渐成为历史教师的教学基本功。试卷设计受制于考试的性质与目的，考试的性质又由考试指导思想决定。不同类别的历史试卷，其设计均有相应的规范。为此，历史新手教师在设计试卷时需关注以下问题。

（一）了解并掌握历史考试命题的规范

(1)考试依据：课程标准的要求。

(2)考试范围及能级要求：识记、理解、运用。

(3)试题难度计算方式、试题难度分布与试题命题原则。

试题难度计算方式：选择题为 $P=R$（答对人数）$/N$（总人数）；非选择题为 $R=X$（平均分）$/X$（总分值）。

试题难度分布：较难题（0.2～0.35），10%；中档题（0.35～0.65），20%；较易题（0.65～0.8），60%；易题（0.8以上），10%。

试题命题原则：在水平考试的试卷中，尽量不出0.2以下难度的试题；水平考试的一般难度尺度为容易：中档：较难＝7：2：1。

(4)区分度：区别好坏的程度。

(5)信度：准确性程度（科学性、合理性）。

(6)效度：正确性程度（内容与目的相符）。

---

① 成长记录袋是根据特定的教学目标，有目的地将各种有关学生表现的作品、学生参与的证据及其他资料收集起来，并进行合理的分析与解释，以反映和促进学生在某一学科或领域的学习与发展。

（7）覆盖面：40％以上（按课计算，若按单元计算，尽量每个单元都能涉及）。

（8）试题命制的三要素：情境，注意材料的选取要有真实性，要联系实际、联系社会、联系学生生活，切忌胡编乱造；立意，注意试题的价值取向要从知识立意转为能力立意；角度，注意问题的指向性、科学性，不出偏题、怪题。

（9）编制试题的总体原则：试题的形式和内容必须与考试目的相一致；应以双向细目表为准，尽可能不随意增减；同类试题的编写格式要统一；试题表述必须用词恰当，表意明了；试题不能照抄教材和练习上的陈题；试题应各自独立，各题之间不能有关联，不能给其他试题提供暗示；试题涉及的内容要突出重点，兼顾全面；试题要便于施测、作答、评分。

（10）题型及其编制原则：历史试卷主要分选择题和非选择题（表1-15）。

表1-15　历史各类试题的编制原则

类型	编制原则
选择题	有考查价值；选项数一致；题干语言精练；选项有干扰性；选项不能重叠包容；不能刻意编造，故弄玄虚。
材料解析题	选材典型、新颖，有一定的考查信息，材料之间有一定的逻辑联系，使用的材料数量、水平与学段匹配，设问与材料相关联。
问答题	突出重点，体现综合性，引发思维性，明确问题的范围，关注答案的多样性。

（二）落实中学历史课程标准关于历史考试命题的规定

初、高中历史课程标准关于考试命题的建议具有学段差异。

高中历史课程标准规定了学业水平考试命题的主要原则：以历史课程标准为依据，以考查历史学科核心素养的具备程度为目的，以新情境下的问题解决为重心。其中的"新情境"是指学习情境、生活情境、社会情境、学术情境。高中历史课程标准还规定了考试命题框架的研制，即"考试命题框架主要包括：考试目标、考试内容、核心素养水平的分布、试题类型与数量、考试时间、试题样例等。在研制考试命题框架时，要注意考试范围、学科核心素养水平分布等要符合课程标准的规定和要求，保证学业水平考试与课程标准相对应。考试的命题，尤其要注意试卷中的所有试题是否能够综合考查出学生学科核心素养的整体水平。试卷中既要有侧重考查某一两个方面学科核心素养的试题，更要有对学科核心素养进行综合测评的试题"①。

义务教育历史课程标准进一步规定了导向性、科学性和规范性的命题原则，研制命题框架、规划试卷结构和试题要求的命题规划，以及题目命制流程；明确了命题时需要注意的要点。义务教育历史课程标准规定命题时要注意以下三点：第一，明确题目的考查意图；第二，创设问题情境；第三，确定试题的评分标准。

义务教育历史课程标准规定了学业质量水平，可将它作为初中阶段考试的命题依据。以下选择了初中三年的期中试卷非选择题命题进阶和初中历史学业质量水平进阶进行介绍（表 1-16、表 1-17）。②

表 1-16　初中三年的期中试卷非选择题命题进阶

七年级	命题目的	了解学习历史的途径（包括材料的种类），掌握历史表述的方法（言而有据且推论得当），能够从历史的时空看待历史事件、历史人物、历史现象。
	情境设置	文献材料、图片、实物、历史文学作品。
八年级	命题目的	研究能力，能够判断史料可信度和权威性；历史表达，能够归纳合情合理的历史论点；史料实证（二重证据法）。
	情境设置	提供材料（文献材料、图片、实物），质疑历史文学作品。
九年级	命题目的	质疑历史故事；实证与思辨方法的学习与应用；综合考查历史解释能力；通过阅读材料，提取关键信息，确立自己的观点，进行论证。
	情境设置	根据已有知识质疑。

① 中华人民共和国教育部制定：《普通高中历史课程标准（2017 年版 2020 年修订）》，60 页，北京，人民教育出版社，2020。

② 参见林素华：《初中历史"学习型试卷"的命制——以综合题"司马光砸缸"的命制为例》，载《中国教师》，2018(3)。

表 1-17 初中历史学业质量水平进阶

命制目标维度	课程标准依据	命题能力进阶			创设情境
		初一	初二	初三	
唯物史观	初步学会在唯物史观的指导下看待历史。能够认识劳动在人类社会发展中的重要作用，知道物质生产是人类生存和人类社会发展的基础；知道人民群众是物质生产的主要承担者和历史的创造者；知道生产力发展的重要性，知道生产力和生产关系的矛盾运动、经济基础和上层建筑的矛盾运动是社会历史发展的根本动力；知道在阶级社会中存在着阶级矛盾和阶级斗争，阶级斗争是推动历史发展的直接动力；初步了解人类社会形态从低级到高级的发展趋势。能够将唯物史观运用于历史学习，结合史实进行阐述和说明。	知道生产力是历史发展的决定因素，知道生产关系对生产力的作用。	认识人类社会从低级向高级发展。	能够史论结合，实事求是地论述历史与现实问题。	问题探究。

续表

命制目标 维度	课程标准依据	命题能力进阶			创设情境
		初一	初二	初三	
时空观念	学会在具体的时空条件下考察历史。 了解历史发展的时间顺序和空间要素，初步掌握计算历史时间和识别历史地图的方法，并能够在历史叙述中运用这些方法；能够将事件、人物、现象等置于历史发展的特定或总体进程及具体的地理空间中加以考察，并从历史发展的角度认识其地位和作用。	能够知道历史时期是按时序划分的，会识别历史地图，知道古今地名的区别。	能够知道探寻史实要考虑历史地理的状况，能够将某一史实定位在特定的时间和空间框架下。	能够运用各种时间术语描述过去；能够利用已有的历史年表、历史地图等对相关史实加以描述，能够认识事情发生的来龙去脉，理解空间和环境因素对认识历史与现实的重要性。	时间上：按照时间顺序为事件排序，制作时间轴。 空间上：在地图上标出地理位置，写出重要的地名，理解地理位置在历史事件中所起的作用。
史料实证	初步学会依靠可信史料了解和认识历史。 了解史料的主要类型，初步学会从多种渠道获取历史信息，提高对史料的识读能力；能够尝试运用史料说明历史问题，学会根据可信史料对历史进行论述；初步形成重证据的意识和处理历史信息的能力。	能够知道史料分为文献史料、图像史料、实物史料、口述史料、实地史料等多种类型，能够在解答某一历史问题时尝试从多种渠道获取有效材料。	能够对史料进行整理和辨析，并判断其价值。	能够比较分析不同来源、不同观点的史料，能够在辨别史料作者意图的基础上利用史料。	感受实物史料的价值，能关注到图像史料的细节，并对史料进行大胆的推测和合理的想象、分析；能够利用历史年表、历史地图等对相关史实加以描述。

续表

命制目标维度	课程标准依据	命题能力进阶			创设情境
		初一	初二	初三	
历史解释	初步学会有理有据地表达自己对历史的看法。能够初步区分历史叙述中的史实与解释；能够客观叙述和分析历史，有理有据地表达自己的看法；在理解和辨析相关史料的基础上，尝试发现和提出新的问题，加以论证，形成自己的历史认识。	能够有条理地讲述历史上的事情，概述历史发展的基本进程；能够说出重要历史事件的经过及结果、重要历史人物的事迹、重要历史现象的基本状况。	能够区分历史叙述中的事实与解释，能够在叙述历史时把握历史发展的各种联系。	将历史知识与其他相关学科如地理、语文、艺术加以联系。	在阅读历史材料时能区分叙述中的史实和解释。掌握解释历史问题的方法，在表达自己见解时能够言而有据，推论得当。
家国情怀	形成对国家和中华民族的认同，具有国际视野，有理想、有担当。能够从历史的角度认识中国国情，认识中华民族多元一体的历史发展趋势，增强热爱家乡、热爱祖国的情感，铸牢中华民族共同体意识；了解并认同社会主义先进文化、革命文化、中华优秀传统文化，认识中华文明的历史价值和现实意义，增强民族自	能够发现历史上认同家乡、民族、国家的事例，知道中外优秀文化遗产的主要内容，认识社会主义核心价值观的历史依据。能够把握中华民族多元一体的发展趋势。能够反思历史，从历史中汲取经验教训，全面、客观地认识历史和现实中的问题。能够将历史学习所得		把握世界历史发展的进步历程。培养理解、尊敬、吸收其他民族文化精华的开放心态。	明确各民族都是中华民族的成员。掌握中国历史发展的总体趋势——统一多民族国家的发展，形成国家认同。疆域管理。关注中华优秀传统文化。

续表

命制目标维度	课程标准依据	命题能力进阶			创设情境
		初一	初二	初三	
家国情怀	尊心、自信心和自豪感；了解中国历史上的英雄人物，崇尚英雄气概，传承民族气节；培育和践行社会主义核心价值观，把握习近平新时代中国特色社会主义思想的核心要义，树立中国特色社会主义道路自信、理论自信、制度自信、文化自信。了解人类文化的多样性，理解和尊重世界各国、各民族的文化传统，认识中国历史与世界历史相互关联；了解中华文明对世界文明进步作出的突出贡献，体现立足中国、面向世界的视野和胸怀，初步树立构建人类命运共同体的意识。逐步确立积极进取的人生态度，形成健全的人格，具有为家乡、国家和世界发展贡献力量的远大理想和责任担当。		与家乡、民族、国家的繁荣结合起来，为中华民族的伟大复兴作贡献。		认识文明多样性。理解人类从专制到民主、从人治到法治的历史发展趋势，树立民主与法制的观点。

　　教学评价是一个系统工程，教学过程评价、教学效果评价是其中的重要分支，而学生学业质量评价在新课程教学评价中占有重要的地位。期待越来越多的历史新手教师在课程改革中学以致用，并以经实践检验且有效的评价案例及理论续写教学评价新篇章。

▶第六讲
学科实践活动课程的设计

历史学科实践活动课程是历史学科课程的重要组成部分。历史学科实践活动课程以历史学科核心知识为基础，借鉴综合实践活动课程的原则和方式，从学生的真实生活和发展需要出发，运用历史学科知识与思维方法发现问题，转化为活动主题，并引导学生通过探究、制作、体验等方式解决问题，培养学生的历史学科核心素养。历史学科实践活动课程强调以学生在历史学科学习过程中的学习经验、社会实际、生活需要以及现实问题解决为核心，以主题活动的形式探究历史事实，建立历史联系，体现历史价值，主要目标在于有效培养和发展学生具有历史学科特色的问题意识、探究精神、实践能力和综合素质。

一、学科实践活动课程主题的确定

历史学科实践活动课程如同常规历史课堂教学，同样以培育学生历史学科核心素养为出发点和立脚点，但与常规历史课堂教学系统化和体系化的特点不同的是，历史学科实践活动课程常用主题化的系列活动来实现课程目标。活动主题是对活动内容和任务的高度概括，犹如贯穿活动过程的一根主线，在相当程度上规定了活动的范围、内容、组织方式以及活动形式。活动主题的性质与大小直接决定了活动实施的方向和范围，活动主题的确定对活动的设计与实施具有举足轻重的影响。因此，历史学科实践活动课程主题的确定是活动课程设计与实施面临的首要问题。

（一）活动主题的基本类型

历史学科实践活动课程主题多种多样，根据不同的标准可划分为不同类型。

第一，依据活动主题来源，历史学科实践活动课程主题可以分为三种类型。一是学科主题拓展研究性学习类活动，主要突出课程标准中规定的学科核心内容。研究性学习的目的在于加深学生对核心概念和知识细节的理解与对学科结论的认识，有助于学生感受历史学科史料收集、辨析、推导的方法。二是校外课程资源应用类活动。每所学校所在的地区都有较为独特的历史文化传统，或是著名的历史遗迹、遗址，或是博物馆，运用这些充满现场感的场地和可见的历史文物，能更直观地增强学生的学习体验，使学生与已有的历史学习经验建立起关联，拓宽学生思考和想象的空间。三是社会热议事件探讨类活动。现实是历史的延续。对现实热点问题进行冷静分析，是培养学生理性精神的重要方法，更是学生在历史学科学习中培养核心素养的有利时机。

第二，依据活动方式，历史学科实践活动课程主题可划分为考察探究、社会服务和设计制作等类型。以社会考察为主的体验性学习是学生接触社会、了解社会，积累生活经验并获得对社会物质文化与精神文化的认知、理解、体验和感悟的学习活动，参观、考察、访问是体验性学习的基本活动方式。探究类研究性学习以探究为核心，其基本活动方式是观察、调查、研究，所涉及的问题包括历史现象（问题）研究和社会现象（问题）研究。社会探究主题涉及环境问题探究、历史文化探究、国际理解探究等诸多方面。实际应用类设计制作活动要求学生在综合应用历史学科知识和技能的基础上进行问题解决的实际操作。

第三，依据活动主题产生方式，历史学科实践活动课程主题可划分为封闭式、半开放式和完全开放式三种类型。封闭式主题活动是指教师无须对学生的需求进行调查，而是根据自己的经验、设想单方面提出题目，即教师给定题目，学生开展活动。半开放式主题活动是指教师基于对学生兴趣、爱好的大致了解和对历史课程资源的分析，借鉴其他历史教师的做法，拟订数个主题，让学生从中选择，确定一个或几个主题开展活动。完全开放式主题活动由学生根据各自兴趣、爱好和志向提出各自的主题，然后教师进行归类，适当合并，最后全班确定一个或几个主题开展活动。

第四，依据活动组织形式，历史学科实践活动课程主题可分为个人活动、小组活动、班级活动和全校活动主题。依据主题的组织方式可分为主题间相互独立的单项主题和按一定逻辑将众多主题构成一个整体主题。

（二）活动主题的确定

在历史学科实践活动课程主题的设计阶段，主题的确定需要寻找基本依据，否则可能使主题内容偏离课程目标，难以满足学生自身发展的内在需要。

1. 确定依据

（1）历史学科核心素养的培养需要。结合学生学过的历史知识创设探究情境，激发学生对相关问题的深入思考，使学生在教师的引导下真正以研究者和批判者的身份进入历史探究情境，运用正确的历史认识理论认识历史本体，培养学生的科学态度和人文精神。

（2）学生的需求与实际。历史学科实践活动课程是一种学生本位的课程，学生的年龄特征、兴趣需要、知识经验、现实生活等因素影响着历史学科实践活动课程主题的确定。要依据学生在实际活动中的发展表现和实际需求，及时调整主题，这是历史学科实践活动课程主题确定前必须考虑的因素。

（3）活动特征的要求。历史学科实践活动课程关注学生对自我、历史和现实之间内在联系的整体认识，高度重视主题在活动中的综合性、可变性和生成性。综合性、可变性和生成性要求历史学科实践活动课程的主题要有一定的深度和广度。

（4）资源的可利用性。课程资源是活动主题的源泉，决定着活动开展的可行性和有效性。活动开展需要的资源，是学生经过努力能够获得的，即使是教师选择的资源，也要符合学生的接受能力。主题的确定可以就地取材以体现学校与学科特色，也可以与地方课程开发和校本课程开发相结合。

2. 确定方法

历史学科实践活动课程主题确定的方法可以分为四种：教师提出、学生提出、师生协商以及学科延伸。

（1）教师提出。这种方法是指教师通过考虑学校、学科、社区、学生等各方面的情况，直接为学生的实践活动提供主题。教师作为活动的引导者，比学生有更丰富的生活经验，比学生有更宽的知识面，对于刚刚接触历史学科实践活动课程的学生，教师可以直接提出活动主题。

（2）学生提出。这种方法是学生根据自己的兴趣、爱好自主选择活动主题，这种主题生成方式适合于高年级学生。学生自选活动主题能培养学生根据自身的知识经验全面思考问题的能力，有助于充分调动学生的自主性、探究性与合作性，小范围开展效果最好。教师要在目的性和可行性方面进行必要的提示，其他方面不必做过多的限制。

（3）师生协商。这种方法通常是教师事先通过与学生访谈、与同事讨论等方式，大致了解学生的兴趣、爱好，并对校内外历史课程资源做大致的了解和分析，创设情境，然后通过师生协商、生生协商产生一些主题，随后从中进行选择，将选择人数较多的一个或几个主题作为共同活动的主题。学生与教师共同参与确定主题，是历史学科实践活动课程较为常见的确定主题的方法，这种方法能较好地体现学生的自主性与教师的指导性。具体的操作程序如下所述。

创设情境。创设情境是教师通过某种特定的方式，引入、制造或创设与主题内容相适应的具体场景或氛围，便于引起学生发现与主题相关的问题，便于帮助学生迅速而正确地了解主题内容。

发现问题。发现问题是指在教师创设情境的前提下，学生根据教师所创设的情境，发现情境包含的各种各样问题的过程。这是学生对特定情境各个方面、各个部分的认识过程，是从现象中抽象出一定观点的过程。

选择问题。选择问题是在教师个体或集体的指导下，学生根据一定的标准，在发现的所有问题中选择一个首先需要研究的问题。选择问题是用某种标准和方法对发现的各种问题进行比较，研究各种问题之间的关系，对问题进行分类、排队，为确定主题提供依据的过程。

确定主题。确定主题是在教师的指导下，学生将选择的问题转化为活动主题的过程。确定主题是在选择问题基础上的再次综合，它将各种问题联系起来，确定特定情境的核心观点，这种核心观点便是主题。

（4）学科延伸。学科延伸是指引导学生围绕某一确定的主题，将所学历史课程与其他课程的知识、技能、方法等结合起来，从特定的问题意识出发，借助历史资源的丰富多样性，将分散在不同板块的内容整合在一起，将历史学习与现实探究有机联系、史料研习与社会实践有机配合，实现学习的有效迁移，促进学生的全面发展。

3. 确定步骤

历史学科实践活动课程主题只有经历多个设计环节，才能保证活动主题的价值与意义，这些环节主要包括学生需求调查、情境分析与主题筛选以及主题归类并形成体系。

（1）学生需求调查。历史学科实践活动课程主题应满足学生的需要，因此教师应通过多种方式和手段展开调查，了解学生的兴趣与需要。调查方式有问卷调查法、参观体验法和开座谈会法等。

（2）情境分析与主题筛选。经过以上步骤会产生大量的主题，但并不是所有主题都能作为历史学科实践活动课程主题，这就需要衡量这些主题是否适合学生特点，是否具备相应的资源，分析其优势与劣势、机会点与不利点，从而掌握活动主题实现的条件。

（3）主题归类并形成体系。筛选后的主题可能比较杂乱，需要适当归类。将那些比较类似的词语，记录在同一组项目栏中，把不同类型的词语放在不同类型的项目栏中，以主题网状格式归类。注意主题中所有的概念没有先后之分。

教学案例及分析

下面以"传承家风，心系国运——庆祝新中国成立 70 周年"为例说明历史学科实践活动课程主题的确定（图 1-12）。

活动主题	主题类型	活动内容	活动方式	产生方式	活动类型
• 传承家风，心系国运	• 学科主题拓展研究性学习类活动	• 以"新中国·老物件"实践活动庆祝新中国成立70周年	• 考察探究类活动	• 封闭式	• 班级活动

图 1-12 "传承家风，心系国运——庆祝新中国成立 70 周年"活动主题的确定

　　本案例主要从三点来确定主题。第一，基于历史学科课程内容。新中国 70 年的历史就是一部中国的现代史，约占课程内容总量的四分之一。新中国界定老物件的大时空，老物件承载新中国的发展印记，对老物件的寻找就是对新中国发展历程的梳理。学生筛选老物件就是与课堂习得的新中国 70 年发展历史相互印证，是课堂理论与实践相结合的过程。第二，基于核心素养特别是家国情怀的培育。庆祝新中国成立 70 周年是 2019 年的重大历史事件，以家庭中的老物件见证古老中华民族重新出发的新征程，不仅有助于提高学生史料实证的能力，而且有助于学生铸牢家国共命运的共同体意识。第三，本案例主要从家庭收集—小组展示和交流—全班展示和演讲比赛三个连续环节实现三项目标。学习收集史料包含了史料的分类、史料的真伪判别、史料的价值判断；小组和班级的交流、演讲与展示，进一步充实、完善了实践活动中习得的经验。以老物件寻找新中国发展的印记，两者交叠以建构融合家庭的亲情和温情，符合"传承家风，心系国运"的活动主题。

🔗 | 练习 |

　　请按照上面的步骤，试完成一次历史学科实践活动课程主题的确定。

二、学科实践活动课程方案的设计

（一）课程方案设计的概念与理念

1. 课程方案设计的概念

历史学科实践活动课程方案设计是依据历史课程标准，根据学校资源状况和学生发展需要，对活动主题、目标、内容、过程和方法等进行设计的过程。课程方案既包括教师设计的活动方案，也包括教师指导下学生设计的活动方案。教师设计的活动方案是对整个活动的宏观规划，包括活动主题、活动目标、活动时间、活动安排、活动预期成果等。教师指导下学生设计的活动方案是指在活动分组以后，各小组根据活动主题设计的小组活动方案。小组活动方案设计直接影响小组活动实施的质量和效果。学会制订计划、提高规划能力是提高学生综合素养的内在要求，也是历史学科实践活动课程的重要内容。

2. 课程方案设计的理念

（1）凸显历史学科核心素养培育功能。根据历史学科教育价值确定历史学科实践活动课程的核心价值，要注意从历史学科知识和思维方法形成的过程入手。根据历史学科知识逻辑和活动实施逻辑确定课程实施程序，要使学生在运用知识的同时，按历史学科思维方法进行实践，以确保实践活动真正能超越知识学习，对学生发展产生持久的影响。

（2）凸显学生历史学习的课程主体意识。在历史学科课程学习中，对有些内容有些学生可能有兴趣，有些学生则兴趣不大。聚焦课程核心育人目标，调研学生对历史学习的兴趣与爱好，选择并设计具有时代性、选择性和关联性的实践活动，真正调动学生的学习兴趣，增强学生历史学习的课程主体意识。

（3）凸显活动课程的实践性和综合性特色。历史学科实践活动课程是实践的、整体的、开放的，设计时应立足于为学生提供开放的时空，要注意超越书本知识的局限，从学生的生活实际中寻找有利于学生身心发展的活动主题，让学生从静止和封闭的书本世界中走出来，帮助学生学会发现、学会探究，发展学生的创新精神和实践能力。

（二）课程方案的构成要素

历史学科实践活动课程方案由多个要素构成，其设计包括制订方案和论证修改方案两个重要环节。总方案可以由教师亲自制订，各小组方案可以在教师指导下由学生自主制订。活动方案是否合理可行，还需要进行论证，并在论证的基础上进行修改，只有这样才能提高活动方案的针对性和实效性。其构成要素大致包括活动背景、活动主题、活动目标、活动方式、活动准备、活动过程、活动成果展示与评价以及活动拓展。

1. 活动背景

活动背景主要介绍主题产生的起因或经过，说明活动开展的资源、社会政策、时代思潮和历史传统等。活动背景还要说明活动选择的根据与价值追求、活动开展的个体意义与社会价值。

2. 活动主题

活动主题要醒目具体，要准确反映活动的内容与焦点。主题表述要准确，特别是关键词的选用要准确、贴切，切忌模糊。此外，历史学科实践活动课程主题犹如论文的标题，可用短语形式加以表达。

3. 活动目标

活动目标是指某个主题活动的目标，是课程总目标的具体化。

4. 活动方式

活动方式要根据历史学科实践活动课程的主题内容和目标而定。需要注意的是，在具体的活动过程中，随着活动主题内容和目标的不断生成，活动方式也需要进行适当的变化与调整。

5. 活动准备

为了保证主题活动顺利和有效地开展，教师与学生要做好物质上、心理上、组织上的准备。

6. 活动过程

一次活动分为 3～6 个阶段比较适宜，不宜过多。结合课程方案总目标，明确每个活动阶段的分目标、内容、方式以及时间安排，其中每个活动阶段的内容以及方式是活动设计的重点。活动过程的设计要给学生留下发挥空间，让学生以活动方案为指导，大胆对活动主题、活动目标和活动方式进行创新。

7. 活动成果展示与评价

在活动成果展示阶段，教师要引导学生对活动资料进行整理、归类，引导学生结合本小组活动方案选择活动成果的表现形式，可以是调查报告、研究论文、心得体会、活动日记、访谈记录等，也可以是文艺形式，如短剧、相声、朗诵、歌舞等，教师还可以把学生的各项成果汇编成册向社会宣传。

8. 活动拓展

教师可根据学生的需要深化拓展活动，强化活动效果，将活动推向更高的水平。

（三）课程方案的设计步骤

1. 撰写活动方案初稿

课程方案包括教师设计的活动方案和教师指导下学生设计的活动方案。教师设计的活动方案要尽量完整，涵盖方案设计的基本要素。主题确定之后，教师可以引导学生充分讨论，围绕主题展开联想，产生各小组主题并设计小组活动方案。在学生活动方案设计过程中，教师要根据学生的特点有针对性地引导学生参与到活动方案的设计中来，形成具体的活动目标、内容和方式等。

2. 论证活动方案

历史学科实践活动课程方案初定之后，需要通过论证才能实施。活动方案论证是设计活动方案的重要组成部分。活动方案论证包括总体活动方案论证和小组活动方案论证。根据活动方案主题内容，可以由教师邀请相关领域的专家，请他们对活动方案做专业的分析和判断，也可以以小组汇报法进行论证，最后由教师向小组成员提出修改意见。

教学案例及分析

下面以"我眼中的北京：中轴线申遗"为例说明历史学科实践活动课程

方案的设计（图 1-13）。

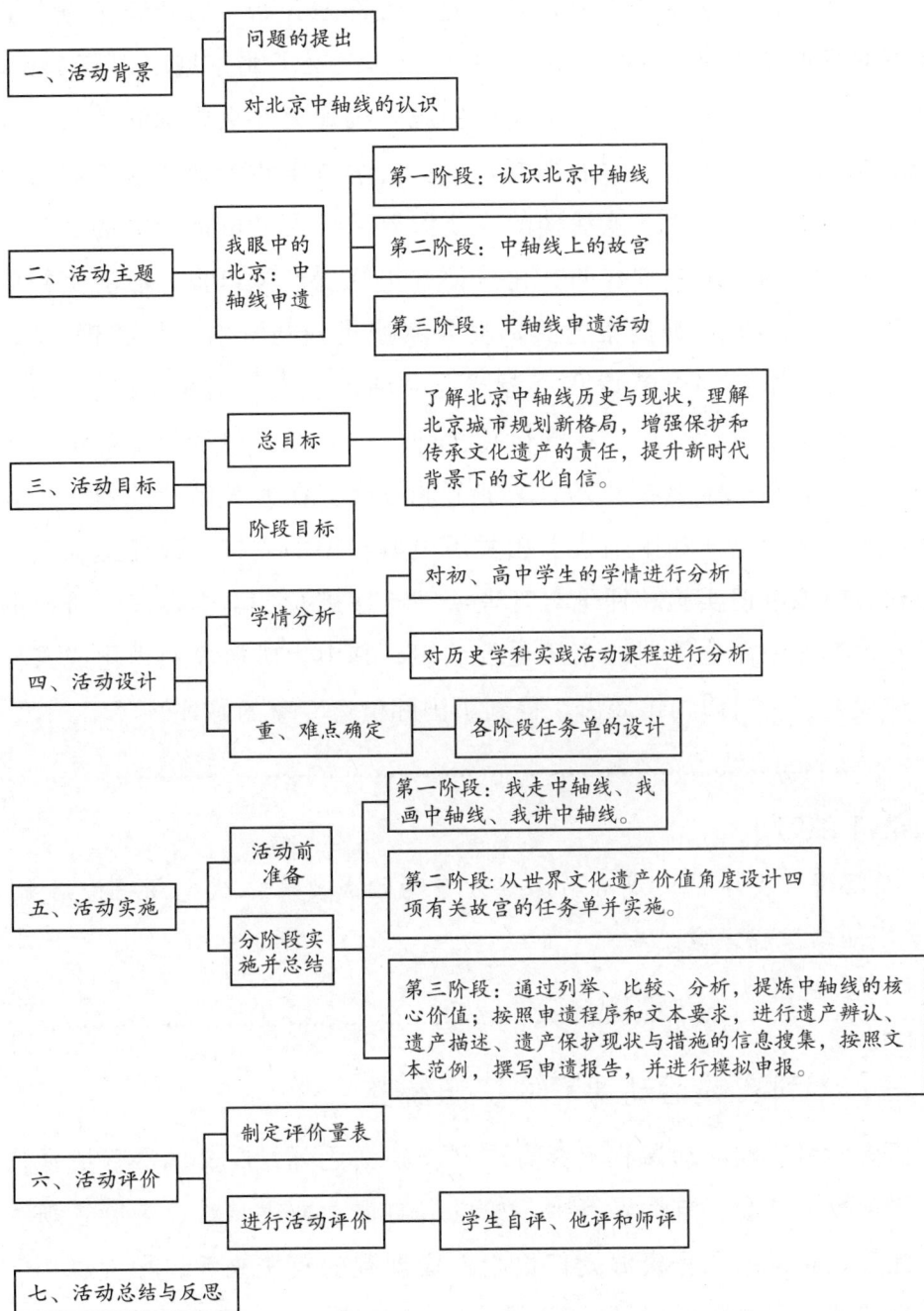

| 一、活动背景 | 问题的提出 |
| | 对北京中轴线的认识 |

一、活动背景 ── 问题的提出 / 对北京中轴线的认识

二、活动主题 ── 我眼中的北京：中轴线申遗 ── 第一阶段：认识北京中轴线 / 第二阶段：中轴线上的故宫 / 第三阶段：中轴线申遗活动

三、活动目标 ── 总目标：了解北京中轴线历史与现状，理解北京城市规划新格局，增强保护和传承文化遗产的责任，提升新时代背景下的文化自信。 / 阶段目标

四、活动设计 ── 学情分析 ── 对初、高中学生的学情进行分析 / 对历史学科实践活动课程进行分析 ; 重、难点确定 ── 各阶段任务单的设计

五、活动实施 ── 活动前准备 ; 分阶段实施并总结 ── 第一阶段：我走中轴线、我画中轴线、我讲中轴线。 / 第二阶段：从世界文化遗产价值角度设计四项有关故宫的任务单并实施。 / 第三阶段：通过列举、比较、分析，提炼中轴线的核心价值；按照申遗程序和文本要求，进行遗产辨认、遗产描述、遗产保护现状与措施的信息搜集，按照文本范例，撰写申遗报告，并进行模拟申报。

六、活动评价 ── 制定评价量表 / 进行活动评价 ── 学生自评、他评和师评

七、活动总结与反思

图 1-13 "我眼中的北京：中轴线申遗"活动方案设计

本案例把"我眼中的北京：中轴线申遗"的方案设计进行了图表式描述。北京中轴线被称作北京的脊梁，是从元朝大都城开始一直延续至今，深刻影响着北京城市发展规划和布局的主轴线，汇聚了北京城市建筑的精华，浓缩了中华文化的核心意涵。本案例实施学校地处北京中轴线北端，教师根据学校资源状况和学生发展需要，把历史学科实践活动课程扩展为全校性的综合实践活动课程。该活动的主要内容是学生以申遗专家的身份，按照申遗标准挖掘北京中轴线的文化价值并进行遗产拟申报，活动实施期限为一年。全体历史教师搜集相关资料并将搜集到的资料进行整理、归纳、分析与概括，结合学生特点和资源状况对活动主题、目标、内容、过程、方法等进行精心设计。总方案既包括教师活动方案又包括学生班级和小组活动方案，既有总体规划又有活动细节的设计。在方案设计过程中得到了北京申遗专家的论证和中轴线上相关历史博物馆的支持，保证了为期一年的中轴线模拟申遗实施、评价与管理活动有序进行。学生在三个阶段的体验探究式学习中深化了对北京历史的认识。其中，所形成的物化成果作品在中轴线上正阳门博物馆展出，得到了国际申遗专家的好评。

> 🔖 | 练习 |
>
> 请思考历史学科实践活动课程方案的构成要素，试完成一份历史学科实践活动课程方案。

三、学科实践活动课程的资源统整

历史学科实践活动课程资源有广义与狭义之分。广义的课程资源广泛蕴藏于学校、社会、自然界等中，如风俗习惯、文史掌故、名胜古迹、自然风光等。狭义的课程资源则仅仅指形成课程的直接来源，如教材等。两种类型的课程资源是课程目标实现的基本条件之一。

（一）研究性学习中的资源统整

研究性学习在学生综合能力培养方面具有独特的地位和不可替代的作

用。它常以"小课题研究""研究专题"的方式呈现，具有资源运用广泛、涉及面广、自主选择空间大等特点，对学生研究方法的运用、研究资源的配置、研究能力的增长有重要的促进作用。

第一，资源分类。研究性学习资源主要包括学校资源、家庭与社区资源和社会资源。学校资源学生经常能接触到，主要包括教师资源、学校硬件设施资源和学校软件设施资源。家庭与社区资源主要包括家长资源、社区硬件设施资源和社区软件设施资源。社会资源主要包括社会人力资源、社会硬件设施资源和社会软件设施资源。

第二，资源统整的原则。其一，进行有向引导。在学生确定研究主题以及学生制订具体的活动计划时，教师应在研究方向及具体研究内容中起引导作用，并根据学生的实际情况帮助他们挖掘可进行整合的研究领域或研究内容。其二，进行多元激励。研究性学习的方法有很多，常用的有资料收集与整理法、实验法和问卷调查法等。在研究过程中，往往同一种方法可以帮助学生解决不同的多个问题，有时同一个问题又可以用几种不同的方法来解决。研究方法的选择与实施并没有统一的规定，也没有具体要求实施到何种程度，这些都需要教师自己来判断和选择，并鼓励学生通过多种途径统整来解决问题。其三，尽量就近选择。研究性学习鼓励学生多进行动手实践和体验活动，出于对学生活动安全性的考虑以及时间、精力、物力的局限性，教师需要指导学生就近选择合适的地点、对象等开展活动。其四，成果展示要合理科学。研究性学习最后阶段的成果展示，既是对研究活动成果的一种总结归纳，也是对学生实践能力和水平的一种反思与再认识。因此，成果展示不能只是简单的书面资料、音像资料的直接宣读或呈现，教师应指导学生进行合理归类、删繁就简，用合适的方式进行展示。

（二）与学校特色主题活动的资源统整

历史学科实践活动课程与学校特色主题活动有着天然的"血缘"关系，学校特色主题活动内容繁杂，不能直接作为历史学科实践活动课程的内容，需要教师进行统筹协调和整合设计。

第一，学校特色主题活动是生成历史学科实践活动课程主题的源泉。

历史学科实践活动课程作为一门综合性和体验性的课程，决定了历史学科实践活动课程来源于生活和实践。学校特色主题活动是学生参与实践的主要形式，活动中学生对某个问题、某种现象的关注，都有可能成为历史学科实践活动课程的主题。

第二，历史学科实践活动课程是提升学校特色主题活动的有效载体。有时学校组织的一些活动存在零散性和形式化等问题，在活动中也是少数学生机械、被动参与，缺少让学生自主探究的空间。只有让学生在学校特色主题活动中寻找、发现课题，才能进一步提高学校特色主题活动的教育价值。历史学科实践活动课程是对以往学校各类活动的继承、规范和发展，它能为学校特色主题活动指明改进的方向，提供规范化和课程化的平台。

（三）与其他学科的资源统整

历史学科实践活动课程与很多学科存在密切联系，具体表现在三个方面：其他学科的知识可以在历史学科实践活动课程中得到延伸、综合、重组与提升；学生在历史学科实践活动课程中所发现的问题、获得的知识与技能可以在其他学科的学习中拓展和加深；在某些情况下，历史学科实践活动课程可以和某些学科的教学打通进行。历史学科实践活动课程与其他学科的内在联系，为其与其他学科的有效整合提供了可能性和必要性。

单元小结 ……▶

本单元阐释了教学设计的理论基础，揭示了历史教学设计的基本原理及当前历史教学设计的价值取向，提出了历史教学设计的一般流程及规范要求。本单元分讲以理论结合案例分析的方式梳理了历史教学设计的各环节、各要素。要完成一个规范的历史教学设计对教师的素养提出了很高的要求：既要有专且博的学科知识，也需要具备一定的教育学、心理学知识，在实践中还需要具有设计、策划能力。在完成历史教学设计的过程中，历史新手教师需要以科学严谨的态度对待历史教学设计的流程及方法，实证地分析课程标准、教学内容和学情，准确地表述教学目标，科学地制定教学策略，有依据地设计教学过程和评价。此外，历史新手教师还要注重历史学科实践活动课程的设计。

单元练习 ······▶

　　起始课是历史新手教师作为历史教师专业历程的起点，是学校衡量历史新手教师教学能力的重要内容，也是历史新手教师在学生心中建立起教学威望的关键点，每一位历史新手教师都应重视。请结合本单元所学，以部编版《中国历史》七年级上册第 1 课"中国境内早期人类的代表——北京人"或《中外历史纲要》上册第 1 课"中华文明的起源与早期国家"为例，完成一份规范的教学设计。

参考资料 ······▶

　　1.［法］安德烈·焦尔当：《学习的本质》，杭零译，上海，华东师范大学出版社，2015。

　　2. 侯桂红：《中学历史教学设计及评价》，北京，北京师范大学出版社，2016。

　　3.［美］M. 苏珊娜·多诺万、［美］约翰·D. 布兰思福特主编：《学生是如何学习的——课堂中的历史》，张晓光、郑葳译，桂林，广西师范大学出版社，2011。

　　4.［美］R. M. 加涅、［美］W. W. 韦杰、［美］K. C. 戈勒斯等：《教学设计原理》，王小明、庞维国、陈保华等译，上海，华东师范大学出版社，2007。

　　5.［美］Robert L. Linn、［美］Norman E. Gronlund：《教学中的测验与评价》，国家基础教育课程改革"促进教师发展与学生成长的评价研究"项目组译，北京，中国轻工业出版社，2003。

　　6.［美］约翰·D. 布兰思福特、［美］安·L. 布朗、［美］罗德尼·R. 科金等编著：《人是如何学习的——大脑、心理、经验及学校》，程可拉、孙亚玲、王旭卿译，上海，华东师范大学出版社，2002。

　　7. 齐健、赵亚夫等：《历史教育价值论》，北京，高等教育出版

社，2003。

8.温寒江：《学习与思维——学习中思维的全面协调可持续发展》，北京，教育科学出版社，2010。

9.叶小兵、姬秉新、李稚勇：《历史教育学》，北京，高等教育出版社，2004。

第二单元　课堂教学实施

1. 了解历史课堂教学实施的基本理论，掌握历史课堂教学实施的一般流程，理解历史课堂教学实施各要点及其之间的关系，认识当前历史课堂教学实施的改革方向。

2. 了解课堂导入、过渡、小结环节的功能，掌握具体实施的规范要求及注意事项，能够设计出目标明确、环节合理、操作有效的导入、过渡和小结环节。

3. 了解教学对话与讨论设计的原则和具体实施方法，知道课堂讲授法的教学价值及注意事项，了解讲授法与其他教学方法的关系，能够在讲授法基础上设计出紧密围绕教学目标、严谨规范、富有启发性和探究性的对话与讨论。

4. 了解历史课堂学习评价的内涵，掌握进行即时性评价、表现性评价、终结性评价的基本方法。

5. 了解历史学科实践活动课程实施的特点和基本方法，掌握历史学科实践活动课程实施的教师指导策略，理解历史学科实践活动课程的评价理念、评价目标、评价过程。

单元导读 ┈┈▶

历史课堂教学实施是历史教师以学习理论、教学理论为基础，以提升课堂教学实效性和学生学科核心素养为目的，通过系统分析教学内容、学生情况，选取恰当的教学资源和适当的教学方法，具体实施课前教学设计的教学实操过程。

历史课堂教学实施的一般流程包括准备阶段和开展阶段。其中开展阶段包括激发动机、感知历史、理解历史、运用历史、巩固知识、评价反馈几个阶段。

历史课堂教学实施要关注教学技能和组织技能。教学技能主要包括导入技能、讲述技能、提问技能、板书技能、结课技能。组织技能是由组织管理、步骤安排、活动要求、观察判断、反馈矫正构成的。

课堂教学的导入环节是激发学生形成学习动机的首个教学环节。设计导入环节时要充分考虑其功能。设计好导入环节，要采用灵活多样的形式，不能偏离主题，更不可占用太长时间。

课堂教学的过渡是教师依据知识逻辑和认知逻辑，在前后知识内容或问题之间做出的衔接。设计好过渡环节可以保证教学环节的顺畅、学生思维的连贯。设计过渡环节时要在课前做好充分准备，关注过渡的特性，即联系性、启发性、简明性、计划性和生成性。

课堂教学的小结是课堂教学的最后一环，可以帮助学生巩固和深化所学的知识，检测教学实效，指导后续教学。设计课堂小结可以从以教师为主体、以学生为主体、师生互动三个维度进行。

在完整的历史课堂教学实施中，教师可以选择多种教学方法以实现教学目标。对话教学是一种新的教学形态，旨在建立起师生在教学中的和谐关系，鼓励学生独立思考，发展创造性思维。课堂讨论是通过师生之间、生生之间的对话，发现问题、获得知识、培养能力的一种课堂形式。积极有效的课堂讨论有利于开展师与生、生与生之间的多向信息交流，有利于提高学生的思维能力，培养学生主动求知、合作探索的意识。课堂讲授法是历史教师运用简明、生动的口头语言向学生传授历史知识、培养学生能力并形成学生正确的历史观、民族观、国家观、文化观的方法，是中学历史课堂中最基础、最常见、最经典的教学方法。每种教学方法都有其自身的优点和缺点，在实际教学中，教师要依据教学内容的不同、学情的不同来合理地选择教学方法，准确、高效地完成教学目标。

课堂学习评价是课堂教学的重要组成部分，是实现教学有效性的重要保障。教师在课堂学习过程中，对学生的学习过程和结果进行即时的了解、判断和解释，以提升课堂教学的价值，促进学生更全面地发展。课堂学习评价包含评价主体、评价对象、评价时机、评价方式、评价目标要素。

实施历史学科实践活动课程时需要注意：了解历史学科实践活动课程实施的特点，掌握历史学科实践活动课程实施的基本方法，掌握历史学科实践活动课程实施的教师指导策略，对历史学科实践活动课程的实施进行评价。

单元思维导图 ……▶

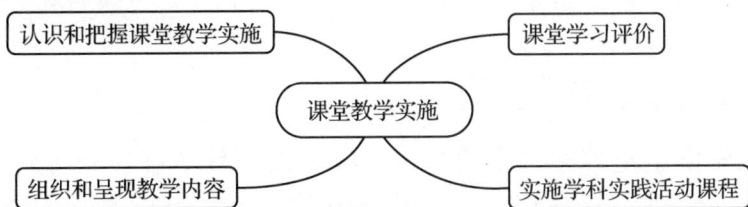

```
认识和把握课堂教学实施                    课堂学习评价

              课堂教学实施

组织和呈现教学内容                    实施学科实践活动课程
```

▶第七讲
认识和把握课堂教学实施

课堂教学实施是教师在课堂教学相关理论指导下，依托课程标准，结合学情分析，为实现教学目标、突破重点和难点而实施的具体的课堂教学过程。"教学过程既不是单纯的教授过程，也不是单纯的学习过程，它是教师的教授活动与学生的学习活动的统一。"[①]以学生为主体，以教师为主导，是课堂教学实施过程中最主要的特征。

一、认识课堂教学实施

课堂教学实施是教学过程的基本构成，以及教学过程开展的主要模式。从教学论的角度讲，教学过程的结构不是单一化、凝固化的。在教学的实践中，教学过程有着多种多样的模式。这里是对历史教学过程的基本结构和常态模式进行的概括。

一般来说，教学过程主要由准备阶段和开展阶段构成。

所谓准备阶段，是指教学的准备活动，尤其是备课活动。授课前教师要对所教的课程和内容、班级和学生等进行研究，明确教学目标，把教学目标具体化，使教学的指导思想、教学的策略、教学的活动安排等具有可操作性，同时选择和组织教学内容，设计教学方法，并最终落实在教学设计的编写上。

所谓开展阶段，是指教学过程的组织和实施阶段。在这一阶段，教师实施教学，学生进行学习，所以这一阶段是教学过程的主体。教学过程的开展阶段包括组织教学和实施教学两部分。其中实施教学可包括激发动机、感知历史、理解历史、运用历史、巩固知识、评价反馈几个阶段。

（一）激发动机

任何人的认识活动都是从具有认识的积极心理开始的。有经验的历史教师

---

① ［日］佐藤正夫：《教学论原理》，钟启泉译，201页，北京，人民教育出版社，1996。

在教学中，总是十分注意调动学生的学习积极性，努力使学生在教学中始终处于积极的思维状态。调动学生的学习积极性有多种方式，主要有以下两种。

1. 让学生明确学习历史的目的

在新学期伊始，教师安排一定课时的导言课，交代本学期将要学习的主要内容和学习意义，使学生体会到学习这部分历史对他的成长有益处。这样，学生自然就会产生学习历史的积极性。在每节课的教学中，教师可以把将要学习的历史知识与现实联系起来，使学生感受到历史与现实的密切关系，使学生渴望了解历史。

2. 教师教学要生动活泼

一方面发挥教师的主导作用，教师生动形象地讲述历史，睿智深邃地分析历史；另一方面发挥学生的主动性，教师鼓励学生自主收集、阅读历史材料，积极思考，自主提出问题，进行必要的讨论和合理的论证来解决问题。这样才能够更好地调动和发挥学生的积极性、主动性和创造性。学生在历史课堂上最主要的积极性是思维的积极性，即大脑始终处于积极的思维状态。教师讲述时，学生要积极思考。学生活动时，他们要围绕历史问题进行积极探索和讨论。只有这样，学生才能够做到把握核心概念、重要问题，提高分析、比较、综合、概括等能力，并从中培育核心素养。如果忽视对学生思维积极性的调动，课堂上只是多让学生自己讨论、表演，表面上看学生的活动多了，但是，实际上他们并未真正处于积极的学习状态中，课堂教学效果可能不会很好。

（二）感知历史

调动起学生的学习积极性后，教学即进入了正式的认识历史的过程，也就是感知历史的阶段。这个阶段主要向学生呈现历史上的人物、事件、现象等具体史实。课上教师口头讲述、利用直观教具和多媒体展示，学生自己阅读教科书和教师提供的资料；课下学生自主探索，如收集资料、参观、访问等。

在感知历史阶段，学生不仅要掌握核心概念，而且要发展核心素养。在感知历史的过程中，学生要注重在具体的时空条件下考察历史，初步学会在唯物史观指导下看待历史，初步学会依靠可信史料了解和认识历史，有理有据地表达自己对历史的看法，涵养家国情怀。

在中学历史教学中忽视、削弱感知历史阶段的情况是存在的。有的教师讲课只是重复课本上的一些概括化的结论，进行思想教育不是寓于具体的史实讲述，而是空喊口号；有的教师很少补充丰富、具体的史实，让学生单纯地阅读教科书，然后去记忆、讨论等。这些行为都会使教师难以全面完成教学任务。

（三）理解历史

学生的学习是掌握结构化的知识并解决问题的活动，而理解是掌握知识的关键，只有理解了的知识才是对学生有用的知识，对知识的记忆、迁移、应用等都是要在理解的基础上才能更好地实现。在历史教学的理解阶段，教师调动学生进行抽象思维活动，依靠分析、比较、综合等方法从纷繁的史实中抽绎出本质的东西，形成历史概念。学生通过历史思维活动，认识历史事物的内在联系、本质以及规律，并对历史问题做出判断、论证。

对历史知识的理解是形成历史认识的过程。历史认识是一定意义上的历史解释。学生解释历史时的立场、观点和方法是非常重要的。学生理解历史的过程是他们历史思维发展的过程，能够提高他们的思维能力；也是他们接受和领会科学的理论与观点、学习和运用正确的方法进行历史论证的过程。在这一阶段，教师要根据学生的年龄、学习水平等具体情况，引导学生透过历史现象认识历史本质。在引导的过程中，教师可以展示自己的做法和观点，提出自己对历史的解释，发挥示范作用。但这种引导不是简单地灌输现成的观点和结论，更不能让学生机械地、被动地接受某种历史解释。在理解历史这个阶段，重要的是教师要体现出教学的启发性和民主性，充分调动学生进行积极的思考和探究，鼓励学生做出对历史的解释。

（四）运用历史

运用历史是教学过程中的重要环节，是学生将已获得的知识用于解决实际问题，是知识具体化的集中表现。对于学生的学习来说，如果学习的知识不能被运用，不但谈不上真正掌握，而且很容易遗忘。我们常说的"死知识"和学习上的"死记硬背"，都是指缺乏对知识的实际运用。历史教学所涉及的具体性知识和规律性知识，也要在学习过程中得到迁移和运用。学生要把所学的知识用于对历史问题和社会问题的分析与思考，从而加深对所学知识的理解和掌握，提高分析问题和解决问题的能力，加强自主学习和探究学习的能力，并提高语言和文字表达能力。

历史知识的运用有很多类型，如作业练习、问题研究、社会调查等，可以采取讨论、辩论、写作等多种形式。在运用历史知识的过程中，教师的组织与引导也是很重要的，教师尤其要注意引导学生在分析和解决问题时，应正确地处理历史认识上的各种关系，如史与论的关系、古与今的关系、材料与观点的关系等。在具体的历史情境中，学生通过具体的学习任务去认识历史和解决问题。学生在解决问题的过程中掌握知识，发展思维，形成新的迁移，获得新和知识。运用历史阶段是与教学过程其他阶段密切相连的，是渗透在整个教学过程中的。

(五)巩固知识

人们的认识过程是知识形成的过程，也是知识积累和保持的过程。"认识过程如果不依靠记忆保存下来的丰富的科学知识，那么它就没有进行思维的可靠基础。"[①]在历史教学中，知识的记忆和巩固是十分重要的，这是因为历史知识的信息量大，又丰富多样。

有针对性的教学策略有利于知识的巩固。例如，明确学习目的，引起学生的重视；创设多种历史情境，使所学在学生头脑中留下深刻的印象；教学内容系统完整、结构合理、层次清晰、重点突出，有利于学生对知识的整体把握；在教学中把知识传授和方法传授结合起来，对学生知识的掌握和保持非常有益；及时总结和经常复习，可以使学生直接巩固所学知识，从而避免产生大量遗忘的现象；多种形式的作业练习，可以强化学习效果；在教学中经常进行新旧知识联系，对于知识的巩固有促进作用；开展探究性学习，引导学生运用所学知识去解决实际问题，对知识的积累和保持有积极意义；等等。

---

① ［苏联］休金娜：《中小学教育学》，华东师大比较教育研究所译，335 页，北京，人民教育出版社，1984。

总之，在知识巩固的过程中，教师主导作用发挥得越好，对学生学习越有利。

（六）评价反馈

评价反馈主要是对教学活动的进展情况与水平状态进行检查、评定和总结，并对教学信息进行反馈，对教学质量进行测评，对日后的教学工作提出相应的改进对策。因此，评价反馈对教学过程有着调控和改善的作用，对教学过程的参与者有着督促和鼓励的作用。在教学过程中，这一阶段也是与其他阶段紧密相连的。

《义务教育历史课程标准（2022 年版）》强调，"历史课程的评价要以课程目标和课程内容为依据，确定符合学业质量标准的评价目标；要从社会、学校、教师、学生等不同评价主体的视角进行评价；倡导过程评价的校内外结合，对学生校外的学习情况进行评价，并将这方面的评价与校内进行的多种评价结合起来；倡导跨学科评价、增值评价，关注学生经历多次评价后展现的进步程度；注重评价目标与教学目标的一致性，教学和评价围绕学生学习这一中心展开，以过程评价促进学生核心素养的发展"，"评价内容包括学生学习态度、学习参与程度、学习内容掌握程度、核心素养的发展状况等；要对学生核心素养五个方面的综合发展状况进行评价，主要评价学生将所学历史知识与技能运用于解决具体问题时所体现的核心素养水平"，"评价要进行整体规划和设计，重点关注课堂评价、作业评价、单元评价、跨学科主题学习评价和期末评价"。①

以上每个阶段既相对独立、各有侧重，又相互作用、有所交叉，构成了一个有机联系的整体。这些阶段在教学过程中的次序并不固定，也非每课都要套用。

二、把握课堂教学实施

（一）教学技能要点

"教学技能是指教师在教学工作的各个环节中，依据教学理论、运用专

---

① 中华人民共和国教育部制定：《义务教育历史课程标准（2022 年版）》，61～62 页，北京，北京师范大学出版社，2022。

业知识和教学经验等，利用教学方法，将知识传授给学生，使学生在掌握学科基础知识、基本技能的同时，受到思想教育，发展智力，培养能力，增强体质，在学生全面发展教育过程中所采用的一系列教学行为方式的综合。"①教师所具备的能力素养直接影响到学生在课堂学习中的效果。教师熟练掌握各类教学技能是顺利开展教学工作的基础，也是做好教学工作的必备条件。在课堂教学中教师所要具备的技能有很多，主要是以下几种。

1. 导入技能

导入技能是教师在上课伊始，运用建立问题情境的教学方式引起学生注意，激发学生学习兴趣，明确学习目标，形成学习动机，建立知识间联系的一种教学技能。

导入要有针对性，要与具体的教学内容、教学目标相适应。导入要有启发性，通过设置悬念、创设情境、设计游戏等达到引导学生发现问题、解决问题的目的。导入要有关联性，要建立起新课知识与学生已有认知经验的联系。导入要有趣味性，教师在设计导入时要精选贴近学生实际生活的内容，经过语言艺术的加工创设情境，吸引学生的注意力，激起思维的火花。

2. 讲述技能

讲述是课堂教学最主要的教学方式，讲述技能是最基本的教学技能。教师通过口头语言向学生系统讲述历史事实、讲解历史理论、分析历史问题，以帮助学生进行学习。

讲述的有效实施离不开课前的充分准备，教师要对讲述内容做全面分析，厘清思路，构建出清晰的讲述结构。讲述要有科学性，教师要以教材内容为依据，深刻领会历史知识的实质，做到概念准确、论证充分、逻辑严密、史实确凿可靠。讲述要有启发性，教师要依据学情，借助各种教学手段，积极引导学生思考、主动探索，从而达到发展学生智力、培养学生能力的目标。讲述要生动、形象，教师要通过描绘、表演等手法和各种媒体资源构建历史情境，使学生感知历史，形成历史概念。讲述时教师还要

---

① 赵克礼主编：《中学历史教师教学技能》，1页，西安，陕西师范大学出版总社有限公司，2014。

用最简练的语言表达最丰富的内容，让学生听得懂、听得明白；同时，还要控制节奏、声音洪亮、吐字清晰、发音规范、语调平直自然。

3. 提问技能

提问是教师鼓励学生参与学习的主要手段之一。提出的问题可分为封闭性问题和开放性问题。教师根据教学目标设计问题、提出问题，可以引导学生积极参与到教学中来，从而激发学生学习的兴趣，吸引学生的注意力，使学生生发出更高层次的思维活动。

一个有效的问题必须是学生能够回答并积极参与的问题。在设计这样的问题时，其一要与教学目标相适应，针对不同的教学目标选择不同类型的问题；其二要与学生的年龄特点相适应，针对不同学段学生的学习特点、认知特点，设计不同难度的问题；其三要照顾到学生已有的历史知识和经验，在学生可思考、可回答的前提下设计问题；其四所设计的问题要能够使学生准确理解。

4. 板书技能

板书[1]是教师上课时为学生理解、掌握知识，在黑板上书写的简练的文字、图形、符号等，是课堂教学中教师向学生传递教学信息的重要手段。它与教师的语言相结合，可以使学生的视觉跟听觉配合，更好地感知教师讲授的内容。[2] 板书一般分为主板书和副板书。主板书是教学主要内容系统、完整的展现，是教师讲授的提纲，也是学生学习和复习的提纲。副板书是主板书的补充，是主板书中没有列出的人名、地名、年代、数字、概念及生僻字等。通常主板书写在黑板的左侧，副板书写在黑板的右侧，副板书可根据情况随时擦写。

板书应依据教科书内容、学生水平和课堂教学的程序等来设计。无论何种形式的板书，都需要提纲挈领，反映出教学内容的主要线索，突出教学重点；都需要条理分明，呈现出教学内容的层次，将教学内容的系统性、逻辑性呈现出来；都需要详略得当，呈现学生要掌握的要点内容，帮助学

---

[1] 这里的板书是指传统板书。

[2] 参见朱汉国、郑林主编：《新编历史教学论》，114 页，上海，华东师范大学出版社，2008。

生掌握知识间的逻辑关系；都需要书写工整，清楚美观。

5. 结课技能

结课技能是指教师在教学内容或教学任务即将结束时，通过归纳、总结、重复、实践等活动，使学生对所学的新知识、新技能进行及时的巩固、概括、运用，并转化、升华，使新知识、新技能稳固在学生原有的认知结构中，形成新的认知结构的一种教学技能。[①] 结课一般分为提示结束、简单回顾、提示要点、沟通知识、巩固练习、深化拓展、布置作业几个步骤。

（二）组织技能要点

组织技能是指在课堂教学过程中，教师通过组织管理课堂秩序，集中学生的注意力，创设适宜的教学情境，激发学生的学习兴趣，调动学生的学习积极性，帮助学生掌握历史知识，达到课堂教学预定目标的一种技能。[②] 任何一堂课都是从组织教学开始的，组织教学做得好可以时刻保持住学生的注意力，帮助学生养成良好的学习习惯，创造出和谐、专研的课堂氛围，并实现课堂教学目标。

组织教学可以说贯穿于教学过程的始终。在教学起始环节，教师借助表情、语言、手势等在学生面前有效地组织教学，可以稳定学生的情绪，使学生集中注意力；在教学过程中，教师从教学内容、课堂纪律、教学资源、教学形式等方面进行组织，调控教学节奏，适时调整教学策略，保持学生学习的兴趣和秩序，有效提高学习实效；在教学结束环节，教师通过组织学生参与小结、完成课堂反馈等突破教学重、难点，实现教学目标。

1. 组织技能类型

（1）管理型的组织教学。在课堂教学中，为了保证课堂教学秩序有条不紊，教师对课堂纪律进行有效的组织管理，即管理型的组织教学。做好管理型的组织教学要做到以下两点。

首先，树立正确的管理理念。在课堂教学中教师要发挥学生的主体地位，使学生通过合作、探究等学习方式进行学习；教师还要松紧有度、奖惩

---

① 参见赵克礼主编：《中学历史教师教学技能》，176页，西安，陕西师范大学出版总社有限公司，2014。

② 参见赵克礼主编：《中学历史教师教学技能》，167页，西安，陕西师范大学出版总社有限公司，2014。

结合、尊重学生。这样的认识是教师进行管理型的组织教学应有的正确理念。

其次，制定翔实的课堂常规。良好的课堂纪律管理应该是学生自发、自觉地维护课堂纪律，实现这一点需要教师做好纪律教育，并在严格要求与尊重学生人格的基础上，积极引导学生自己管理自己，实行民主管理。师生共同制定细致的课堂常规，确保学习秩序井然，这样教师、学生都心情舒畅，学习效果也能得到保证。

(2)诱导型的组织教学。在课堂教学中教师通过语言、教态、媒体引导、鼓励不同的学生参与教学过程并积极思考，从而激发学生参与学习的热情，使学生保持学习的注意力，并产生愉快和谐的学习氛围。

第一，利用语言调控组织教学。在课堂上，语言是教师组织教学的有力武器。教师可以利用充满感情的话语鼓励学生参与教学过程，提高教学效果。

第二，利用教态变化组织教学。教态是教师讲授知识、传递情感的辅助手段。教师通过变化教态，可以达到调控学生听课状态、组织教学的目的。例如，在教学过程中教师利用不断变化的活动空间，适时提醒某些学生参与课堂活动；进入教室伊始教师用眼神环视学生，及时调整教室内的学习氛围等。

第三，利用媒体诱导组织教学。媒体内容丰富、交互性强，能够适时调动学生参与学习的热情。教师在教学过程中可以利用媒体技术及丰富的资源适时调动学生的感官，使学生参与到学习中来。

(3)指导型的组织教学。教师对某些教学活动进行组织，以指导学生的学习方向和方法。小组讨论是课堂教学中常用的合作学习方式，教师可以从分组、组织建构、具体活动内容三个方面进行指导。

2. 组织技能要素

组织技能是由组织管理、步骤安排、活动要求、观察判断、反馈矫正构成的。

(1)组织管理。教师进入课堂对教学进行组织管理是常规的、有计划的自觉活动。教学组织管理是为了有效地协调班级教学组织内的各种信息和资源，提高教学组织的工作效率，以期顺利地实现组织目标。讨论、辩论、合作探究等活动更需要教师的组织管理。

(2)步骤安排。步骤安排即教学程序的具体安排。在授课过程中，环节、步骤做到清晰、有条不紊，这是上好课的必要条件。历史课内容量大，抽象概念学生难以理解，教学步骤更要注意优化。

(3)活动要求。课堂教学的每个环节都有明确的教学目标，而明确、具体的环节要求有利于达到教学目标。例如，利用史料探究问题、理解历史，选取的史料要符合学生的认知水平，探究的问题要具有真正的探究价值。

(4)观察判断。观察判断学生的学习状态，是教师了解课堂教学实效的直观途径。判断准确是教师上课采取教学措施的前提条件，而实现这一前提条件需要教师对学生的学习状态进行细致的观察。例如，观察学生的学习热情，判断学生学习的积极性；观察学生的思考状态，判断学生的理解程度等。

(5)反馈矫正。观察判断是为了更好地组织教学，服务学生学习，而对于观察判断的结果需要教师及时进行反馈矫正，解决学生在学习方面的问题。

3. 组织技能要素的操作要点

(1)组织管理要素的操作要点。根据组织管理学原理，教学组织管理的操作要点可以归纳为：其一，确定实现组织目标所需要的活动，并按成员分工的原则进行分类，按类别确定相应的工作职责；其二，规定组织结构中各自的责任，并授予相应的权利；其三，制定学习制度，建立和健全组织结构中各方面的相互关系，如选课代表、小组长等。

(2)步骤安排要素的操作要点。常规的课堂教学环节包括课堂导入、课堂实施、课堂小结三个环节。这三个环节各包括若干小的环节、步骤。组织课堂教学就是要在这三个环节中，将教学内容、教学方法、教学媒体依据学科特点和学生的实际情况进行合理的设计组合，达到教师和学生有机互动的目的，从而实现科学、有效的教学。

(3)活动要求要素的操作要点。通过多种形式的教与学活动，引导学生积极参与学习，帮助学生完成预定的学习任务已成为课堂教学的常见模式。根据有效学习理论，教师在组织教学活动时要做到以下几点。

第一，环境。教师要在学习伊始创设民主、愉快、和谐的学习环境，激发学生的学习热情和积极性。

第二，动机。教师要借助多种形式激发学生的好奇心，使学生主动探究新知，形成学习的内驱力。

第三，选择。教师在引导学生学习时要明确学习目标，选择适当的学习资源、学习策略。

第四，建构。教师组织教学的目的是指导学生通过自主学习，自主建构知识。学生通过合作交流、回忆旧知、感知新知，运用联想、分析、归纳、概括，对学习内容进行加工，做到顺应、同化、吸收，从而建构新的认知结构。

第五，实践。在建构新的认知结构的基础上，教师要组织学生运用所学解决实际问题。在学习、实践的过程中，学生能发现、探索、巩固、运用、掌握知识，从而提高分析问题、解决问题的能力。

第六，计划。教师在教学中要指导学生学会制订学习计划，包括选择学习策略、调控学习进度、优化学习行为等。

第七，监控。教师要指导学生对自己的学习活动进行监控，以优化行为，最终完成学习任务。

以上的组织活动是贯穿在整个课堂教学过程中的，它们互相联系，紧密结合，是教师组织教学的重要手段。

（4）观察判断要素的操作要点。教师准确观察判断学生的学习情况是组织教学的一个重要前提。教师要了解学生的学习注意力，以及对知识的接受程度。例如，课堂上学生小声说话、做小动作、左顾右盼，这些都是学生注意力不集中的表现。学生眼神恍惚、面有难色、记录速度慢，这说明学生接受新知识有困难；学生精力集中、神态轻松，这是学生学习顺利的表现。

（5）反馈矫正要素的操作要点。反馈矫正是教师在教学过程中及时了解学生学习效果，适时调整教学计划、改进教学方法的重要依据。在课堂教学中，教师要实施民主管理，有效地处理课堂上出现的各种情况，及时排除干扰，以确保教学顺利进行。

▶第八讲
组织和呈现教学内容

一、课堂导入

学习动机是推动学生学习的动因，"对于同掌握某一学科的内容有关的持久式的学习来说，却是绝对必要的"[①]。课堂导入是激发学生形成学习动机的首个教学环节，"是教师引导学生做好学习新课知识的心理准备、认知准备，并让学生明确教学内容、学习目的、学习方式以及产生学习期待、参与需要的一种教学行为"[②]。

（一）课堂导入的功能

课堂导入环节是激发学生产生历史学习动机的钥匙，能够驱动学生产生对历史学习的热情、兴趣。

1. 集中注意力，诱发兴趣

兴趣是从事某种活动的心理倾向，带有强烈的情绪色彩。教师通过精心设计的导入，集中起学生的注意力，激发出学生学习的兴趣。课堂导入是开启新课、引起学生思考的钥匙，是课堂教学顺利开展的助推器。

2. 开启思维，直指重点

学生是学习活动的主体。在课堂上学生只有积极主动地思考，才能在感知历史中理解历史、认识历史，才能够理解学习重点，突破认识难点，学有所获。在导入环节围绕教学重点、难点设疑布障，激发了学生探究的热情，为学生开启了一扇思维之窗。

3. 新旧衔接，架桥过渡

历史知识之间有着横纵交织的错综复杂的联系，教材在编排体系上，

---

① [美]D. P. 奥苏伯尔等：《教育心理学——认知观点》，佘星南、宋钧译，485 页，北京，人民教育出版社，1994。

② 赵克礼主编：《中学历史教师教学技能》，101 页，西安，陕西师范大学出版总社有限公司，2014。

单元与单元之间、课与课之间有着密切的内在联系。教师借助学生已学的旧知识来架构新知识，在承上启下的过程中既使学生复习了旧知识，又激发了学生探究新知识的欲望，大大提高了学生的学习效率。

（二）课堂导入的常见模式

设计课堂导入时要充分考虑其功能，以功能为出发点选取教学资源，设计思考问题，组织导入语言。课堂导入可以根据不同的教学资源、不同的授课模式进行不同的设计。

1. 直接导入

用语言直接阐明本课的学习内容、学习目标、学习要求等。通过简短的语言叙述引起学生的关注，使学生快速进入学习情境。

2. 经验导入

把学生在现实生活中的经历作为切入点，通过师生互动，引起学生对已有经验的回忆，并借势引导学生发现新问题，进而产生解决问题的欲望，使学生进入新知识学习。

3. 复习导入

通过复习旧课或原有知识对新课进行导入。复习导入可以分为横向复习导入和纵向复习导入。横向复习导入是指在实际教学中通过与所讲授内容相关的学科知识点进行对比来引导学生进入新课学习；纵向复习导入是指通过历史事件的纵向发展脉络来启发学生合理预测历史事件的发展方向和进程。

4. 直观导入

教师通过引导学生观察文物、模型、图表，看视频，听歌曲等，使学生思考依据情境设置的问题，引起学生的学习兴趣，激发学生的学习动机，发展学生的想象力、观察力，帮助学生理解抽象知识。

5. 故事、事例导入

以真实的历史故事或学生现实生活中的事例来导入新课，这一方式符合中学生爱听故事的心理特点。教师讲述与教学内容有关的故事，可以激发学生的学习兴趣；教师创造情境引出新课，使学生在高涨的学习热情中自然地进入新知识学习。

6. 设问导入

设问导入是针对教学的重点和难点、知识之间的衔接点设计问题，制造悬念，激发学生的好奇心、求知欲的导入方法。利用悬念激发学生的好奇心，引发学生思考，启迪学生思维，往往能收到事半功倍的效果。

（三）课堂导入的实施要点及注意问题

1. 防止方法单调、枯燥乏味

导入的目的是激发学生学习新知识的兴趣，为此导入时要注意深入挖掘教材内容，充分调动手中所有的教学资源，采用灵活多样的导入形式，避免方法单调、枯燥乏味。

2. 杜绝洋洋万言、虎头蛇尾

导入是一课的引子，重在激起学生的学习兴趣，不需要占用过长时间。如果教师导入时夸夸其谈，占用大量时间而不进入主题，就会导致学生在上课伊始便迷失本节课的学习方向，还会冲击正课的学习，造成前松后紧、虎头蛇尾。

3. 防止偏离主题、弄巧成拙

导入新课重在开启学生的思维，构建旧知与新知之间的联系，直奔主题，突出教学重点、难点。所以，在设计新课导入时，教师要选用与教学重点内容紧密结合的素材来创设情境、设置核心问题，不能脱离教学目标，更不能与前后课知识有矛盾或冲突，否则就会干扰学生对新知识的学习，给学生的学习造成障碍，从而弄巧成拙。

教学案例及分析

下面以"日本明治维新"一课为例说明课堂导入（表2-1）。

表2-1　以"日本明治维新"为例说明课堂导入

课题	日本明治维新
设计教师	北京市第十五中学胡明岚
教学内容分析	本课是九年级下册第一单元资本主义制度扩展主题中的内容，包含背景、措施和影响三个方面。明治维新是一场资产阶级改革，是日本面对西方挑战及时做出的积极、有创造性的反应，是日本历史上从未有过的翻天覆地的社会大变革，对日本、对中国乃至亚洲和世界历史的发展都产生了重大影响。

学情分析	为了解学生情况，教师在课前进行了学情调查。调查设置了5个问题：关于日本，你已经知道的？关于日本，你想知道的？你听说过日本的明治维新吗？对日本你是什么态度？你认为日本有值得我们学习的地方吗？ 全班共30名学生参与了此项调查，调查情况如下所述。 第一，对日本的了解。学生的了解集中在之前学习的大化改新上，了解日本学习唐朝的政治、经济、文化等；大部分学生知道日本曾经侵略过中国；部分学生关注时事，了解日本与中国在钓鱼岛的领土争端等问题。 第二，关于日本，学生感兴趣的普遍集中在为何日本会强大起来，成为世界强国。 第三，学生绝大多数都不清楚明治维新，全班30名学生，听说过明治维新的只有5人。 第四，对日本的态度，学生的普遍反应是不喜欢，持此态度的学生达到了17人；表示友善的学生有6人；不憎恨也不喜欢，没有表明态度的学生有7人。 第五，全班30名学生中有25人认为日本有值得我们学习的地方，认为日本科技发达，善于学习他人，这些都值得我们学习，另有5名学生明确表示日本没有我们可学习的地方。 依据课前调查，学生关于明治维新的认知情况有如下特点：从知识层面看，学生对明治维新基本不了解，大多只知道日本快速发展、侵略中国，学生渴望了解的是日本为何会快速强大起来；从情感层面看，学生认为日本善于向他国学习，这值得我们学习，但对日本缺乏理性认识；从方法论角度看，初中学生学习历史，感性多于理性，形象强于理解。

教学环节	教师活动	设计意图
导入	19世纪中期，中日两国相继遭到西方列强的侵略，中国一次又一次战败，割地赔款，受尽屈辱。与之相反，面对西方挑战日本迅速做出反应，中下级武士开展倒幕运动，成立明治新政府，实施改革，使日本迅速摆脱了民族危机，成为世界强国。日本是如何实现这一转折的？下面我们一起学习明治维新。	承前启后，创设中日对比情境并设疑，激发学生学习兴趣。

导入是教师依据教学内容和学情设计的激发学生学习兴趣的教学环节。在案例中，教师在充分分析了教学内容和学情的基础上，以激发学生的学习兴趣为目的设计了问题情境，直指教学主题。

首先，充分把握教学内容的横纵联系。明治维新是世界近代史中资本主义制度扩展主题中的重要内容。它是日本继大化改新之后，民族历史发展的又一大转折事件。它帮助日本摆脱了民族危机，使日本走上了近代化发展道路。在近代民族独立的共同课题下，这一事件拉开了日本与中国的距离。在导入中，教师利用这一事件的重要影响建立起横纵联系，创设情境，建构新知识，激发学生深入学习的兴趣。

其次，深入分析学情。教师通过课前设置的 5 个问题所展开的学情调查，了解了学生对日本的知识储备、情感认识及兴趣指向，并依据学生已有的中国近代史基础，就"学生渴望了解的是日本为何会快速强大起来"的兴趣点、关注点进行着力，通过"日本是如何实现这一转折的?"这一问题创设探究新知识的情境。

最后，语言简洁，设问直指教学主题。短短的几句导入语，教师言简意赅地阐述出本课历史知识的时代背景，搭建起了与学生已有的中国近代史知识之间的横向联系，抛出了本课的核心问题"日本是如何实现这一转折的?"，直入本课教学主题，引领学生进行深入探究。

一个好的导入，只有深入分析教学内容、学情，做好教学设计，才能达到激起学生学习兴趣、唤醒学生学习主体地位的目的。

| 练习 |

请从你所任教年级的教科书中任选一课，设计该课的课堂导入。

二、课堂过渡

课堂教学各环节的顺利、有效实施，学生思维连贯性的保持，学生参与教学活动有效性的提升，都需要教师利用过渡在章与章、课与课、新知与旧知、前一问题与后一问题之间做出符合知识逻辑和认知逻辑的衔接。

（一）过渡的作用

1. 穿针引线，保持教学环节顺畅

过渡是教师调控课堂教学结构、贯通教学环节的重要方法。过渡能把历史课堂中的各环节、上下内容有机地联系起来，使不同内容之间的实质性信息得以延续和承接，从而有助于保持教学各环节的顺畅。

2. 上下贯通，保持思维的连贯性

课堂教学要把教学内容同构在一条清晰、连贯的教学主线下进行，教学主线各部分之间有着内在的逻辑关系，巧妙地过渡就可以把各部分之间的逻辑关系紧紧连接起来。这样可以使知识之间上下贯通，浑然一体，给学生一个感知、学习历史的整体过程，从而有助于学生保持历史学习的思维连贯性，提高课堂教学效果。

3. 提醒学生保持高度集中的注意力

在课堂学习中，学生保持一段时间高度集中的注意力后，注意力便有可能分散或转移。在这种情况下，教师就可以利用巧妙恰当的过渡语，或创设悬念或间接提醒，从而使学生的注意力保持集中。

4. 温故知新，激发思考

在历史教学中，教师要在学生原有知识水平的基础上建构新的知识。教师以复述或总结知识的方式过渡，相当于帮助学生重温了一遍前面所学的知识要点。这样既加深了学生对前面所学知识的印象，又巩固了刚刚所学的知识，还能使学生及时学会对所学知识进行归纳、总结，养成在温故的基础上继续思考的良好习惯。

（二）过渡的分类

1. 自然过渡法

教师充分利用知识本身的结构和逻辑关系实现教学内容自然承转。历史教学内容之间本来就有很密切的联系，自然过渡法将知识本身的结构和逻辑关系自然地呈现在学生面前，讲解和过渡浑然一体，有利于保持知识

结构的完整性，有利于学生保持思维的连贯性。这种方法是最基本的过渡法，一般适用于条理性很强的知识内容。

2. 联系旧知过渡法

教师引导学生利用旧知识来实现对所学知识的承启。在历史教学过程中，新知识与旧知识之间存在密切的内在联系，旧知识往往具有承上启下和架桥铺路的作用。教师利用学生旧知识过渡到新知识，可使学生在巩固旧知识的同时，找到新旧知识的关联之处，认识到重大的历史事件相互间存在密切联系，从而便于学生更好地理解和掌握新知识，培养学生用联系的方法看待历史问题的思维能力。

3. 设疑过渡法

教师利用问题来有效地引导学生对教学内容做进一步深入思考。在历史课堂教学中，教师通过置疑、激疑、质疑、释疑、解疑等步骤，使学生处于暂时的困惑状态，能激起学生的认知冲突，诱发学生解疑的动因和兴趣，培养学生的探究精神，为教学顺利过渡奠定良好的思维基础。教师要围绕教学目标，在教材的重、难点之处设疑。重、难点往往是教学的重心和焦点所在，教师应于此处循序渐进、有的放矢地设置有一定思维含量的问题，诱导、启发学生，调动学生的思维，一步一个台阶地过渡到新的教学内容。

4. 小结过渡法

教师在上一环节教学内容结束后，采用简明扼要的语言对前面所学知识进行归纳、总结，进而引出下面讲授的知识。这种方法一般用于教学环节之间或课堂教学之末。这种方法的好处是能再现教学的重点，加深学生的印象，巩固教学效果。

5. 转折过渡法

教师采用转折性的语言来实现过渡。在历史教学中，当两个教学内容有较大差别时，一般采用"但是""却""而"等词达到过渡的目的。此种过渡方法不仅保持了教学环节之间的关联，而且能使学生思维很快集中到下面所要学习的内容中。

（三）过渡应注意的问题

过渡的方法多种多样，设计好过渡的关键是要注意过渡的特性。

1. 联系性

过渡是教学承转的一种技巧。为此，在设计教学过渡时，教师必须注意承接转换时前后之间的联系，所设计的过渡要自然顺畅、水到渠成、顺理成章。上一环节是下一环节的启发性开端，而下一环节则是上一环节的逻辑延伸，前后之间要有一定的内在联系，这样才有助于学生弄清知识之间的前后联系，顺利地过渡到下一环节的学习中。

2. 启发性

过渡是为了教师更好地"教"和学生更好地"学"，是手段而不是目的。教师不能为了过渡而过渡，搞形式主义。为此，教师的过渡设计必须具有一定的启发性，能引起学生进一步思考的兴趣和欲望，使学生的思维顺利地由上一环节进入下一环节。

3. 简明性

过渡的方法多种多样，巧妙地过渡不仅能起到承上启下的作用，而且能使课堂充满活力。同时，课堂教学的过渡虽重要，但毕竟不是教学的重点所在，因此，过渡要简明扼要，不能拖泥带水。

4. 计划性和生成性

课堂教学设计是计划性和生成性的统一。作为教学设计的过渡环节，需要教师课前的精心设计，具有很强的计划性；课堂学习的情况在不断发生变化，因此，教师的过渡设计也要因情而异、与情俱变，在计划性的前提下保持一定的生成性。

教学案例及分析

下面以"秦朝速亡的原因"为例说明课堂过渡（表 2-2）。

表2-2 以"秦朝速亡的原因"为例说明课堂过渡

课题	秦朝速亡的原因
设计教师	首都师范大学附属中学钱月
教学环节	教师活动
过渡1	秦始皇曾希望自己的帝国能够"二世三世至于万世",然而秦从灭六国统一天下到灭亡,仅仅十五年的时光,秦朝在让后人惊叹它的伟大成就的同时,更让后人努力探寻它迅速灭亡的原因。今天历史的难题也摆在了我们的面前,秦朝速亡的原因何在呢?
出示材料	公等遇雨,皆已失期,失期当斩。藉弟令毋斩,而戍死者固十六七。 ——《史记·陈涉世家》
设问	陈胜所说原因涉及历史的偶然性与必然性,哪一句是历史的偶然性因素?
设问	天气原因是历史的偶然性,然而难道公元前209年陈胜、吴广一行人顺利到达渔阳戍边,秦末的农民起义就不会爆发吗?
设问	在了解历史的偶然性的同时,我们不能忽略历史的发展还有其必然性,这段材料中展现的必然性因素是什么呢?
设问	"失期当斩""戍死者固十六七"这两句话说明秦朝统治有什么特点?
过渡2 布置学习任务	在此前的学习中,我们已经知道"孤证不立"这个历史学习的原则。那么就请同学们以小组为单位,阅读学习任务单上第二部分"研习史料,究秦亡根源"的内容,找出秦朝刑法严酷、徭役繁重的证据,并根据史料的表现形式说明你所选择的史料的类别。 问题1:按照史料的表现形式,可将史料分为哪几类? 问题2:找出秦朝刑法严酷、徭役繁重的证据。
出示材料	至于始皇,遂并天下,内兴功作,外攘夷狄,收泰半之赋,发闾左之戍。男子力耕不足粮饷,女子纺绩不足衣服。……海内愁怨,遂用溃畔。 ——《汉书·食货志》
设问	秦朝的统治除了刑法严酷、徭役繁重外,还有什么特点?
归纳总结	秦朝暴政:刑法严酷、徭役繁重、赋税沉重。
出示材料	秦朝大事年表(略)。

续表

设问	让我们回过头来再看看秦朝大事年表,从嬴政成为秦国的国君,到秦朝灭亡,他都做了哪些大事?这些大事件中哪些与秦朝的速亡有关系?哪些措施纯粹是为了帝王个人的享受,哪些措施对国家和社会的发展有切实的作用?
讲解	渗透史学研究不同观点: 开边拓土,固立国之宏规,然亦宜内度其力,行之大骤,未有不反招他祸者。 ——吕思勉《秦汉史》
过渡3	秦朝速亡的原因其实是一个复杂的历史问题,不同的人从不同的角度出发会寻找到不同的原因,今天咱们也仅仅能够窥视到其中一部分的原因。但不可否认,秦朝的暴政是其速亡的主要原因。
设问	曾经横扫六国、辉煌一时的秦朝,很快就在风起云涌的农民起义中轰然倒塌,它留给后人无尽的扼腕痛惜。我们还得继续思考:秦朝的灭亡是否意味着从秦孝公到秦始皇,几代君主为秦国的强大、大一统帝国的缔造所做的努力都付之东流了呢?
小结	二世而亡的秦朝,为后世留下了延续千年的专制主义中央集权制度,它巩固统一的诸多措施,也为后世留下了秦帝国兴盛衰亡的历史教训。或许我们可以说短暂的秦朝成就了一个更加辉煌灿烂的大汉王朝。

在案例中,教师围绕"秦朝速亡的原因",借助史料引导学生通过问题逐步探究,以达到客观分析秦朝速亡的偶然性和必然性、辩证认识秦朝历史地位的教学目的。为了实现这样的教学目的,突出教学主线,案例共设计了3处过渡。

过渡1以转折过渡法,引导学生回顾了秦始皇称号创立的目的,而后转折介绍秦朝短命而亡的事实,从而在温故的基础上引起认知冲突,引出要探究的问题"秦朝速亡的原因",达到承上启下、启发学生深入思考的过渡目的。

过渡2以联系旧知过渡法,引导学生重拾所学的历史学习原则——"孤证不立",在此基础上布置学习任务——分析史料的类型、借助史料寻找秦朝刑法严酷、徭役繁重的证据,启发学生运用该历史学习原则自主研究史料,解决问题,达到穿针引线、自然过渡的效果。

过渡 3 以小结过渡法，为学生展示秦朝速亡原因的分析过程，指明秦朝速亡的主要原因，突出历史问题的复杂性，为接下来"辩证认识秦朝历史地位"这一问题做好铺垫。

本案例的过渡通过课前的精心设计，体现出很强的计划性。在学生已有的历史知识和历史学习原则的基础上，教师通过不同形式过渡的设计，围绕认识秦朝灭亡原因及秦朝历史地位，构建起抛出问题—解决问题—总结问题的认知过程。每个过渡保持了学生认知思维的连贯性，在层层深入中达到了上下贯通的过渡目的。

> | 练习 |
>
> 请以"战国时期的社会变化"一课为例，设计该课各子目之间的过渡。

三、课堂小结

学生是学习的主体，在学习中不但要建构新的知识结构，而且要对自己的认知水平与能力、课上的思考过程进行认识和理解。课堂小结作为课堂教学的最后一环，是学生正确认识新课学习效果的必要环节。

（一）课堂小结的功能

1. 系统归纳，建构体系

小结不但是课堂教学的结束环节，而且是课堂教学的总结提升环节。教师通过结构化板书、思维导图等形式，可以使学生学的新知识系统化；可以使学生联系、比较相关知识，进而构建起新知识与旧知识之间的联系，形成知识体系。

2. 强调重点，加深理解

学生课堂学习时所接收到的史实内容很多，在课堂小结环节教师需要对重点进行强调，帮助学生把握住课堂学习中的关键内容，从而促使学生把初步获得的知识深化理解后，建构起新的知识结构。

3. 承前启后，解惑设疑

课堂小结既可以对新课知识重点进行强调，也可以对前面所学内容进行承接拓展，还可以对新课导入伊始提出的问题进行解答，更甚者可以对下一课的内容设疑，以使学生对后续内容学习产生兴趣。

4. 检测实效，改进教学

在课堂小结中，教师通过与学生共同回忆、归纳、总结所学知识，或者通过对所学知识进行评价检测，从而了解学生对所学知识的掌握情况，检测课堂教学的实效，继而在取得实时反馈后，改进后续教学。

好的课堂小结既可以高效地帮助学生巩固和深化所学的知识，帮助学生把新旧知识联系起来，形成较为牢固的知识结构，又能使学生进一步领会历史学习方法和发展智慧。

（二）课堂小结的类型

1. 以教师为主体的小结方式

教师在课堂教学中发挥着主导作用，教师通过设计实施课堂教学，主导学生"学"的过程，将"教"服务于"学"。以教师为主体的小结方式主要有以下几种。

（1）归纳概括式。教师用简洁明了、准确精练的语言及结构化板书等方法，提纲挈领地对教学内容进行概括总结，使教学内容条理化、系统化，促使学生对所学知识的理解和记忆，提升学生的综合概括能力。

（2）比较异同式。教师通过总结、提问、列表等方法，引导学生将所学知识与相关的旧知识联系起来，或者将所学知识的各个部分联系起来，进行比较分析，明确它们的内在联系或相同点，找出它们各自不同的本质或不同点，以加深和扩展学生对所学知识的理解，提高学生的鉴别能力，培养学生思维的广阔性和灵活性。

（3）引申激励式。根据教学内容或它与现实生活的联系点，将教学内容深化、引申，对学生的世界观、人生观和价值观进行教育引导，涵养学生的家国情怀。

（4）首尾呼应式。对导入环节中的内容或问题进行呼应，或是对预习时的疑问予以回应，对教学中的问题做一个完满的交代，使教学首尾相顾，完整统一。

(5)承前启后式。与以前所学的旧知识相联系，达到承前的效果。把本课内容的某一点作为下一课的铺垫和伏笔，引发学生进一步学习的兴趣，达到启后的目的，进而提升学生的思维能力。

(6)强化记忆式。针对教学内容，教师可以为学生提供一些具体的记忆方法，如联想记忆法、歌诀记忆法、数字记忆法、谐音记忆法等，由此帮助学生记忆历史知识。

2. 以学生为主体的小结方式

"学习的目的是自我实现，学习的过程是自我实现的方式。"[①]在课堂小结中，发挥学生学习的主体地位，教师通过一些实践活动，使学生巩固所学知识，提升学科核心素养。

(1)组织历史知识竞赛。教师用能调动多数学生参与的知识竞赛的形式，使学生把比较枯燥的记忆性知识在课堂小结阶段进行巩固。这一方式在复习课中适用范围更广。

(2)小组讨论。讨论是将所学知识与思考实践进行结合的一种小结方式。教师引导学生在小结环节对全课核心问题进行探讨、交流，这样可以使学生在回顾总结知识、分析问题、交流认识的过程中，将所学知识转变成解决问题的思维产物。

(3)完成练习。学生通过完成练习的方式来结束课堂学习。这是一种常见的结课方式，既能让学生将当堂所学的基础知识、基本技能加以巩固和运用，又能及时反馈课堂教学效果。

3. 师生互动的小结方式

作为认识的主体，学生要主动、积极地参与教学过程，在教师组织和指导下进行认识与实践活动，形成对知识的理解和升华。

(1)互动总结式。课堂小结以总结性的提问来呈现全课的总体构思和立

---

① 叶小兵、姬秉新、李稚勇：《历史教育学》，123页，北京，高等教育出版社，2004。

意，以师生之间的问答来激发学生的思维，使学生更透彻地理解所学知识，巩固所学内容，理解历史发展的重大趋势，同时锻炼学生的表达能力。

（2）设疑探究式。历史学习不但有"是什么"的归纳总结，而且需要对"是什么"背后的"为什么"及"怎么样"进行思考。教师通过设计具有学科方法运用及联系现实生活得出启示的思考题，帮助学生在课堂结束时，基于形成的知识框架，运用历史学科方法形成对历史人物和历史事件的正确评价，加深对历史的认识。

（3）拓展延伸式。在课堂小结环节，教师引导学生将所学知识与历史学科其他知识，或其他学科知识以及现实生活问题进行延展，在拓宽学生知识面的同时，使学生用所学知识分析现实问题，激起学生继续深入思考的兴趣，提高学生解决问题的能力。

（三）课堂小结应注意的问题

1. 语言精练，紧扣中心

小结是对全课的高度概括，语言要少而精，要紧扣教学主线，梳理重点、难点知识，形成知识网络结构，从而达到重点突出、语言简洁、教学主题得以升华的结课目的。

2. 前后一致，首尾呼应

小结作为整节课教学主线的收尾环节，是对教学立意的点题呼应。因此，小结要与课题导入时的设疑或者所讲内容做到呼应，保证学生认知的一致性，从而保证课堂教学主线突出、前后一致、首尾呼应。

3. 形式多样，新颖别致

教师要充分考虑不同年级学生的心理、生理特点，结合每节课的具体教学内容和设定的教学主线、教学立意，采用多种形式，避免千篇一律。

教学案例及分析

下面以"北伐战争"一课为例说明课堂小结（表 2-3）。

表 2-3　以"北伐战争"为例说明课堂小结

课题	北伐战争	
设计教师	北京市汇文中学赵红梅	
教学内容分析	本课有三个子目：国共合作的实现、北伐胜利进军、国民党右派叛变革命与南京国民政府的建立。三个子目间因果相连，国共合作的实现为北伐胜利进军奠定了基础，国民党右派叛变革命与南京国民政府的建立则揭示了国民革命失败这一结果及其主要原因。本节课将内容有机整合为四个部分：革命路上觅知音——国共合作的可能、革命烽火遍江南——国共合作的历程、革命阵营遭背叛——国共合作的结果、革命胜利需努力——国共合作的启示。这节课具有承上启下的重要作用，上承第14课"中国共产党诞生"，下启第16课"毛泽东开辟井冈山道路"。	
学情分析	在认知层面，八(1)班学生抽象思维能力有所提高，认知也渐趋理性；但基于现有的学习水平，他们在概念理解和史料研习上有一定困难。在知识层面，八(1)班学生通过第14课的学习，知道中国共产党从京汉铁路工人罢工的失败中认识到单纯依靠工人阶级不能取得革命的胜利，必须团结一切可能的同盟者，才能战胜强大的敌人，为进一步学习本课知识打下了一定的知识基础。	
教学环节	教师活动	设计意图
导入	出示图片：河南郑州二七纪念塔。 教师简单介绍二七纪念塔来历。 教师提问：中国共产党从京汉铁路工人罢工的失败中得到了什么教训？ 为此，中国共产党进行了哪些革命探索？咱们走进这段历史，学习第15课"北伐战争"。	联系旧知，创设问题情境，激发学生兴趣，调动学生探究的积极性。
小结	师生互动：板书回顾本课内容。 教师讲述：从1923年京汉铁路工人罢工的失败中，中国共产党得出必须团结一切可能的同盟者才能战胜敌人的教训。于是共产党和国民党合作共同开展反帝反封建的国民革命。这次国民革命虽然推翻了北洋军阀的统治，但由于国民党右派叛变革命，因此国共合作破裂了，没能完成反帝反封建的革命任务，国民革命也就失败了。中国共产党又从国民革命的失败中得出独立掌握革命武装力量的教训。由此可见，中国共产党始终不忘初心，在失败中成长，不断吸取教训，继续探索新的革命道路，坚持为人民谋福祉。	学生学会建构板书，从而总结、巩固新知识，提升理性认识。

续表

```
                            板书设计

┌─────────────────────────────────────────────────────────────────────┐
│                                                                       │
│  ┌────┐   ┌──────┐   ┌────┐   ┌──────────────────┐   ┌──────┐         │
│  │京汉│   │中共认 │   │第  │   │一、革命路上觅知音 │   │中共认│         │
│  │铁路│   │识到必 │   │15  │   │——国共合作的可能 │   │识到独│         │
│  │工人│──▶│须团结 │──▶│课  │   ├──────────────────┤   │立掌握│         │
│  │罢工│   │一切可 │   │北  │──▶│二、革命烽火遍江南 │──▶│革命武│         │
│  └────┘   │能的同 │   │伐  │   │——国共合作的历程 │   │装力量│         │
│           │盟者，│   │战  │   ├──────────────────┤   │的重要│         │
│           │才能战 │   │争  │   │三、革命阵营遭背叛 │   │性    │         │
│           │胜敌人 │   │    │   │——国共合作的结果 │   └──────┘         │
│           └──────┘   └────┘   ├──────────────────┤                    │
│                                │四、革命胜利需努力 │                    │
│                                │——国共合作的启示 │                    │
│                                └──────────────────┘                    │
│                                                                       │
│  ┌────┐   ┌────┐            ┌────┐              ┌────┐                │
│  │失败│   │教训│            │失败│              │教训│                │
│  └────┘   └────┘            └────┘              └────┘                │
│       │                                              │                │
│       └──────────────────────────────────────────────┘                │
│       ┌──────────────────────────────────────────────┐                │
│       │中国共产党在失败中成长，继续探索新的革命道路      │                │
│       └──────────────────────────────────────────────┘                │
└─────────────────────────────────────────────────────────────────────┘
```

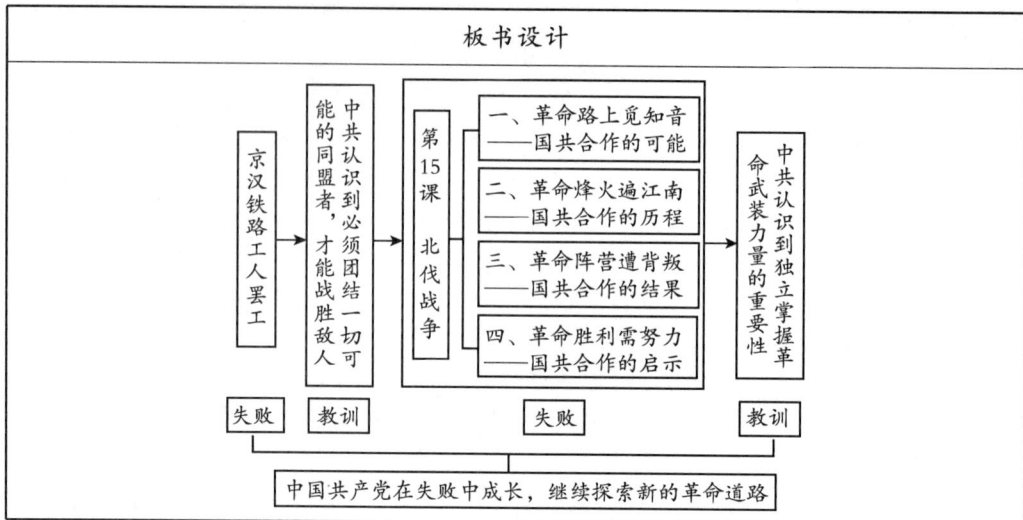

本课授课教师以中国共产党成立之初历经挫折、不断吸取教训寻求救国救民的出路为主线，借助结构化板书，采取与导入首尾呼应的师生互动总结式的小结，在巩固知识、建构知识体系的基础上，梳理历史发展过程，呼应教学主线，解惑答疑。

学生对历史的认识是从具体生动的史实开始的，进而发展到理性认识。在本课小结环节，授课教师通过板书系统回顾本课所学史实，在学生旧知识——京汉铁路工人罢工失败及教训——的基础上，联系本课内容，建立起本课与上一课内容之间的联系。同时，教师通过总结国民革命失败的教训——独立掌握革命武装力量的重要性，为下一课的学习做好铺垫，从而串联起前后三课，阐明了前后三课史实之间的内在逻辑关系。在此基础上，授课教师引导学生理解刚刚成立的中国共产党在革命探索的道路上，不断总结失败教训，逐步从幼稚走向成熟的历史发展趋势；认识中国共产党始终为国家、为民族寻求救亡出路的革命理想。授课教师还进一步帮助学生正确认识自我在学习中感知史实、理解重点和难点内容与认识历史发展趋势的认知过程，形成对中国共产党早期奋斗历程的理性认识，并对自己的思考过程进行认识和理解，从而形成对本课知识及自我认知的深刻建构。

可以说，本课小结发挥了教师主导、学生主体的"双主"作用，在学生已有的知识结构的基础上建构了新的知识，首尾呼应，是对教学主线的承接，更是对教学立意的升华，给课堂教学画上了句号。

📎 | 练习 |

请以"汉武帝巩固大一统王朝"一课为例，分别以以教师为主体、以学生为主体、师生互动的小结方式设计本课小结。

四、课堂教学的问题对话

课程改革的不断推进越来越要求历史教学从过去单一教与学的课堂向交流互动的课堂转变，让学生在主动参与、探究、思考的学习活动中实现能力的提升、核心素养的发展和人格的完善。对话教学就是基于这一教学观念转变而产生的一种新的教学形态。

（一）对话教学的内涵

说到教学中的对话，首先要弄清楚什么是对话。对话最平实的解释就是交流、谈话，其含义就是指信息的双向交流，即两个或更多的人之间的谈话。对话在历史课堂上主要表现为师生对话和生生对话。华东师范大学张华教授认为，"对话教学不是一种具体的教学模式、方法或技术，而是一种融教学价值观、知识观与方法论于一体的教学哲学"。他还将之定义如下："对话教学是师生基于关系价值和关系认知，整合反思与互动，在尊重差异的前提下合作创造知识和生活的话语实践。该实践旨在发展批判意识、自由思想、独立人格、关心伦理和民主的社区。"[1]

（二）对话教学在实践中的特征

1. 正确对待教师和学生的角色关系，真正实现师生在教学中对话

首先，建立民主与平等的对话关系。在传统的教学认识里，教学的主要任务是教给学生知识。这种单一的教与学的师生关系表现出教师对学生

---

① 张华：《对话教学：涵义与价值》，载《全球教育展望》，2008(6)。

的绝对控制与支配。虽然教师与学生面对面，但不是对话的姿态，而是对立的姿态。想要真正建立起师生在教学中的和谐关系，就要建立起民主与平等的对话关系。教师与学生只是先知者与后知者、多知者与少知者的关系，并不存在尊卑和主从的关系。只有建立起民主与平等的对话关系，才能让学生有一个宽松的环境，更充分、更自由地表达自己的观点，进而培养其独立思考的精神，发展其创造性思维。

其次，建立沟通与合作的对话关系。对话不是以一种观点反对另一种观点，或是把自己的观点强加给别人，而是沟通与合作。对话是一方面要保持自己独立的思考；另一方面要能够接纳别人的观点，尝试从多角度去思考问题，进而完善自己的认识。

2. 欣赏、尊重教学中的差异性，鼓励教学过程中的创造性观点和问题生成

在对话教学中，对话的内容是开放的、多元的，教师要鼓励学生在课堂上大胆并充满自信地表达对历史问题的看法，并不失时机地对学生的看法进行准确的引导，借此引发学生之间有意义的讨论。学生之间或补充发言，或互相启发，或相互辩论，或小组讨论，这样学生的思维在对话过程中就活跃起来了，对话的内容将变成教师教学的宝贵资源。在对话中出现的不同观点，拓展了学生看待事物的角度，加深了学生对事物的认识和理解，促成了新的创造。对话教学旨在创造不同思想自由发展、相互激荡、积极互动的新的教学文化生态，但要注意对话教学在反对权威和服从的专制教学文化的同时，也要避免彼此封闭、放任现状和"怎么都行"的教学相对主义。

（三）对话教学在实践中的设计策略

1. 对话的"话"从哪里来

历史教师在教学中的话题来源于文本教材、影音资料、学生生活、社会热点等。其内容应该具备开放性和讨论性，还应该具备历史教学的意义和价值。也就是说历史教学中的对话设计，应该有相应的学科知识隐含其中，以培养学生分析问题和解决问题的能力为出发点，与历史学科核心素养的要求相契合。对话可以帮助学生理解历史、把握现实，培养学生的发散性思维和辩证思维。

2. 对话的"话"落脚在何处

首先，课堂对话要与教师的教学目标紧密联系。教师在设计教学话题的时候，应该明确通过对话可以使学生了解哪些知识、掌握哪些史学方法、培养哪些能力、产生怎样的情感认同等。这样才能使历史课堂中的对话具有明确的教学目的性，避免偏离教学主题的情况发生。

其次，课堂对话的内容应该是有讨论意义并具有开放性的内容。也就是说课堂对话的话题不能是伪命题，必须是历史上值得讨论的问题。同时，对话应该是开放的、多元的，倡导学生在开放的对话环境中积极主动地自主学习、合作学习、探究学习。教师不要用"你说得不对，再好好去想想""课本上是这么说的"这种简单粗暴的评价反馈给学生，而应该与学生在平等交流的基础上，对学生的不同观点加以适当引导，以满足学生个性化、多样化的学习和发展需求，培养学生学会学习、发现和解决问题的能力，增强学生的创新意识。

再次，课堂对话的话题要能够引起学生的学习兴趣。课堂对话的本质就是师生之间、生生之间进行的思维的碰撞和观点的交流。如果课堂对话的内容无法引起学生的兴趣，就无法激发学生探究历史的积极性，教学目标自然也就无从实现了。

最后，在课堂对话的过程中，教师要及时抓住学生生成的问题，发现学生的疑惑之处并加以解答。学生的思维是动态的，在学习过程中，学生随时都有可能产生疑惑。这个时候教师就要通过课堂对话，及时发现学生的疑惑，并加以引导，鼓励学生去积极地探究。

例如，北京市昌平第一中学的罗卫华老师在讲到"罗斯福新政"的"以工代赈"增加了美国人民的就业机会，从而缓解了社会矛盾的时候，一个学生就提出了自己的不同意见。

生：老师，我觉得"以工代赈"不一定能缓解美国当时的社会矛盾，从长远来看，还有可能会激化美国的社会矛盾。

师："以工代赈"让美国很多失业的人都得到了新的工作机会，使他们赚到了工资来改善生活。他们为什么还要对社会不满呢？

生："以工代赈"虽然为美国人民提供了就业机会，但是美国人民失业的时候不是还拿到了救济金吗？那时候他们不工作也能养活自己。而"以工代赈"却使他们被当作了廉价劳动力，这难道不是反映了资本主义国家的阶级压迫与剥削的实质吗？难道不会引发美国人民的不满，从而加剧社会矛盾吗？

针对学生的这一问题，教师及时对学生加以肯定并引导学生去探究以下三个问题：其一，"以工代赈"政策下，美国人民的薪酬在什么水平；其二，"以工代赈"政策下，被雇佣的美国人民心理如何；其三，"以工代赈"政策产生了什么影响。在教师的引导下，学生课下收集、整理了如下材料。

材料1 1929—1933年美国经济危机下的失业人数（表2-4）。

表2-4 1929—1933年美国经济危机下的失业人数

年份	1929年春季	1931年	1933年
失业人数	280万	800万	1300万～1500万

材料2 与雇佣人数的巨大成绩相比，管理局给付的工资令许多劳工不甚满意。该局的工资低于私营企业的工资，如半熟练劳工的工资往往只达到劳工需求的65%至70%，在南方，更低至劳工需求的30%至40%。但必须强调的是，这些工资都是高于救济金的。

——高嵩《"体面的工作"：富兰克林·罗斯福就业权利思想与实践》

材料3 一个研究显示，在1933年失业的人中，只有24%的人在两年后申请了救济，尽管这24%中的一半人在大萧条前就是穷人。一个工人的妻子说："我们不再依靠救济，我丈夫正在为政府工作。"

——James T. Patterson *America's Struggle against Poverty*，1900-1994

师生最终得出了结论："以工代赈"政策下，被雇佣者薪酬有限，他们存在一定的不满情绪，但他们的工资高于救济金，生活是得到了一定改善的，并且他们的自尊心得到了维护。因此，大部分的美国人民乐于接受这一政策，这对缓解美国的经济危机、促进生产力的恢复和发展具有积极作用，维护了美国的资本主义制度。我们可以看到，教师对学生在课堂中生成的问题及时进行了反馈，将课堂知识进行了适当的扩展和延伸，既鼓励了学生探索求知的质疑精神，又加深了学生对知识的理解，提高了学生的思维水平。

总起来说，课堂对话的基本框架是教师启动—学生回应—教师评价。

教学案例及分析

下面以"文艺复兴运动"一课为例说明对话教学（表 2-5）。

表 2-5　以"文艺复兴运动"为例说明对话教学

课题	文艺复兴运动
设计教师	北京市昌平区教师进修学校王涛
教学过程	师：关于《蒙娜丽莎》我们大家都很熟悉，特别是她那充满了神秘色彩的微笑，简直成了不可超越的经典。在这里，我想请大家思考 3 个关于《蒙娜丽莎》的问题。 师（问题 1）：她是一个活泼外向的人，还是一个稳重内向的人？ 生：她应该是稳重内向的人。 师：为什么你会有这样的感觉呢？ 生：（议论纷纷）说不好，就是一种感觉吧。 师：咱们有没有专门学过画画的同学啊？我想问一下，什么样的构图才能让画面显得特别稳定。 生：三角形是最稳定的形状，构图中也是这样的。 师：这个同学其实说出了关键性的问题——构图。同学们以后欣赏美术作品的时候，可以关注一下作品的构图。因为优秀的美术作品的构图中，蕴含着作者的创作意图和情感表达。关注构图可以帮助我们更好地理解和欣赏艺术作品。回到《蒙娜丽莎》中，大家是否都注意到了蒙娜丽莎的上半身与她交叉在一起的胳膊组成了一个稳定的三角形构图（图 2-1）？

续表

| 教学过程 | 师：达·芬奇为了能表现出蒙娜丽莎稳重内向的性格，创造了绘画史上一个新的构图方法：以正面像构图，代替以往侧面半身画像的习惯，使构图呈金字塔形。这样凸显了蒙娜丽莎的端庄、稳重（由此我们可以看到，达·芬奇对于平凡人的内心世界的关注，他想尽一切办法把人的性格、情感表现在作品之中）。

师（问题2）：蒙娜丽莎是一个劳动妇女，还是一个享受优越生活的妇女？

生：她应该是贵妇。

师：为什么呢？

生：她头发长，还烫发。穷人长发干活不方便，而且穷人没钱烫发。

生：她穿的衣服一看就挺贵的，所以应该是有钱人。

师：头发可以是为了画画效果好看，才弄成这样的；衣服不便宜，也可能是她借来穿的啊。我们再想想，如果是一个长期劳动的人，她的什么地方是很难被修饰的。

生：应该是手。长期干活的人的手一定特别粗糙，但有钱人不干活的手就会很细很嫩。

师：这个同学说得太好了。一个长期劳动的人的手，跟一个养尊处优的人的手肯定很不一样，而且这种不一样很难被修饰。蒙娜丽莎的双手被画得那么柔嫩丰满、比例精确（表现出达·芬奇对于平凡人外在形象的关注），充分展示了她的身份地位（图2-2）。

师（问题3）：画中的蒙娜丽莎是一个世俗的人还是神？她出现在画中说明了什么？

生：她是一个比较有钱的普通人。（之后学生对达·芬奇为什么会画她议论纷纷。） | 

图2-1 《蒙娜丽莎》三角形构图

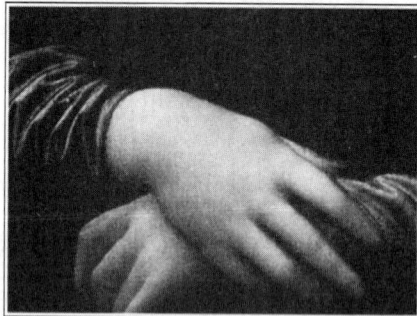

图2-2 《蒙娜丽莎》手部细节 |

续表

教学过程	师：在 500 多年前，《蒙娜丽莎》作为一个世俗女子的画像，在一众女神像中横空出世，这就把人提升到了与神一样的高度。达·芬奇用他的作品向世界宣告，除了神，世俗的人类也一样有被关注、被赞美的资格。《蒙娜丽莎》表达了达·芬奇对于人的关注，无论是人的内心世界、人的外在形象，还是人本身的存在价值。正像达·芬奇说的，谁不尊重生命，谁就不配享有生命。

本案例的课堂对话，首先围绕相应的教学目标来设计。与本案例课堂对话设计相关的教学目标是：能够说出达·芬奇及其主要作品；通过分析达·芬奇作品所蕴含的人文主义精神，学会使用从材料中获取历史信息的方法；认同达·芬奇对人的肯定、尊重和其作品表达出的积极、自信的人生态度与价值观。

在案例中，教师设计了 3 个问题，围绕教学目标与学生进行了比较充分的对话讨论。通过对话，学生可以很好地理解《蒙娜丽莎》中所蕴含的人文主义理念，感受达·芬奇对人的肯定与尊重。

课堂对话设计要具备一定的开放性和讨论性，要尽可能调动学生的储备知识。在案例中关于蒙娜丽莎是个劳动妇女还是个贵妇的对话，给了学生结合自身生活经验，进行一定想象和讨论的空间，由此加深了学生对知识的理解，提高了学生的学习兴趣和思维水平。

在教师启动对话、学生回应之后，教师要及时引导和评价。这里可以分两种情况来说。如果学生回答得比较精准，那么教师就可以去评价这个学生的回答好在哪里，并以此回答为契机，进行适当的学法指导。例如，在案例中学生比较准确地回答出《蒙娜丽莎》是稳定的三角形构图，教师就在肯定学生回答的基础上，进一步对学生进行跨学科学法指导：指导学生通过观察艺术作品的构图来分析、鉴赏这些作品的内涵，以理解作者的创作意图和情感表达。如果学生回答得不够严谨和准确，教师就要在学生回答的基础上，通过追问，去引导学生更全面、更准确地去看待历史事物。例如，在案例中关于蒙娜丽莎是个劳动妇女还是个贵妇的对话，学生在没有教师引导的时候，做出了看头发和看衣着确定蒙娜丽莎是贵妇的结论。

针对这种认知的偏差，教师进行了适当的引导。教师通过对话，引发学生的进一步思考，得出相对于头发和衣着，一个人的手更能反映出其是否经常干粗重的活的结论。达·芬奇将蒙娜丽莎的手画得柔嫩丰满，充分显示出蒙娜丽莎的贵妇身份，由此可见达·芬奇对人的外在形象的关注。

练习

请从你所教的教科书中选取一课，就其中一个知识点，按照上边的对话设计，完成一段教学对话的设计。

五、开展课堂讨论

课堂讨论是师生之间、学生之间就某一问题展开讨论，从而解决历史问题、提升学生核心素养的一种课堂教学形式。积极、有效的课堂讨论有利于师与生、生与生之间的多向信息交流，有利于提高学生的思维能力，有利于培养学生主动求知、合作探索的意识。有效倾听是有效课堂讨论的重要策略。课堂气氛是影响课堂教学的重要因素，课堂讨论的有效性在很大程度上取决于好的课堂气氛。教师在营造良好课堂气氛的过程中发挥着主导作用。

（一）课堂讨论的含义与特征

"讨论"一词连用，最早见于《论语·宪问》："为命：裨谌草创之，世叔讨论之，行人子羽修饰之，东里子产润色之。"这里的"讨论"便有探讨研究并加以评议论说的意思。《实用讨论式教学法》一书明确了"讨论"的概念，即"由两个或两个以上的成员组成小组，互相分享、批判各自的想法，在此过程中保持适度的严肃与嬉闹"[①]。讨论落实在我们的课堂上则是师生之间、学生之间有教育意义的、反思性的、结构化的团体交流。它是一种小组探究形式，一种有意识的分享形式，一种听与说的形式。

---

① ［美］布鲁克菲尔德、［美］普瑞斯基尔：《实用讨论式教学法》，罗静、褚保堂、王文秀译，6页，北京，中国轻工业出版社，2011。

良好的课堂讨论不是一种简单的浅层交流，而应该是一种深层次的探究。从课堂讨论的实施过程来归纳其特征的话，课堂讨论应具备创造性、多样性、开放性、灵活性、有效性、合作性等特征。课堂讨论强调学生的主体地位，注重对动态交往过程的关注。学生在思想交流、知识建构与问题解决中得到发展、提升，成为能动的、具有创造性的、丰满的、具有讨论理性的现代人。

（二）课堂讨论的设计策略

1. 在授课之前，对课堂讨论进行充分的准备

教师在组织课堂讨论之前，要充分做好讨论的预设工作，这个非常重要。课堂讨论是一种生动活泼、效果显著的课堂教学形式，但若组织不好，就很容易使课堂讨论流于形式，难以发挥其应有的作用。所以教师要在课前对课堂讨论进行充分的准备，具体要注意以下几点。

(1)课堂讨论问题的设置要有明确的目的性。

教学目标是课堂教学的核心，所有的课堂教学活动都必须围绕教学目标来进行，一旦偏离教学目标，我们设计的课堂讨论就会偏离主题，达不到良好的教学效果。切忌盲目追求课堂教学的形式和氛围，使讨论主题偏离教学目标。设计讨论的切入点应该为实现教学目标、突破教学重点和难点。

此外，需要指出的是，虽然课堂讨论是为教学服务的，但是讨论未必指向确定性的结论。例如，对历史人物的评论，对历史事件因果、作用等方面的讨论都可以是多角度的。如果教师在讨论开始之前已经预设了严格的标准答案，那么这样的讨论很可能沦为一种空洞的形式，而非真正意义上的讨论。

(2)课堂讨论的问题要适宜讨论。

在教学实践中，教师设置的讨论问题往往存在四种不适宜的情况，致使讨论低效甚至无效。一是讨论的问题范围过大或指向不明，导致学生抓不到思考的方向，泛泛而论。例如，学习完了"秦统一中国"一课，有教师组织学生讨论评价秦始皇的功过。历史人物的评价是一项非常复杂的工作，学生仅仅从课本中学到了秦始皇为巩固统一所采取的一系列措施，连秦朝暴政都没有学习，如何能全面、客观地评价秦始皇呢？显然这个讨论的问题范围过大了。二是问题难度过大，超出了学生本身的知识思维水平，导

致学生无法顺利进行讨论。三是教师没有提供给学生充足的论据来支持学生的讨论，导致学生在课堂讨论过程中缺乏史实的支撑，凭空而论。四是讨论的问题太简单浅显，导致学生明知故论。问题设计的失当是课堂讨论中较为普遍的问题，严重影响着讨论的有效性。什么才是适宜讨论的问题呢？一是讨论的问题要范围适度，问题的指向性要明确，让学生的讨论有迹可循；二是讨论的问题要难度适中，有一定的探讨性和可争议性；三是讨论的问题要能够激发学生的学习兴趣和探究热情，教师可以通过多种手段来达到这个目的，如创设情境、提出逆向思维问题、古今联系对比等；四是讨论的问题最好是有系统逻辑的问题，可以把学生思维引向纵深，且能引发学生的发散性思维，提高学生的思维能力。

(3)课堂讨论分组应该因人制宜、因课制宜。

现在课堂讨论常采取的小组讨论形式有同桌小组活动(2人)或前后桌小组活动(4人)。分组太过固定，很少考虑到小组成员的个性特征及学习风格的差异，学生也很难按照自己的兴趣和意愿自由结组。在这种讨论形式中，学生长期面对自己熟悉的同桌和前后桌，往往会失去讨论的热情，也容易产生思维定式。所以分组的时候，教师可以考虑将学习表现、兴趣特长、性别、性格特点等方面不同的学生组成一个小组，这样有利于组内学生之间形成互补、彼此交流、相互激发。

同时，针对不同的讨论内容，也可以有多种分组布局方式，不同的分组布局方式会对讨论产生一定的影响。例如，圆桌型讨论布局，类似于政治对话中的不分等级、不分先后的位置安排，有利于讨论中的轮流发言和自由发言。对阵型讨论布局，组成面对面的两大阵营，适用于辩论。舞台型讨论布局，适用于小组集中展示或小组代表发言。自由型讨论布局，适用于课外实践探究活动的讨论。

2. 在授课过程中，对课堂讨论进行适当的控制和引导

(1)创设良好的课堂氛围。

要想让学生在课堂讨论中畅所欲言，教师就必须努力创设宽松、平等、融洽的讨论氛围，对学生的表现予以支持和鼓励。这样可以让学生在讨论中敢想、敢说、敢质疑。讨论开始时，教师不宜讲解，因为讲解可能导致先入为主，影响学生讨论的思路。当学生展开热烈的讨论之后，教师应恰当地提问，对各种观点予以适当回应，鼓励学生大胆发言，不对学生的发言妄加否定，营造积极的课堂气氛，始终使学生保持参与讨论的热情。教师可以使用表 2-6 中的"支持性行为"。

表 2-6　教师的"支持性行为"

表扬	用语言和非语言方式强化学生的努力
鼓励	用口头语言鼓励学生参与
认同观点	接受并认同学生的观点
对学生表示感谢	对学生参与讨论的贡献表示感谢

口头表扬的方式可以通过对学生的评价来呈现，可以是简单笼统地评价"好""很不错"，也可以是针对回答内容而展开的具体评价"某某同学，你提出的问题很有意思，你从另外一角度分析了这个历史事件，而且分析得条理清楚、有史有论，很值得咱们全班同学一起思考和讨论一下"（鼓励方式与之类似）。

认同观点的方式除了比较简单地回答"说得对""没错"等词外，针对学生回答得有一定道理，却不够精练、准确的答案，教师可以帮助学生做一个简单的归纳，从而使其观点更清晰。比如，经常用到的"我这样理解你的话……是不是这个意思"句式。

在课堂上，教师表示感谢的语言有助于创设积极的课堂气氛，有利于鼓励学生参与课堂讨论。在讨论过程中，即使教师不完全赞同学生的观点，也需要适当地对学生提出的观点表示感谢，这样能提高学生的积极性，激发学生的兴趣，促使课堂讨论取得更好的效果。

（2）留出适当的思考和讨论时间。

在课堂讨论中，教师抛出问题后，应该给学生一定的思考和讨论时间。课堂讨论的正常开展应该是提问—思考—讨论—回答的过程。教师应该视讨论问题的难易程度，给予学生相应的讨论时间，让学生能够充分地讨论。当学生回答教师的问题之后，教师也应该留出适当时间，让其他学生对刚才回答的问题进行思考和判断。

教师要注意控制讨论的时间和进程，既不能让讨论时间过短，使讨论不充分，也不能完全放任学生无限制地讨论，产生大量无效的讨论时间，降低课堂的实效性。

（3）有效倾听，适时追问，进而引发讨论。

在教学过程中，教学不可能永远按照预设推进，学生随时可能产生一些学习上的疑问或不同观点。这时候就需要教师关注学生的学习动态，善于倾听他们的疑问，并针对学生在课堂中生成的疑问进行适当的追问。在追问中，教师抓住对历史学习有价值的疑问，组织学生展开讨论，往往会有意想不到的收获。

（4）做好及时恰当的引导。

为了使学生保持学习的热情，教师要注意把握好课堂节奏，适时地加以点拨和引导，激发学生参与的欲望。如果讨论过于冷场，教师可以用提示的方式加以引导，或是引导思维敏捷的学生先发言。如果学生在讨论过程中存在不同看法，教师要让每个学生都有发表意见的机会。教师要避免学生因争论无果而无所适从，对于遭到否定或讥讽的讨论要及时指引。教师要避免群体决策转移，使讨论不偏移教学的轨道。

3. 在讨论结束后，进行适当的总结评价

课堂讨论结束后，教师要对讨论过程、结果及学生的表现进行总结评价，让学生清晰地看到课堂讨论的效果。讨论质量评价应采用开放形式，评价标准宜多元化，要承认个体差异，关注学习过程和学习方法。在评价过程中多进行赏识评价，善于发现学生的努力和进步。

教学案例及分析

下面以"汉武帝巩固大一统王朝"一课为例说明课堂讨论（表 2-7）。

表 2-7　以"汉武帝巩固大一统王朝"为例说明课堂讨论

课题	汉武帝巩固大一统王朝
设计教师	北京市昌平区教师进修学校王涛

续表

教学过程	师：公元前127年，为了解决西汉的王国问题，汉武帝听取了主父偃的建议，决定推行"推恩令"（教师解释"推恩令"）。下面我请大家以学习小组为讨论单位，讨论一下：你觉得"推恩令"能不能让汉武帝达到解决王国问题的目的？你的理由是什么？ 各讨论小组议论纷纷。 生（讨论小组A）：我们小组觉得"推恩令"可以解决王国问题。因为这个政策改变了诸侯国只有嫡长子才能继承王国的情况，王国的众多"王子"都有了继承领土的权利。这样就会让王国由大化小，从而失去威胁中央的力量。 生（讨论小组B）：我们小组不同意A组的意见，我们觉得"推恩令"解决不了王国问题。 师：B小组，你们为什么觉得解决不了呢？你们的理由是什么？ 生（讨论小组B）：因为我们觉得"推恩令"要削弱王国实力的目的太明显了，我们学生都能看出这个目的，那些诸侯王不可能看不出来。诸侯王没有傻到明知道汉武帝要削弱他们，还要自己"往坑里跳"吧？他们不可能愿意让自己的实力被削弱。 师：A组同学和B组同学说的都有一定道理，但是两个小组出现了截然相反的结论。其他小组的同学支持哪种观点呢？或者你们还有别的看法吗？ 生（讨论小组C）：我们小组觉得折中一下A组和B组的意见更合理，也就是说"推恩令"应该可以解决一部分王国的问题。因为西汉有那么多的王国，其中占绝大多数的王国应该没那么强大的实力对抗中央，对于汉武帝的"圣旨"是不敢违抗的，这部分王国的问题就能解决。而少数特别强大的王国，则不会心甘情愿地执行"推恩令"，他们也许会用各种办法反对。汉景帝的时候，不就有一群王国造反了吗。 生（讨论小组D）：我们小组还是支持A组的意见，"推恩令"能够解决王国问题。因为之前老师讲到了，汉武帝的时候，经过了前几代皇帝的休养生息，中央实力已经非常强大了。同时，汉景帝镇压了七国之乱后，比较强大的诸侯国应该也都被削弱了好多。汉武帝的时候，地方王国和中央实力此消彼长，使王国不敢反对汉武帝的"圣旨"。

续表

教学过程	师：刚才四个小组分别从"推恩令"的内容、诸侯王的心理，还有西汉中央和地方的实力对比几个角度，阐述了自己的观点。同学们的观点真是让老师大开眼界，每个观点都有一定的道理。"推恩令"刚开始推行的时候，一些实力弱小的王国不敢公然对抗中央，只能照做；但一些实力强大的王国，却不甘心自己被削弱，拒不执行"推恩令"，甚至试图造反。 讨论小组 C 高兴地庆祝。 师：(笑)C 组的同学猜到了开始，相当不错，但并没有猜到最后。对那些不执行"推恩令"的王国，汉武帝真的只能强行镇压了吗？咱们都小看了"推恩令"真正厉害的地方。 师：当时的淮南王刘安就是一个非常强大的诸侯王。刘安不想执行"推恩令"，决定与其坐以待毙不如起兵造反。刘安有两个儿子，一为嫡长子刘迁，二为庶出儿子刘不害。这个庶出的儿子刘不害比较老实，作为庶子没拿到封地就没拿到吧，他没说什么。可是刘不害的儿子刘建可不爽了，极不爽爷爷不分地盘给他老爸。结果刘建竟然跑到长安举报爷爷要造反。公元前 122 年，汉武帝派兵进入淮南，刘安还没来得及造反就被擒获，自知罪无可赦的刘安被迫自杀。 师：大家看到"推恩令"真正厉害的地方了吗？"推恩令"的实行，实际上是让诸侯王自己做选择：接受"推恩令"，自愿被削弱；不接受"推恩令"，家庭分裂，亲人反目。无论诸侯王怎么做，受益的都是汉武帝刘彻。司马迁在《史记》中有一段叙述"推恩令"实行之后的西汉王朝的话："诸侯稍微，大国不过十余城，小侯不过数十里。"与汉初的情况形成鲜明对比，由此汉武帝解决了困扰几代西汉皇帝的王国问题。

课堂讨论首先要围绕相应的教学目标来设计。本课的教学目标(有关"推恩令"的教学目标)是：知道汉武帝加强中央集权的主要措施，理解"推恩令"解决王国问题的灵活性，提高多角度分析历史问题的能力，认识王国问题的解决有利于大一统国家的巩固和发展。在本案例中，教师围绕教学目标，设计了讨论主题："推恩令"能否解决王国问题？通过课堂讨论，学生可以很好地理解"推恩令"是汉武帝巩固大一统国家的重要措施，可以多角度分析、理解"推恩令"的作用，提高了分析历史问题的能力。

课堂讨论的问题要具备一定的开放性和探究性。在本案例中，四个小组的学生分别从"推恩令"的内容、诸侯王的心理，还有西汉中央和地方的实力对比几个角度来讨论"推恩令"的作用。由此培养了学生多角度分析历史问题的能力，开阔了学生的视野，加深了学生对知识的理解，提高了学生的学习兴趣和思维水平。

在讨论过程中，教师要适时地加以引导。比如，B组提出了不同于A组的看法时，教师马上追问B组产生这种不同看法的理由。再比如，教师对C组学生的部分意见肯定的同时，及时对其意见中不充分的部分加以引导和说明，以让学生进一步加深对知识的理解。

教师要对学生的讨论及时进行总结评价。在本案例中，教师对四个小组学生的发言内容进行总结，并对学生的讨论成果进行鼓励性评价。

✎ | 练习 |

请从你所教的教科书中选取一课，就其中一个知识点，尝试设计一次讨论活动。注意讨论问题的开放性和探究性，以及教师在讨论中的引导作用。

六、开展课堂教学中的讲授

（一）历史课堂教学讲授法概要

历史课堂教学讲授法是指历史教师运用简明、生动的口头语言向学生传授历史知识、培养学生能力并形成学生正确的历史观、民族观、国家观、文化观的方法，是中学历史课堂中最基础、最常见、最经典的教学方法。提高中学历史课堂教学讲授法运用的实效性，对教学目标的实现、教学策略的实施、课堂效率的提高都具有非常重要的作用。

1. 讲授法的概念

王坤庆和谢新国主编的《教育学》对讲授法是这样阐述的："教师通过语言系统连贯地向学生传授知识的方法。它通过循序渐进的叙述、描绘、解释、推论来传递信息、传授知识、阐明概念、论证规律，引导学生分析和认识问题，并保证学生的智力与品德的发展。……由于语言是传递经验和交流思想的主要工具，故讲授是教学的一种主要方法，运用其他方法，都需要配合一定的讲授。"①

金相成主编的《历史教育学》将历史讲授法概括为："教师按照教材内容通过口头语言，向学生叙述过程、描绘情境、阐明规律的教学方法，即使结合谈话、讨论、图示、直观演示等其他方法的运用，而不改变讲授的基本形式，一般仍属于讲授型的教学方法。"②历史讲授法是教师运用语言向学生传授历史知识，激发学生学习历史的兴趣，启发学生思维，培养学生能力，使学生逐渐养成积极向上的世界观、人生观和价值观的方法。

2. 讲授法的分类

讲授法主要包括讲述法、讲解法、讲演法和讲读法这四种基本形式。在课堂教学实践中，最常用的主要是讲述法和讲解法这两种形式。

（1）讲述法是指教师运用生动形象的语言来叙述、描述、概述历史事实的方法。其中叙述多侧重于对历史事件的过程及情节或历史人物的主要活动的讲述；描述侧重于讲述教科书的难点部分或特定对象的主要特征，类似于电影中的"特写镜头"，可以使某些历史现象更形象、具体，给学生留下深刻印象；概述侧重于对教科书的次要部分的讲述，这样便于学生掌握整个事件的沿革与发展。在课堂教学实践中，叙述、描述、概述三者相互配合，可以使学生完整、系统地了解历史事实发生、发展和结束的过程，形成历史表象，获得历史知识。

（2）讲解法是指教师对历史知识点进行解释说明或分析论证的方法。讲解法不同于讲述法对历史事实进行生动讲述，它更偏重于理性的解释和分析说明。这种方法一般用于那些规律性较强的知识，如经济原理、政治制度、法令和条约等内容。

需要教师讲解的内容，由于其知识性、逻辑性较强，因此学生不易理解和掌握。这就要求教师在讲解过程中尽量使用简洁明了、通俗易懂的语

---

① 王坤庆、谢新国主编：《教育学》，152 页，武汉，华中科技大学出版社，2015。
② 金相成主编：《历史教育学》，195 页，杭州，浙江教育出版社，1994。

言，结合直观的图片、图表等化难为易。同时，教师要注意讲解的速度适中，既要考虑学生的反应能力，讲解不能太快，也要注意课堂的实效性，不要长篇大论。

（3）讲演法不同于讲述法，是教师就教材中的某一专题进行系统的阐述与论证，中间不插入或很少插入其他活动。讲演法既可以通过有必要描述的事实来引出新知识，更深层次地分析某些重要理论和复杂问题，从而得出科学结论和合理解释，也可以通过语言创设一种历史情境，调动学生的情绪，以使学生达到对历史的"了解之同情"。

（4）讲读法是师生双方诵读与讲解教材，以传授和学习知识的方法。这种方法的特点是有讲有读，讲读结合，使学生重视教材，准确地理解、掌握教材内容。讲读法有助于学生清晰、准确地掌握概念或原理，避免出现教师一讲到底、讲授沉闷死板的局面，有助于培养学生分析教材、表述教材的能力。

3. 讲授法的特点

讲授法作为历史课堂教学中使用最广泛的教学方法，其特点有：高效性、系统性、主导性和启发性。

（1）高效性。首先，讲授法是师生间近距离的单向信息传播，干扰因素较少，因而信息传播速度比较快。其次，学生听教师讲授得到知识比自己去阅读得到知识要更高效，理解得也更深刻。教师对课程的逻辑结构和知识联系比学生有着更深、更广的把握与理解，所以讲课时能深入浅出，降低学生学习的难度。在同等的时间里，学生从讲授中获得的知识的容量一般远远大于自己阅读获得的知识的容量。最后，由于编写体例和篇幅等因素的限制，教材中很多内容非常精练概括，通过教师讲授则可突破教材编写的限制，扩展知识范围，有效帮助学生记忆和理解历史知识，掌握历史思维方法，提升历史认识。

（2）系统性。教师通过课前认真的准备，按照教学目标将教学内容进行系统化的梳理，再通过课堂讲授将这些教学内容层次分明地传授给学生。学生通过听讲记录的历史知识是系统而有条理的。

(3)主导性。在讲授知识的过程中，教师无疑发挥着课堂教学的主导作用。教师可以在这种主导作用下，有效地控制教学进度和节奏，保证大部分学生在有限的课堂时间内全面、准确地学习、掌握相关教学内容，从而保证教学目标的实现。

(4)启发性。讲授法具有启发学生积极思考的作用。在讲授过程中，教师可以结合学生的实际学情，挖掘学生已有的知识储备，对教材中的知识加以讲述、讲解，以调动学生运用多种感官参与到学习之中，激发学生的理性思考和感性共鸣。

4. 讲授法的教学价值

历史教师的课堂讲授是帮助学生掌握并运用一定的史学方法，进行学习和探究历史现象的重要手段，是完成中学历史教学任务的主要形式，具有重要作用。其教学价值主要体现在以下几个方面。

(1)讲授法可以实现教学实效的最大化。利用讲授法，教师可以把大量的知识和信息在有限的课堂时间内传授给学生，速度快且效率高。与其他的教学方法相比，讲授法更容易控制教学时间，更有利于在规定的时间内完成教学任务，这是其他教学方法所不具备的优势。正如姬秉新所说的："长期以来学校的教育经验证明，讲授一直是最有效、最准确、最经济的向学生传递知识的方式，也是知识信息量在传递过程中衰减最少的方式之一，是学校教育中使用最普遍的教学方式。"①当然，讲授法并不是单一机械式地灌输知识，而是穿插于其他教学方法之中的。教师通过多种教学方法彼此配合，来促进教学目标的实现。

(2)讲授法的可控性强。教学活动都是紧密围绕教学目标而实施的。讲授法一方面可以让教师系统、准确地掌握教学内容，以使学生历史学习更加容易，从而保证教学目标的实现；另一方面教师在讲授过程中，通过语言的运用、情感的渲染真切地感染每一个学生，帮助他们认识和感受历史，从而得到情感上的升华。

---

① 姬秉新：《传统讲授方式在历史新课程中的运用》，载《历史教学（中学版）》，2007(3)。

（3）讲授法适用范围广。首先，讲授法不受教学设施和地域的限制。讲授法开展起来特别容易，无论是在发达的城市的学校，还是在较落后的乡村和山区的学校，无论是否拥有先进的教学设施，教师都可以进行较为有效的课堂讲授。其次，讲授法不受学科和年级的限制。讲授法适用于各层次、各学科、各年级的教学，它是教师在教学中经常使用的方法，是其他教学方法的基础，任何其他的教学方法都必须以讲授法为基础，与讲授法相互配合共同完成教学任务。

教学案例及分析

下面以"郑和下西洋"为例说明讲授法（表 2-8）。

表 2-8　以"郑和下西洋"为例说明讲授法

课题	郑和下西洋
设计教师	北京市昌平区天通苑学校贵红蕾
讲授方式	教师活动
讲述	郑和的远航时间长、规模大，堪称世界航海史上空前的壮举。郑和作为世界上第一个洲际航海家，作为人类征服海洋的先驱，揭开了世界航运史从大陆转向海洋的序幕，不仅增进了中国与亚非国家和地区的相互了解和友好往来，而且开创了西太平洋与印度洋之间的亚非海上交通线，对中国和世界航海事业的发展，对中国古代航海技术的完善，做出了不可磨灭的贡献。 然而当明成祖去世之后，明仁宗却诏令："下西洋诸番国宝船悉皆停止，如已在福建、太仓等处安泊者俱回南京，将带去货物仍于内府该库交收。" 郑和下西洋 42 年之后，明朝皇帝又宣布下西洋为一大弊政，郑和下西洋的航海档案销毁殆尽。 郑和下西洋 100 年之后，嘉靖年间，明世宗下令："不许制造双桅以上大船，并将一切违禁大船，尽数毁之。"各沿海省地方政府也纷纷下达指令："私造双桅大船下海者，务必要一切捕获治之。"

续表

讲述	为什么郑和下西洋会被废止？请同学们阅读材料，分析一下原因。 材料1　三保下西洋，费银粮数十万，军民死且万计，纵得奇宝而归，于国家无益。此特一时弊政，大臣所当切谏者也。旧案虽有，亦当毁之以拔其根…… ——（明）严从简《殊域周咨录》 材料2　所取无名宝物，不可胜计，而中国耗废亦不赀。 ——《明史·郑和传》 学生回答后，教师继续讲授。
讲读	郑和下西洋400年之后，自1840年至1940年，西方列强从海上入侵中国有470次之多，较大规模的入侵达84次，入侵舰船有1860多艘，入侵兵力达47万人。 梁启超在他的《祖国大航海家郑和传》中写道："及观郑君，则全世界历史上所号称航海伟人，能与并肩者，何其寡也。……而郑君之烈，随郑君之没以俱逝。……而我则郑和以后，竟无第二之郑和。" 为什么梁启超会如此痛心疾首于"郑和以后，竟无第二之郑和"呢？ 学生结合之前所学，提升认知水平。
讲演	郑和下西洋600多年之后的今天，中国的海上力量有所发展。2008年年底开始，中国海军首次在亚丁湾、索马里海域执行护航任务，之后十年间，已派出29批护航编队。2018年5月，中国首艘国产航母海试完成，中国成为继美、英、印、意之后世界上第五个拥有双航母的国家。 当今，我们的海军力量虽然有所发展，但是我们依然秉承着郑和的精神，继承着中华民族开放进取、热爱和平、睦邻友好、交流合作、经略海洋的优良传统。

首先，教师运用了讲述法，对学生之前所学的知识进行了总结归纳，以便于学生整体把握郑和下西洋的历史意义，了解其后续的历史进程。

其次，为了避免出现一讲到底的情况，教师采用了讲读法，通过让学生阅读材料并回答问题，培养学生分析材料、表述材料的能力。

最后，教师采取了讲演法，引出新知识并创设情境，让学生进一步加深对郑和下西洋伟大壮举的认识；同时进行古今联系，让学生理解郑和精神的历史价值，并提升学生的国家认同感和民族自信心。

（二）课堂教学讲授的关注点

随着课程改革的不断深化，历史教学越来越强调师生之间、生生之间的交流互动，突出学生的合作探究，体现学生的主体地位。这使传统的讲授法受到了很多挑战与质疑，"该不该讲""一节课应该讲多少"等问题接踵而来，似乎讲授法就成了"填鸭式教学""灌输式教学""注入式教学"的代名词。更有一些学校要求各学科教师在课堂上讲的时间最多15分钟，如果讲的时间多了就是不合格的课堂教学。试想每个学科的学科特点不同，就算是同一学科内，每节课的教学目标也不相同，教师面对的也是不同班级的学生(学情不同)，怎么能如此简单地做出统一规定呢？讲授法不等同于机械灌输，教师的讲和学生的听之间本身就是一种相互作用的关系。讲当然是必要的，问题可能在如何看待讲和怎样讲。那么，如何合理地进行讲授，使之符合当今的课程改革呢？

1. 讲得有据

教师在讲授的过程中，要明确所讲授内容的依据是什么，换句话说就是要明白什么应该讲，什么不应该讲。讲授不是漫无边际的东拉西扯，教师所讲授内容的依据就是教学目标(实现教学目标是一切教学活动的核心)。教师所讲授的内容要为教学目标的实现服务，围绕知识的传授、能力的提高、教学重点和难点的突破进行。由于教材呈现的知识比较有限，因此历史教师需要对教材内容进行一定的拓展和补充说明。历史教师在讲授这些补充内容的时候，要明确所讲授内容是否有利于教学目标的实现，如果讲授偏离了教学目标，则成了无依据、无意义的讲授。

2. 讲得有趣

风趣幽默的语言、生动传神的描述，是让学生对历史学习产生浓厚兴趣的重要手段。课堂上，教师若能根据不同的教学内容和学生情况，采用风趣幽默的语言，不仅可以使课堂气氛活跃，让学生更容易掌握所学知识，而且能使学生享受学习，这种课堂教学无疑是高效的。例如，在讲授九年级下册第11课"苏联的社会主义建设"的时候，教师为了让学生更加明确列宁和斯大林这两代领导人政策的不同特点，就生动地用他们两人的名字做了一下"文章"（表2-9）。

表 2-9　以"苏联的社会主义建设"为例说明如何讲得有趣

课题	苏联的社会主义建设
设计教师	北京市昌平区教师进修学校王涛
教学过程	苏联这两位领导人的名字很有意思，真是名如其人。先说说列宁这个名字，大家知道列宁这个名字是怎么起的吗？列宁的名字来自俄国的一条大河勒拿河。 那再问大家，斯大林这个名字，在俄语中是什么意思，有人知道吗？斯大林在俄语中的意思就是"钢铁"。 大家通过学习可以发现，列宁所实行的政策就像他的名字勒拿河的河水一样，非常灵活而多变。政权刚刚成立的时候，他实行战时共产主义政策来保证新政权的生存，而新政权稳定后，他适时地变战时共产主义政策为新经济政策，使国民经济稳步发展起来。而斯大林的政策则像他的名字"钢铁"一样，是强硬的、高度集中的，使苏联迅速发展成一个强大的社会主义工业强国。

教师通过讲授，既拓展了学生的知识，活跃了课堂气氛，又将枯燥、易混淆的政策与直观好记的人名联系起来，使学生抓住了两代领导人政策的特点。

3. 讲得有情

历史学科是培养人的学科。健全学生的人格，丰富学生的精神，使之适应当今社会的发展，是历史教学追求的教育目标。在讲授过程中，教师要运用语言的魅力来感染学生，引起学生情感的共鸣。讲到我们古代灿烂的文明、辉煌的成就之时，就可以讲得豪情万丈，让学生充分领略古代人民无穷的智慧，产生强烈的民族自豪感和认同感；讲到古往今来无数仁人志士为了国家和民族抛头颅洒热血之时，就可以讲得热血沸腾，培养学生树立正确的价值观和爱国精神；讲到近代以来中国饱受欺凌之时，就可以讲得沉重悲壮，让学生产生"哀其不幸，幸其抗争"的共鸣，引发学生的思考，升华学生的情感。

在这里教师要注意，自己的精神状态和语言运用要符合所授内容的情感基调。例如，讲到日本侵华战争时，教师如果面带微笑、语气轻松，显然就不合时宜了。

4. 讲得有度

教师讲授的内容要详略得当、张弛有度。教师讲授的重心要放在重点、难点、易错点、易漏点上。对于学生通过简单阅读就能掌握的知识、已经学会的知识和晦涩难懂又与教学目标关系不大的知识，可以略讲。教师要尽量做到深入浅出、快慢适度、层次分明、重点突出；要注重学生理解问题的序列，注意从已知到未知，从感性到理性；避免讲授得面面俱到，避免出现教师在讲台上讲得口干舌燥，学生在下面茫然不知学习重点的情况。

5. 讲得有理

讲得有理包含两方面的含义。一方面，要用严谨的治学态度来讲授历史。在课堂教学中，教师的教学语言可以是诙谐幽默的，但幽默不代表随意，不是说几个好玩的段子惹得学生哄堂大笑，大笑之后毫无所得，为了幽默而幽默，而应该是用生动、浅显的语言去科学地、专业地、严谨求实地讲授，同时注意所讲授的史料要标明出处，避免无凭无据。另一方面，要用理性批判的精神来讲授历史。教师讲授历史要注重对学生家国情怀核心素养的培养，但不是说只培养学生的感性认识，而不培养学生的理性思考。在培养学生感性认识的基础上，教师还需要进一步引导学生去拨开历史事物表面的层层迷雾，理性地分析、探究其本质。举个例子，在讲到八年级上册第19课"七七事变与全民族抗战"中的"南京大屠杀"时，当学生看到一个个触目惊心的数字后，爱国情绪被调动起来了，民族仇恨也被激发出来了。民族仇恨当然不是我们历史教育所希望看到的，在这时教师就需要对学生进行适当的理性引导。教师首先稳定学生激动的情绪，然后给学生讲述日军暴行背后所隐含的军国主义思想及其巨大危害，告诉学生我们真正要做的是谨防日本军国主义再次抬头。教师的及时引导，可以使学生避免陷入民族仇恨的偏见之中，更深层次地认识日本军国主义思想的巨大危害，由此提升了学生的认知水平，达到了以史为鉴的教学目的。

6. 讲授法要与其他启发式的教学方法相配合

讲授法由于具有信息单向流动的特性，因此很容易陷入"一言堂"的误

区。同时，长时间单一的讲授也会大大影响课堂效率的提高。根据美国人约瑟夫·特雷纳曼的研究测试，"教师讲解 15 分钟，学生能记住内容的 41％；教师讲解 30 分钟，学生只记住前 15 分钟内容的 23％"[1]。所以，历史教师在课堂教学中，应该根据不同的教学内容，选择不同的教学方法。在讲授的基础上，教师可以结合对话法、问题教学法、合作探究法等教学方法，引起学生思考、分析、推理等思维活动，引发学生探究历史的兴趣，培养学生分析问题、解决问题的能力。

▶ 第九讲
课堂学习评价

课堂学习评价是指在课堂学习过程中，教师对学生的学习过程和结果进行即时的了解、判断和解释，以提升课堂教学的价值，促进学生更全面地发展。

课堂学习评价包含评价主体、评价对象、评价时机、评价方式、评价目标要素，如表 2-10 所示。

表 2-10　课堂学习评价所包含的要素

要素	内容
评价主体	教师
评价对象	学生的课堂学习过程和结果
评价时机	即时(非延时)
评价方式	观察、谈话(包括问答和讨论)、课堂测验、课堂(后)作业及其反馈等
评价目标	提升课堂教学的价值，即实现基于学科核心素养的教学，落实学科育人的目标，促进学生更全面的发展

课堂学习评价是教师将课堂教学评价设计付诸实施的过程，力争做到评价与教学四结合：评价目标与教学目标相结合，评价重点与教学重点相

---

[1]　郑巨波：《初中科学自主探究教学模式构想》，载《中学教学参考》，2011(17)。

结合，课堂作业的评价功能与教学功能相结合，评价方法与教学方法相结合。这对于历史新手教师来讲，难度非常大，历史新手教师可以从评价时机、评价形式、评价时段入手。

一、课堂学习即时性评价

课堂学习即时性评价是指在课堂教学过程中，基于课堂教学目标，教师采用言语、非言语、物化等方式对学生的课堂问答情况做出实时回应，并引导学生进一步深入思考的过程。它既是价值判断的过程，也是指引学生改进学习的过程。

从学生学习心理看，课堂学习即时性评价是教师在特定的教学情境中，对学生的行为表现给予即时反馈并做出评判的活动。评价内容涉及学生的学习情感、学习方法、学习过程、学习效果等方面，反馈与评价以情感流露、言语激励、行为暗示及替代物强化为主要手段。[①]

这里的即时反馈既包括反馈内容，也包括反馈方式。反馈内容即教学反馈，主要是指教师针对学生的学习表现与教学目标之间的差异给出有效信息，学生利用这些信息去修正甚至重构自己的知识体系。反馈方式是指教师在信息反馈中表现出来的一些行为动作。

不同学科的课堂学习即时性评价具有不同的学科特征，它与学科视角和方法密切相关。历史教学课堂学习即时性评价要注意以下四个方面。

第一，关注行为层面评价与元认知层面评价的结合。

学生的思维结果是以行为方式表达的，教师的课堂学习即时性评价往往是针对学生的行为展开的。但是，如果评价只停留在行为层面，那就是只对学生表面行为的对错做出了评价，而未能评价学生元认知层面的表现。元认知是指个体以学习活动为意识对象，对思维活动过程进行计划、监视、控制和调节。其中的主要元素是对思维过程的自我监控，它是比思维更深层的心理过程。在教学过程中，教师通过评价—追问—评价进行元认知评

---

① 参见喻平：《基于学生数学学习心理的课堂教学即时性评价》，载《江苏教育》，2014(1)。

价。第一个评价是对学生行为的评价，追问是深究学生的想法，第二个评价是对学生自我监控过程的评价。例如，上面的案例说明了什么？你能列举出相同的案例吗？能利用这个案例来解决当前问题吗？你觉得你解决问题的方法是最好的吗？你为什么会这样想呢？你能否对问题进行变化从而得到一个新的问题？这些都是对学生行为评价后的追问。对学生自我监控过程的评价是对学生回答追问的问题之后教师所做出的二次评价。

第二，关注认知层面评价与非认知层面评价的结合。

认知层面的评价是指教师对学生解决和回答问题能力的评价，非认知层面的评价是指教师对学生解决和回答问题的兴趣、态度、动机、情感等非认知因素的评价。在课堂学习即时性评价过程中，教师的一个肯定的语句、一个赞许的目光、一个会心的微笑，均能调动学生学习的积极性，增添其自信。

第三，关注思维结果评价与思维过程评价的结合。

在课堂学习即时性评价过程中，教师除了应对最后结果做出评价外，也应关注思维的每一个环节，对学生的思维过程做出细致的观察、分析和反馈，这样更能充分发挥课堂学习即时性评价的作用。

第四，关注即时性评价与延时性评价的结合。

延时性评价是指在学生做出一件事情或者说出一种想法之后，教师不肯定或否定其言行，而是在间隔一段时间后再做评价。比如，在延续的时间段内，教师通过组织讨论学生所回答的内容再评价，或者转入与前一学习任务密切相关的下一个学习任务，在时机成熟时再做评价。

教学案例及分析

七年级下册第 4 课"唐朝的中外文化交流"，为何"玄奘西行"放在"鉴真东渡"之后？

七年级下册第 4 课"唐朝的中外文化交流"，下设遣唐使和鉴真东渡、唐与新罗的关系、玄奘西行 3 个子目，按逆时针方向呈现唐朝的中外文化交流。

在新课总结环节，在教师总结了唐朝的中外文化交流的标志性史实后，

A 学生提出了这样的问题："老师，鉴真东渡发生在唐玄宗时期，玄奘西行发生在唐太宗时期，玄奘西行应早于鉴真东渡，教材为什么没有按时序编写呢？"

"这是一个好问题！你从历史学科时序视角发现并提出了问题。"教师第一时间给了 A 学生充分肯定的即时性评价。

教师说："教材编排的 3 个子目，按逆时针方向呈现唐与日本、新罗、天竺的关系，这样的编写确实没能按时序呈现鉴真东渡、玄奘西行这两个重要历史事件之间的内在关系。教材编写若以时序呈现，那玄奘西行取得佛经、鉴真东渡传播中国化的佛教，历史学科的时序逻辑将跃然纸上。"

教师继续说："A 学生勇于质疑教材，发现了很有价值的问题，很了不起！值得老师和每一个同学学习！"

在第二次上该课时，教师按时序调整教材子目结构，并强调了按时序调整的原因。这样不仅使学生很容易理解唐朝中外文化交流的标志性历史事件，而且树立了质疑教材权威、提出好问题的学习榜样。

这是一个典型的课堂学习即时性评价案例。教师第一时间对学生的质疑行为表现所包含的提问情感、提问方法给予即时反馈并做出高度的认可评判。这个案例很好地体现了行为层面评价与元认知层面评价的结合、认知层面评价与非认知层面评价的结合、思维结果评价与思维过程评价的结合、即时性评价与延时性评价的结合。A 学生的质疑和教师的教学改进，本质上是落实历史学科核心素养的过程，师生共同运用历史学科视角和方法发现、提出、分析并解决教材中存在的学科问题，极大地调动了学生的学习积极性和教师的教学积极性。

二、课堂学习表现性评价

表现性评价是"一种评价复杂学习的方法，是相对于纸笔测验的评价方式而言的，评价方式大致包括观察和提问法、观察量表法、口头报告法、

作品展现法等"[1]。1992年，美国国会技术评价办公室将它定义为"要求学生创造出答案或产品以展示其知识或技能的测验"[2]。

表现性评价从评价方式、评价内容、评价功能等方面看，具有开放性、综合性、发展性等特征。

首先，从评价方式看，表现为评价时间、空间、手段的开放性。学生既可在学校全程又可以在个性化的时间内接受评价，既可以在课堂内又可以在课堂外接受评价；在评价手段上可以借助任何表现学生智力、情感、意志的评价工具，学生的学习成果可以选择富有特色的方式，如口头报告、论文报告、作品展示等进行表达。

其次，从评价内容看，表现为评价知识、技能、态度等的综合性。表现性评价不仅可以评价学生的知识与技能，而且在评价学生的情感意志、态度上可以弥补纸笔测验中高分低能、知识丰富而情意弱的不足，全面实现学生动手与动脑、掌握知识与健全人格的教育目标。表现性评价可通过学生的自主学习成果对学生的自主发展过程进行检测：学生通过内部的自然冲动和先前经验、自主规划的学习领域，独立地发现问题、实验、操作、获取和处理信息、表达和交流，从而达到学科课程目标的要求，教师将学生在这一发展过程中的学习活动纳入表现性评价。

最后，从评价功能看，表现性评价的目的是促进学生全面发展。表现性评价是对教学全过程的评价，尤其关注学生在小组合作中的表现，通过学生的组内评价、组际评价及教师评价体现。学生既是评价主体又是评价客体。

因此，表现性评价是发展性评价，是"对学生进行的全面过程、全面主体、全面内容的评价，是形成性评价、诊断性评价和总结性评价的有机结合，将使学生在自主、合作、探究学习活动中获得全面长足的发展"[3]。

---

① 赵本谦：《运用表现性评价进行学生学习质量评价的课堂尝试——以〈模拟导游〉课程为例》，载《文教资料》，2012(1)。

② 赵本谦：《运用表现性评价进行学生学习质量评价的课堂尝试——以〈模拟导游〉课程为例》，载《文教资料》，2012(1)。

③ 赵本谦：《运用表现性评价进行学生学习质量评价的课堂尝试——以〈模拟导游〉课程为例》，载《文教资料》，2012(1)。

表现性评价的上述特征决定了表现性评价方法运用的复杂性，需要教师编制高质量的评价准则和标准，尤其是在确定关键性的评价点时，需要教师具备教学一线的经历和体验，并真正了解学科教育内容，难度较大。因此，历史新手教师在课堂教学中运用表现性评价，可借鉴主题类评价量表，如《有效的课堂评价手册》一书中的"生活技能主题的一般评分量表"①，研发出自己所需的量表进行表现性评价（表2-11）。

表 2-11　生活技能主题的一般评分量表

分值	参与活动	完成作业	行为	小组活动
4.0	除了达到分值3.0要求的表现外，学生参与没有料想到的课堂活动。	除了达到分值3.0要求的表现外，学生作业完成出色，超过一般要求。	除了达到分值3.0要求的表现外，学生遵守没有特别要求的规则和秩序。	除了达到分值3.0要求的表现外，学生表现出以前没有得到强调的维持小组活动的能力和处理人际关系的能力。
3.0	学生参与活动的情况满足课堂期待。	学生按时交作业，符合所有的要求。	学生遵守所有的课堂规则和秩序。	在小组活动中，学生表现出已经得到强调的维持小组活动的能力和处理人际关系的能力。
2.0	除一些特殊情况外，学生参与活动的情况满足课堂期待。	除一些特殊情况外，学生按时交作业，符合要求。	除一些特殊情况外，学生遵守课堂规则和秩序。	除一些特殊情况外，学生表现出已经得到强调的维持小组活动的能力和处理人际关系的能力。
1.0	在教师的帮助或鼓励下，学生参与活动的情况满足课堂期待。	在教师的帮助或鼓励下，学生按时交作业，符合要求。	在教师的帮助或鼓励下，学生遵守课堂规则和秩序。	在教师的帮助或鼓励下，学生表现出已经得到强调的维持小组活动的能力和处理人际关系的能力。

① ［美］罗伯特·J.马扎诺：《有效的课堂评价手册》，邓妍妍、彭春艳译，91页，北京，教育科学出版社，2009。

续表

分值	参与活动	完成作业	行为	小组活动
0.0	甚至在教师的帮助或鼓励下，学生参与活动的情况也不能满足课堂期待。	甚至在教师的帮助或鼓励下，学生也不能按时交作业，或不符合要求。	甚至在教师的帮助或鼓励下，学生也不遵守课堂规则和秩序。	甚至在教师的帮助或鼓励下，学生也没有表现出已经得到强调的维持小组活动的能力和处理人际关系的能力。

教学案例及分析

"辛亥革命"是《中外历史纲要》上册的第19课，该课的学习评价，北京市房山区坨里中学刘晓慧老师基于高中历史学业质量标准要求，做了如下的表现性评价设计（表2-12）。

请你撰写一篇介绍辛亥革命的讲解词，在学校纪念辛亥革命的板报上做展示。要求：基于历史事实进行历史解释，遵从"论从史出，史论结合"的原则，思路清晰，表述准确，文笔流畅。

表2-12　辛亥革命讲解词评价量规

历史学科核心素养水平	优	良	差
唯物史观	能够很好地运用经济基础与上层建筑的关系说明辛亥革命爆发的历史必然性。	基本能够运用经济基础与上层建筑的关系说明辛亥革命爆发的历史必然性。	不能运用经济基础与上层建筑的关系说明辛亥革命爆发的历史必然性。
时空观念	能够很好地运用历史地图来介绍辛亥革命前的革命形势及辛亥革命的经过。	基本能够运用历史地图来介绍辛亥革命前的革命形势及辛亥革命的经过。	不能运用历史地图来介绍辛亥革命前的革命形势及辛亥革命的经过。

续表

历史学科核心素养水平	优	良	差
史料实证	能够选取并辨析恰当的史料，展现辛亥革命的成果，如体现《中华民国临时约法》核心内容的材料的选择。	基本能够选取并辨析恰当的史料，展现辛亥革命的成果，如体现《中华民国临时约法》核心内容的材料的选择。	不能选取并辨析恰当的史料，展现辛亥革命的成果，如体现《中华民国临时约法》核心内容的材料的选择。
历史解释	能够全面认识辛亥革命，既看到其历史进步性又认识到其局限性。	基本能够认识辛亥革命，既看到其历史进步性又认识到其局限性。	不能全面认识辛亥革命，既看到其历史进步性又认识到其局限性。
家国情怀	能够把辛亥革命放到中华民族追求民族解放、民主政治、国家富强的历史大趋势下去认识，体现近代的国家观、民族观。	基本能够把辛亥革命放到中华民族追求民族解放、民主政治、国家富强的历史大趋势下去认识，体现近代的国家观、民族观。	不能把辛亥革命放到中华民族追求民族解放、民主政治、国家富强的历史大趋势下去认识，体现近代的国家观、民族观。

该表现性评价立足辛亥革命讲解词，通过历史解释外显唯物史观、时空观念、史料实证、家国情怀历史学科核心素养的内涵，全面体现每个学生学习辛亥革命后的认识。"基于历史事实进行历史解释，遵从'论从史出，史论结合'的原则"的要求和表 2-12 给出了讲解词的具体撰写路径及内容要点，有助于所有学生完成这一项有一定挑战性的学习评价任务。成果在学校纪念辛亥革命的板报上做展示，体现了每份学习成果被尊重、被肯定，有助于学生在互学互鉴中提高学习积极性，增强学习自信，提升历史学科核心素养。

三、课堂学习终结性评价

在前面，我们已经对终结性评价进行了界定，它是长时段的教学效果评价，主要依据课程目标，在学习一个阶段或学段(如单元、学期、学年等)后对学习效果进行评价，侧重于学习的质量和进步程度。终结性评价有量性(如纸笔测验)和质性(如成长记录袋)两种评价方式。依据该定义，课堂学习终结性评价应是教师依据教学目标对学生学习效果的评价，具有基于当下、立足长远发展的特点。

第一，对于教师来说，设计具有科学、具体可操作的教学目标的课堂教学内容是进行课堂学习终结性评价的前提条件。在课堂学习终结性评价设计中，教师可以基于阶段特征立意，设计问题串，以便为评估学生在解答问题串过程中表现出的理解力和技能水平创设条件。

第二，教师可借鉴相关评分量表，尝试对每个学生的理解力和技能水平做出判断(表 2-13)。

表 2-13　评分量表

主要分数	对量表的描述
4.0	除了达到 3.5 分要求的能力外，能更深入地推理和应用超出讲授的内容。
3.5	除了达到 3.0 分要求的能力外，能在一定程度上推理和应用超出讲授的内容。
3.0	在明确讲授的内容(简单或复杂的)和程序中没有重大错漏。
2.5	在较简单的细节和程序中没有大的错漏，掌握一定的较复杂的观点和程序。
2.0	在较简单的细节和程序中没有大的错漏，但在较复杂的观点和程序上有很多错漏。
1.5	掌握一定的简单细节和程序，但在较复杂的观点和程序上有很多错漏。
1.0	借助帮助能掌握一定的简单细节和程序，以及某些较复杂的观点和程序。
0.5	借助帮助能掌握一定的简单细节和程序，但无法理解较复杂的观点和程序。
0.0	即使借助帮助也一窍不通。

数据来源：

　[美]罗伯特·J.马扎诺：《有效的课堂评价手册》，邓妍妍、彭春艳译，51 页，北京，教育科学出版社，2009。

第三，运用形成性评价方法对学生的课堂学习、主题学习进行测评。比如，在课堂学习过程中，教师可让学生对自己在课堂学习中的具体表现进行评价，在这基础上，教师将自己对该学生的评价分数与学生的自我评价分数进行比较。如果某个学生给自己打的分数高于教师打的分数，教师要指出他需要改进的地方。如果学生给自己打的分数低于教师打的分数，教师要指出他可能没有意识到的自己的长处或强项。

教师还可运用课堂结束"一分钟"检查来促进学生进行自我反思。在课堂结束前，教师要求学生简要地写出以下两个问题的答案：其一，在今天的课堂上，你学到的最重要的东西是什么；其二，在今天的课堂上，你留下的未回答的主要问题是什么。"一分钟"检查可以帮助教师了解每个学生模糊不清之处，检查学生感到混乱不清的地方，有助于教师依据得到的这些信息改进教学。

建议教师对学生的主题学习进行测评，具体步骤如下：第一步，让学生填表跟踪自己学习某一具体学习主题的进步表现；第二步，让学生对在主题学习上取得的进步进行不同方式的反思；第三步，教师综合评定学生在评价打分阶段末期的真实分数，对学生的最后综合成绩评定不能是学生在形成性评价中所得分数的平均，建议使用证据收集法来评定学生的最后综合成绩。

教学案例及分析

以"西汉建立和'文景之治'"一课为例，说明课堂学习终结性评价设计。[①]

"西汉建立和'文景之治'"的课堂学习终结性评价设计包括两部分：其一，学习过程评价设计，通过设计评价量规体现；其二，终结性评价通过作业设计呈现。

一、学习过程评价设计

"西汉建立和'文景之治'"课堂学习过程评价量规见表 2-14。

———————————

① 该案例由北京一零一中学王宏志老师提供。

表 2-14　"西汉建立和'文景之治'"课堂学习过程评价量规

评价指标	权重	表现描述及赋值		评价方式			分数汇总
				自评	互评	师评	
态度	50%	能够认真完成学习任务。	0～3 分				
发言	50%	能够清楚地与同学交流观点。	0～3 分				
		能够积极参与小组讨论，踊跃成为小组发言人。	0～3 分				
		能够主动举手回答问题，清楚表达观点。	0～3 分				
等级							

注：综合评价结果共分为三个等级，分别为：9 分及以上，为优秀；6～8 分，为良好；5 分及以下，为加油。

本课的学习活动是实现本课教学目标的过程。

在单元中定位本课，在对本课的教学内容、学情进行精准分析的基础上确定教学目标及重点和难点，设计学习活动方案。

单元定位：在统一多民族国家的建立和巩固，即国家大一统、政策大一统、思想大整合单元主题中定位本课。

教学内容分析：西汉是中国古代文明发展的一个高峰，社会经济、文化思想全面发展，对外交往日益频繁，是当时世界上强盛的国家。本课主要学习三部分内容：西汉的建立、休养生息政策和"文景之治"。第一部分西汉的建立，介绍了西汉的建立时间、人物及都城，分析了汉初的社会形势，即汉高祖休养生息政策实施的背景；第二部分休养生息政策，介绍了汉高祖休养生息政策的措施及成效；第三部分"文景之治"，讲述了汉高祖的继任者沿袭其休养生息政策，造就了"文景之治"，也是中国封建社会历史上第一个治世。三部分内容关系密切，西汉的建立是实施休养生息政策的前提，休养生息政策是"文景之治"出现的原因，"文景之治"是本课的轴心，也是相对较难的知识点。汉初的历史是社会经济从凋敝走向恢复和发展的历史，为汉武帝大一统奠定了基础，也为此后 2000 余年封建经济的发展奠定了基础。

学情分析：学生已经学习了秦朝兴亡的史实，对于秦朝速亡的原因有了一定认识。学生不同程度地接触过有关汉高祖的史实，但对"文景之治"缺少了解，古文功底较弱，欠缺独立分析古文史料的能力，需要教师合理引导。古代史距今久远，学生缺少情感体验，难以形成共鸣。

教学目标制定：说出西汉建立的基本史实；说出"文景之治"治世现象出现的原因、表现；理解"文景之治"与阶段特征的关系，掌握运用要素阐释历史事件、历史现象的方法。通过扮演历史角色，解释"文景之治"，通过小组合作讨论休养生息政策的概念，具备一定的历史解释能力。认识统一多民族国家的建立和巩固这一阶段的特征与发展趋势。

重点和难点确定：重点是"文景之治"，难点是理解"文景之治"的定义与内涵。

学习活动设计：

(一)学生通过阅读明确本课的学习目标。

1. 我能说出西汉建立的时间、人物、都城。

2. 我能主动思考和探讨休养生息政策的好处，说出"文景之治"的含义。

3. 我能尽力做到勤俭节约。

(二)具体学习活动过程。

1. 高祖初定天下展胸襟。

活动设计意图：使学生回顾上节课学习的内容，通过秦汉陶俑对比引入西汉的建立，引导学生思考西汉建立之后统治者应如何统治；通过图片和材料展示，创设西汉初年，社会生产遭到严重破坏的情境，承上启下引导学生思考汉初统治者是如何解决这一问题的。

任务一：在课本中找出西汉建立的关键信息(西汉建立的时间、人物、都城)。

任务二：阅读材料，思考下列问题。

材料1　汉兴，接秦之敝……民失作业而大饥馑。凡米石五千，人相食，死者过半……自天子不能具醇驷，而将相或乘牛车。

——《汉书·食货志》

材料2　当时天下刚刚平定，所以大城市和著名都会的人口流散消亡，户口记载可寻的只有十分之二三。

——《史记菁华录》

(1)说一说，当时的社会处于什么样的境况。

(2)当时的社会为什么会处于这样的境况？

(3)汉初的统治者的首要问题是什么？

2. 高祖休养生息惠人民。

活动设计意图：让学生关注历史人物，感悟古代政治家的治国智慧；通过对休养生息政策的讲解，使学生明白休养生息政策的具体内容，为理解"文景之治"进行铺垫；通过角色扮演，使学生能够阐释休养生息政策的实效；通过研读教材关键内容，提升学生提取关键历史信息、表述历史问题的能力。

任务三：学生分角色扮演汉朝初定时期的下列角色(汉高祖、士兵、奴婢、农民)，并说明所扮演的角色当时最大的愿望是什么。

汉高祖：恢复和发展经济，稳定社会秩序。

士兵：停止战争，实现社会和平安定。

奴婢：获得自由和土地。

农民：吃饱穿暖，减轻徭役和赋税。

任务四：阅读教材第55页，快速梳理出汉高祖实施的治国之策。

3. 文景休养生息创治世。

活动设计意图：通过图片、史料和视频展示以及对"文景之治"的讲述，使学生明白"文景之治"出现的背景以及对社会的影响；通过对"文景之治"出现原因的分析，使学生明白"成由勤俭，败由奢"这一道理。

任务五：快速阅读课本有关"文景之治"的内容，然后思考汉文帝、汉景帝推行休养生息政策的措施有哪些。

任务六：观看视频，说一说汉文帝和汉景帝实施的休养生息政策产生了什么影响。

二、终结性评价

以表格的形式(表2-15)比较秦汉统治政策，说明与秦朝的统治政策相比，汉初实行的休养生息政策对社会的安定和发展有怎样的好处。

表 2-15　秦汉统治政策

朝代	赋税	徭役	刑罚	结果
秦朝	赋税沉重，农民要将三分之二的收获上缴国家。	徭役繁重，每年服役的成年男子不下300万人。	严刑峻法，死刑有十多种，还有族诛、连坐等。	二世而亡。
西汉	减轻赋税，汉文帝、汉景帝把田赋降到了三十税一。	让士兵还乡务农，减轻徭役和兵役。	废除了一些严刑峻法。	"文景之治"。

本案例的设计者是入职不到一年的历史新手教师，该教师完整地将终结性评价理论用于实践，依据教学目标分别设计了对学生学习过程和学习效果的评价，具有基于当下、立足长远发展的特点。

学习活动设计基于阶段特征立意，通过精心设计的评价量规评估学生在完成学习任务时表现出的理解力和技能水平。评价量规要素齐全，评价指标兼顾态度与发言，评价内容明确，评价方式多元，评价结果等级分明。

学习效果终结性评价通过列表比较秦汉统治政策的方式，既综合检测了每个学生的单元学习效果，又为从中得出历史启示进行了史实铺垫，有助于教师依据得到的信息改进教学。

这样的课堂学习终结性评价设计容易调动学生学习的热情。在评价量规设计时，若在"表现描述及赋值"列增加"学生的相应行为表现"，则评价的内容将更接近教学目标。

▶ 第十讲
实施学科实践活动课程

课程实施就是将课程计划付诸实践的过程，是追求和达到课程目标的基本途径。历史学科实践活动课程不仅是实施历史活动方案的载体与途径，而且是检验历史活动方案合理性的标尺。

一、学科实践活动课程实施的特点

历史学科实践活动课程注重联系学生自身生活和社会生活，强调学生对历史知识、技能的综合运用，其实施特点主要表现为以下几点。

（一）学生自主

学生自主是历史学科实践活动课程实施的一个重要特点，也是衡量历史学科实践活动课程实施成功的一个重要标尺。活动主题的确定、活动方案的制订、活动方式的选择、活动过程的开展等均必须以学生为主体，由学生自主抉择。在活动实施过程中，自主主要体现在学生按照预先设计的活动方案，自己去行动、探索、体验甚至创造。不管是手工制作，还是研究探索，都必须由学生亲自经历，教师不能越俎代庖。强调学生自主，并不是忽略教师在活动过程中的指导作用，教师的适度有效指导是活动得以顺利开展的前提。

（二）方法多样

历史学科实践活动课程实施的方法多样，为学生多方面的发展奠定基础。

（三）过程动态

历史学科实践活动课程的过程比结果更重要，学生在实践过程中可以训练自己的思维、提高创新能力、经历与体验各种情感，从而不断提高自身的能力、完善个性品质。因而，历史学科实践活动课程的实施过程强调动态生成。这里的"生成"指活动方案在实施过程中的不断调整与修改。任何一项看似完美的设计在真正实践过程中都有可能出现一些不适的地方，需要实施者因地制宜、因时制宜。

（四）时空开放

首先，场所不定。历史学科实践活动课程的场所不再局限于教室、学校，而是延伸到了学校之外。其次，时间不定。具体到某一实践活动的时间，要根据实际活动的需要进行调整和安排，教师应以经济、灵活的原则科学、合理地安排每一次活动。

除此之外，历史学科实践活动课程实施还具有影响因素多、管理难度大等特点。

二、学科实践活动课程实施的基本方法

历史学科实践活动课程实施的基本方法有调查法、讨论法、考察法、表现与表达法、合作学习法、文献查阅法等。

（一）调查法

调查法有问卷调查法、访谈调查法等。其基本操作步骤可以归纳为拟订计划、搜集资料、整理资料、分析结果、得出结论并提出建议、撰写调查报告。其中，问卷调查法是由研究者提出与研究主题相关的问题，要求调查对象提供书面回答，以达到搜集信息、了解现状的目的。该种方法调查面较广，搜集的信息量大，比较省时省力，但是对调查问卷的设计要求较高。访谈调查法是研究者走访调查对象，用谈话的方式要求调查对象提供研究所需要的事实材料。使用访谈调查法可以问一些比较复杂的问题，可以根据调查对象的回答进行深入追问，以便进行深入的调查分析，可以对调查对象的态度、行为进行观察，从而能更全面地进行分析研究。在访谈调查法中，撰写合理、周全的访谈提纲非常重要。

（二）讨论法

讨论法是学生在自主、独立活动的基础上，针对活动中的疑惑、体验以及认识等，与他人进行讨论。这样的讨论可以在学生与学生间进行，也可以在学生与教师间进行，甚至可以在学生与其他人员间进行。讨论的内容可以是活动过程中所获取的认识与体验，也可以是活动过程中还未解决的问题或新产生的疑惑；讨论的内容可以紧紧围绕主题，也可以是主题的延伸与拓展。讨论的形式可以是有组织的集体讨论，也可以是少部分学生自发进行的随机讨论。学生的积极性和思维的活跃度是讨论成功的关键所在。在讨论中，学生要尽可能准确表达，耐心听取他人的意见，容纳并尊重他人不同的看法。在讨论中，学生的表达能力、交际能力、思辨能力等

都将得到进一步的提高。

（三）考察法

考察是指主要运用实地观察和体验将活动方案付诸行动，完成任务、解决问题的过程，如研学旅行、野外考察、博物馆学习等。考察法注重让学生在参观和体验中获取材料，以形成理性思维和批判质疑、勇于探究的精神。

（四）表现与表达法

表现是指人们把内在主观世界状况（如想象、情感）通过合适的方式和途径显示出来，而表达则是人们把思维所得的结果用语言反映出来。表现与表达法是历史学科实践活动课程经常采用的方法。学生在进行表现与表达时通常需要一定的准备和思考，可以通过文本写作、演讲、设计制作、角色扮演等方式进行。其中，设计制作是学生将自己的创意、方案付诸行动，转化为物品或作品的过程，其关键要素包括创意设计、选择活动材料或工具、动手制作、交流展示物品或作品、反思与改进。角色扮演主要是指学生经过准备后扮演历史特定情境中的角色。为了角色扮演成功，教师可以鼓励学生主动搜集相关信息并对之进行分析与思考，从而明确自己所扮演角色的历史地位和情感。

（五）合作学习法

合作学习是指学生为了完成共同的学习任务而进行的分工明确的互助性学习。合作学习倡导学生为了共同目标一起努力，在完成共同学习任务的过程中提高自身的认识与能力。教师对合作学习小组的组织要考虑不同学生的特点，进行异质分组，而且小组内部要有明确的分工。在进行合作学习的过程中，教师要倡导小组成员互相帮助、互相学习、资源共享。合作学习将个人之间的竞争转化为小组之间的竞争，这样有助于培养学生正确的竞争意识和良好的合作精神。

（六）文献查阅法

文献查阅是指根据一定的主题搜集与之相关的文献资料。文献查阅法是一种专门的研究方法，也是人们在进行历史研究时最基础的搜集资料方法。采用这种方法，学生可以在较短时间内获取大量的信息。学生根据自己的活动需要进行文献查阅，可以在活动之初，也可以在活动过程之中，甚至可以在活动结束时。由于学生的经验与认识欠缺，鉴别能力也有待提高，因此当学生使用文献查阅法时，教师要给予适当的指导。

三、学科实践活动课程实施的教师指导策略

教师作为历史学科实践活动课程的设计者，依据课程原理、目标和内容，要通过一系列的指导行为，引导学生完成学习过程。

（一）规范研究主题

教师先通过学生的经验确定研究主题的大范围，如自然环境、社会环境、学校环境等。在规范研究主题中教师的指导行为主要包括两个方面的内容：一是分析主题的研究价值，教师要根据学生的知识、经验基础，引导学生优化研究主题，确定最有价值的研究内容；二是规范研究题目，题目的设计本身就具有科学性，教师应针对题目的设计对学生开展教学，使学生在题目设计过程中具有科学、严谨的态度。

（二）指导计划流程

指导计划流程是教学计划完成的保障，教师要指导学生以清晰的学习思路进行主题探究实践。指导计划流程的主要任务是指导学生进行时间分配、任务分配以及制订活动计划。时间分配、任务分配合理是学生完成历史学科实践活动课程确定主题任务的基础。活动计划的详细安排有助于学生有序实践。

（三）引导学生实践

此阶段主要包括资源拓展和综合管理等。资源拓展主要指教师为学生提供有价值的学习资源和获取学习资源的手段。教师可以通过收集资料或制作课程资源网站等方式为学生提供有价值的学习资源，并通过组织参观实践、开放图书馆、提供网络检索方式和资源网址等多种形式为学生提供获取学习资源的手段。综合管理主要体现为教师的督导作用。在实践探究中教师不能完全放手，要管理学生的学习时间，指导学生收集学习资源，

监管小组协作学习，但要始终确保学生的主体地位。

（四）进行中期思路汇报

教师要通过简洁的中期思路汇报，检查学生的学习行为和新知识的建构。中期思路汇报呈现形式可以多样化，主要展示学生在实践探究中的学习成果。教师要掌握学生学习动态和思路建设，发现学生在实践探究中存在的问题，并引导、帮助学生解决这些问题，以进一步优化实践方法和研究思路。为不影响主题研究进度，中期思路汇报不应占用学生过多精力，只需将学生学习的难点问题和知识建构简单体现出来即可。

（五）组织汇报展示

教师应根据研究主题特点及学生作品形式组织不同形式的汇报展示。教师也可以组织相关学校领导、专家或家长参加成果汇报展示，以获取更多的指导和提高学生的成就感与学习兴趣。教师组织汇报展示时，应鼓励每个学生积极参与。对主题的研究并没有随着汇报展示的结束而结束，教师可以引导学生深入学习，以引起学生进一步的主题拓展学习行为。

（六）进行评价

在评价阶段，教师要以激励为主。首先，教师要组织学生进行自我评价和小组互评，引导学生在自我评价中发现自己的优点和有待提高的地方，在小组互评中学习他人长处。其次，教师要进行终结性评价，引导学生进行反思。教师应建立课程档案袋，包含计划书、思路汇报、小组作品、资料记录等，并指导学生建立个人档案袋，让学生整理自己参加过的历史学科实践活动课程中所有有价值的学习资料和学习成果。

教学案例及分析

下面以"我眼中的世界：西安·延安研学旅行"教师指导方案为例说明历史学科实践活动课程实施的教师指导策略（图2-3）。

<table>
<tr><td rowspan="3">一、
选
题
以
及
活
动
方
案
形
成
阶
段</td><td>■ 确立主题。为培养和践行社会主义核心价值观，将地方历史文化资源和学科知识与学情进行整合，学校和教师提出活动主题。</td></tr>
<tr><td>■ 明确课程目标。通过现场参观考察的体验式学习方式，欣赏祖国大好河山，体会中华优秀历史文化，回顾中国革命光荣历史，感悟和传承革命精神，感受改革开放的伟大成就，增强对"四个自信"的理解与认同，增强民族认同感。</td></tr>
<tr><td>■ 形成活动方案。主要包括：第一，明确怎么做，确定活动阶段划分、时间和人员安排等；第二，明确分工，确定所需资料与工具、资源获取途径、困难研判和解决方法等；第三，明确活动成果形成技术和方法与成果表达形式等。</td></tr>
</table>

<table>
<tr><td rowspan="2">二、
活
动
实
施
阶
段</td><td>■ 活动前准备。根据学情编写《领略古都魅力，传承红色精神研学旅行指南》，介绍研学旅行目的、意义、路线以及行前准备、紧急预案等；编写《西安·延安研学旅行手册》，以景点为依托，设置相关问题；设计成果展示方案，并细化具体实施方法；安排教师工作流程表，规划研学前、研学中和研学后教师的准备与实施工作内容。</td></tr>
<tr><td>■ 活动中指导。按组指导学生参观学习，督促学生用照相、绘画等形式记录学习过程；每天晚上指导学生整理白天记录素材，完成研学旅行手册中的探究问题并预习第二天参观的景点的信息；按组指导学生以写作、绘画等形式完成每天的学习任务。</td></tr>
</table>

<table>
<tr><td rowspan="2">三、
活
动
总
结
与
评
价
阶
段</td><td>■ 活动总结。第一阶段，以报告形式在校内组织学生、教师分享研学旅行的收获。第二阶段，总结学生在研学旅行过程中撰写的诗歌、拍摄的图片以及教师绘制的思维导图等，并印刷成册。第三阶段，指导学生编导舞台剧《遇见·懂你——一朝步入西安，一日读懂千年》《研学旅行在路上——延安篇》，展现重大历史事件，传承中华优秀传统文化和红色革命精神。</td></tr>
<tr><td>■ 活动评价。设计评价量表进行评价。</td></tr>
</table>

图 2-3 "我眼中的世界：西安·延安研学旅行"教师指导方案

在本案例中，教师以"我眼中的世界：西安·延安研学旅行"为活动主题，按照明确目标、方案制订、活动实施、活动总结与活动评价进行了细致的安排和指导。研学旅行是典型的历史学科考察类实践活动，教师在此次研学旅行活动中，充分研究了西安、延安的研学资源，编写了研学旅行

指南和研学旅行手册，悉心指导了学生的研学旅行过程。在活动结束后，教师又组织参加研学旅行的学生进行了各类成果的制作与汇报。在活动中，教师始终把学生的发展放在首位，对学生没有放任自流，也没有越俎代庖，实现了研学旅行活动的预定目标。

🖉 | 练习 |

请按照上面的步骤，思考教师在指导历史学科实践活动课程时的注意事项。

四、学科实践活动课程的评价

（一）评价理念

历史学科实践活动课程的评价理念是追求实践育人价值，评价理念对评价的实施起着指导作用。

1. 贯彻评价统整理念

历史学科实践活动课程在实施过程中要把课程、教学、学习和评价进行统整，使它们融合为一个有机整体，使对学生的评价成为学习活动过程的一部分并渗透到活动的各个环节，以便让学生在课程学习的不同阶段通过评价了解自己的进步，监控自我发展，认识自己的优势与不足。对教师的评价要从教师的资源开发、活动实施与指导效果等方面进行，以督促教师提高课程实施与活动指导的能力。对教师的评价有利于课程有效实施与教师成长。

2. 贯彻评价多元化理念

历史学科实践活动课程的评价强调在评价标准、内容、方法和主体等方面的多元化。在对学生的评价中要积极提倡评价主体的多元化，评价主体可以是学校管理者、教师、同学、家长以及参与到学生活动中的社区人员乃至有关课程教学的专家。评价主体背景不同、思维角度不同，有利于促进学生全面发展。同时，由于同一学生在不同的发展领域可能有多元的认知风格和学习策略，对问题的解决也可能有不同的方案，因此要注意从不同的视角对学生进行评价，这样可以更加真实地反映学生的发展情况。

3. 贯彻过程和结果评价并重理念

历史学科实践活动课程评价追求过程与结果的统一。评价不仅应关注学生学习的效果，还应关注学生学习的动机、方式和过程。

4. 贯彻以评价促发展理念

促进发展是历史学科实践活动课程评价的价值取向。历史学科实践活动课程的评价要建立在发展的基础上，倡导评价全面化，由侧重甄别和选拔转向侧重促进学生全面发展。具体来说，对学生的评价不仅要关注其过去、现在的情况，而且要关注其未来的发展。对教师的评价，与对学生的评价一样要着眼于教师的发展，强调教师对自己教学行为的分析与反思，建立以教师自评为主，校长、学生、家长共同参与的评价制度，使教师从多种渠道获得信息，不断提高教学水平。

（二）评价目标

从世界范围内教育发展的趋势和我国课程改革的理念来看，历史学科实践活动课程的评价目标应重点关注学生以下四个方面的发展。

1. 亲身参与实践的体验

历史学科实践活动课程强调学生的亲身经历与体验，以使学生产生积极的情感态度，激发学生的探索精神和创新精神。同时，历史学科实践活动课程也关注学生在活动过程中学会与他人合作、交往，学会协调人际关系，并能够体验到活动的乐趣与意义。

2. 收集、分析和利用信息的能力

历史学科实践活动课程的开展通常围绕学生感兴趣的实际历史问题展开，解决这一问题所需的各种资料需要学生自己去寻找、查阅、收集、筛选、分析等，这样有利于提高学生收集、分析和利用信息的能力。

3. 发现和解决问题的能力

历史学科实践活动课程最大的特点就是从学生学习历史的实际出发、从学生的兴趣出发，重视学生从生活中发现并思考问题，使学生通过自己的实践，在活动中积极探索，寻找解决问题的途径。在这一过程中，教师

要重点培养学生发现和解决问题的能力，积极鼓励学生进行自主学习，尝试动手探究，最终自己得出结论。

4. 科学的态度与历史责任感

历史学科实践活动课程着重培养学生的创新精神，创新精神只有同科学的态度与道德观统一起来才会形成对个人和社会发展有价值的结果。在探究活动中，学生要逐步养成严谨、认真的科学态度，锻炼勇于克服困难的意志，不但要提高自己对历史现象的探究，还要关心社会的进步、环境的保护、经济的发展以及国家的前途等。

（三）评价过程

1. 制订评价方案

确定评价对象。明确评价对象，如学生个体、学生集体、教师个体、教师集体等。

确定评价内容。以历史课程标准为前提，评估评价对象在活动过程中的总体表现。

设计评价工具。将有效性评价的内容不断细化为具体的行为表现，并尝试形成分值制、等级制或星级制的系列评价工具。

2. 实施评价

选择评价方式。根据有效性评价的主体、物化要求、价值取向等多因素，灵活选用有效性评价方式。

选择评价方法。根据需要选择有效性评价的时段、内容和场所等，适当地选择自评或互评、生评或师评等评价方法。

得出评价结论。对活动进行较完整、全面的评价后，综合做出判断与得出结论。

3. 反馈评价结果

将有效性评价的结论反馈给学生，既充分体现了有效性评价的诊断、激励、鉴定等教育功能，也为学生后续的活动提供了可行的经验借鉴与切实的改进策略。

教学案例及分析

下面以两份教师设计的学生活动评价量表说明历史学科实践活动课程的评价(表 2-16、表 2-17)。

表 2-16　学生活动评价量表(一)

评价准则	评价等级			备注
	非常好	比较好	再努力	
积极参与				
主题选择				
制订计划				
问卷访谈				
设计合理				
小组合作				
收集资料				
适宜方法				
整理成果				
展示交流				

表 2-17　学生活动评价量表(二)

水平 指标	水平一	水平二	水平三	评价者		
				师评	他评	自评
发现 问题	通过自己的操作、观察,能够主动发现问题。	在他人的启发下,通过自己的操作、观察,能够主动发现问题。	在他人的明确指导、示范下,通过自己的操作、观察,能够主动发现问题。			
解决 方法	能够提出多种解决问题的方法,方法简单易行。	能够提出解决问题的方法,方法不够简单。	不能提出解决问题的方法,但能接受和运用他人提出的解决问题的方法。			

本案例有两份教师设计的学生活动评价量表。学生活动评价量表（一）是一份很有代表性的等级评价量表，很多教师在教学实践中都采用这种类型的量表。这份量表使用起来简单、快捷。如果学生在活动前就能看到此量表，那么此量表会在活动的环节上对学生起到宏观方面的指导作用。但是评价者在使用此量表时，对"非常好""比较好""再努力"这些词语表达的含义很难达成一致意见，这就需要设计指标对行为进行更细致的描述，以便进一步凸显学生行为表现上的水平差异。学生活动评价量表（二）对学生的表现水平进行了描述，各等级水平表达了学生在所期望的学习结果上发展的不同程度，以引导学生在活动中明确努力的方向。学生活动评价量表（二）使用时评价结果容易达成一致性。教师在历史学科实践活动课程评价中可以根据学生活动评价量表（一）和学生活动评价量表（二）的优点与活动的内容特点综合设计各种有实效的评价量表。

✎ | 练习 |

请思考教师在历史学科实践活动课程结束时应如何对学生进行合理的评价。

单元小结 ▶

本单元首先阐述了历史课堂教学实施的一般流程，阐明了历史课堂教学实施各要点的具体操作内容、作用、相关要求及各要点彼此之间的关系；其次详解了教学各环节的具体设计、实施过程，并结合具体案例评析各教学环节设计的内在逻辑和操作要领；再次对贯穿于教学环节中的重要教学方法的特征、教学价值及实施策略做了比较详尽的说明；最后系统讲述了历史学科实践活动课程的实施。对于历史新手教师而言，最重要的是认识到课堂教学的有效实施，除不断提升自身的各项教学技能外，还要提高自身专业知识、教育教学理论水平，加强对课程标准、教材内容、学生情况的研究。

■ 单元练习 ……▶

课堂教学实施是教师在教学各环节展示自身各项教学技能的教学过程，是衡量教师教学能力和课堂教学效果的重要参考，也是学生收获学科知识及核心素养的主阵地。请结合本单元所学，以部编版《中国历史》七年级上册第 14 课"沟通中外文明的'丝绸之路'"或《中外历史纲要》上册第 3 课"秦统一多民族封建国家的建立"为课题，完成一份课堂教学实录文字稿。

■ 参考资料 ……▶

1. 陈辉主编：《中学历史教学论新探》，北京，高等教育出版社，2014。

2. 金钊主编：《教师教学技能培养系列教程　中学政治》，北京，中国轻工业出版社，2019。

3. 赵克礼主编：《中学历史教师教学技能》，西安，陕西师范大学出版总社有限公司，2014。

4. 朱汉国、郑林主编：《新编历史教学论》，上海，华东师范大学出版社，2008。

第三单元　教师专业能力成长

单元学习目标 ⋯⋯▶

1. 了解历史教师工作的专业性和复杂性。

2. 领会《中学教师专业标准(试行)》的内容,清楚认识一位合格的历史教师的专业素养要求。

3. 明晰历史教师教学能力的结构与内涵,了解历史新手教师发展教学能力的路径。

4. 分别掌握教师职业认同、教学反思、课例研究的概念原理及其与教师专业发展的关系;分别理解并掌握历史新手教师职业认同、教学反思、课例研究的操作步骤,认同它们在历史新手教师专业发展中具有促进作用。

单元导读 ⋯⋯▶

历史教师工作是一个充满复杂性和专业性的工作,需要由拥有成体系的、专门的知识、实践能力和职业精神的人来承担。

《中学教师专业标准(试行)》是教育部对合格中学教师的基本专业要求,每一位历史新手教师都必须认真学习并领会该标准的基本内容和精神,了解作为一位合格的中学历史教师所需的专业素养。

学科教学能力是历史新手教师的核心能力,也是促进自身专业发展、提高教学质量的关键。历史新手教师的学科教学能力包括历史教师专业基础和专业实践两个维度。历史新手教师教学能力的发展既受到外部环境的影响,又受到个人内部因素的影响,其提升路径有两个:外部环境促进和内部驱动。

多年的新手教师培训实践发现:对教师职业认同,具备自我专业发展

的需求和意识是新手教师专业发展的内在动力；自觉坚持教学反思、主动
参加课例研究是新手教师专业发展过程中必不可少的方式，有助于加速新
手教师的专业成长。

单元思维导图 ……▶

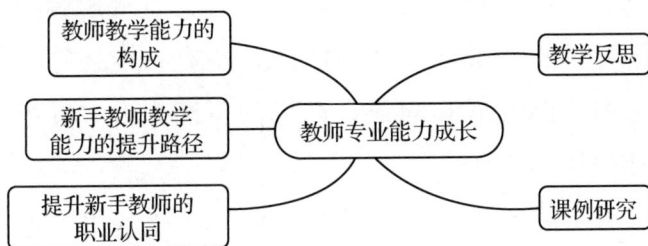

```
┌──────────────┐                    ┌──────────┐
│ 教师教学能力的 │                    │ 教学反思  │
│     构成      │──┐            ┌──│          │
└──────────────┘  │            │    └──────────┘
┌──────────────┐  │ ┌────────────┐
│ 新手教师教学   │──┼─│ 教师专业能力 │
│ 能力的提升路径 │  │ │    成长     │
└──────────────┘  │ └────────────┘
┌──────────────┐  │            │    ┌──────────┐
│ 提升新手教师的 │──┘            └──│ 课例研究  │
│   职业认同    │                    │          │
└──────────────┘                    └──────────┘
```

▶第十一讲
教师教学能力的构成

　　每年都有一定数量的历史新手教师加入历史教师的队伍中。作为历史教师队伍中的一员，历史新手教师的教学能力会直接影响到教学效果，最终影响到学生学习历史的成效。教师的成长是有一定规律的，其核心内容是教师教学能力的不断发展和职业认同感的不断提升，其中教师的教学能力是其作为教师的核心能力。

　　入职前的教育只是为历史新手教师奠定了一定的专业素养基础，而作为教师所需要的教学能力是需要在历史教学实践中不断培育发展的。可能许多历史新手教师觉得自己拥有足够的学科专业知识，完全能够胜任中学历史教学。但太多的历史新手教师的教育实践经历证明，只拥有学科专业知识距离一个合格的历史教师还有很大差距。因此，在正式的历史教学实践开始之前，历史新手教师首先需要了解历史教师工作的专业性和作为历史教师所需要具备的教学能力。

一、教师工作的专业性

　　"专业"一词体现的是社会分工精细化背景下人们专门从事某一领域的工作的状态。既然是专门从事，就需要专精的业务能力。职业的专业性更多是从复杂性上体现出来的。一般来说，职能行为越是复杂的职业，其专业性也越强，越需要从业者掌握较为精深的知识和技能；而一种职能行为较为简单的职业，其专业性也相对弱一些。从这个角度上说，如果一种职业的职能行为相对复杂，我们就可以说该职业具有较强的专业性。教师、医生、工程师等职业都是一种职能行为相对复杂的职业，拥有较强的专业性。教师职业的复杂性表现在：第一，由于教育对象是正在成长的个体，因此教师每日每时面对的都是崭新的动态发展中的教育世界；第二，由于教育对象的知识储备和学习的差异，因此教学过程充满了不确定性；第三，教学成果难以标准化度量。因此，作为一位合格的中学历史教师应能在复杂而充满不确定的教学场景中，泰然应对，及时做出判断，付诸行动。这不仅需要已有的现成知识和理论，而且需要有基于教育教学实践经验的实践智慧。正如美国欧内斯特·L. 博耶（Ernest L. Boyer）提出的"教学的学术"概念所强调的，教师应该将教学视为一项具有创造性的学术事业，教学专业实践的任务不仅仅是传播知识，而且需要自觉地去探究如何更加有效地传播知识。[①] 历史教学因历史学科的人文属性和历史知识的复杂性更增加了历史教师工作的复杂性和专业性。如此专业性的工作，需要从业者有专业的从业资格。这里的资格不是一张教师资格证，而是专业的能力，既需要拥有经过系统培训而获得的成体系的专门知识，又需要具备从事特定职业的专门的实践能力，还需要有体现职业特点的价值观和职业精神。

二、《中学教师专业标准(试行)》与教师教学能力

2012 年，教育部制定颁布的《中学教师专业标准(试行)》提出了对合格中学教师的基本专业要求，是中学教师开展教育教学活动所应遵循的基本规范(表 3-1)。

表 3-1　《中学教师专业标准(试行)》的基本内容

维度	领域	基本要求
专业理念与师德	(一)职业理解与认识	1. 贯彻党和国家教育方针政策，遵守教育法律法规。 2. 理解中学教育工作的意义，热爱中学教育事业，具有职业理想和敬业精神。 3. 认同中学教师的专业性和独特性，注重自身专业发展。 4. 具有良好职业道德修养，为人师表。 5. 具有团队合作精神，积极开展协作与交流。

---

① 参见［美］欧内斯特·L. 博耶：《关于美国教育改革的演讲(1979—1995)》，涂艳国、方彤译，77 页，北京，教育科学出版社，2002。

续表

维度	领域	基本要求
专业理念与师德	(二)对学生的态度与行为	6. 关爱中学生，重视中学生身心健康发展，保护中学生生命安全。 7. 尊重中学生独立人格，维护中学生合法权益，平等对待每一位中学生。不讽刺、挖苦、歧视中学生，不体罚或变相体罚中学生。 8. 尊重个体差异，主动了解和满足中学生的不同需要。 9. 信任中学生，积极创造条件，促进中学生的自主发展。
	(三)教育教学的态度与行为	10. 树立育人为本、德育为先的理念，将中学生的知识学习、能力发展与品德养成相结合，重视中学生的全面发展。 11. 尊重教育规律和中学生身心发展规律，为每一位中学生提供适合的教育。 12. 激发中学生的求知欲和好奇心，培养中学生学习兴趣和爱好，营造自由探索、勇于创新的氛围。 13. 引导中学生自主学习、自强自立，培养良好的思维习惯和适应社会的能力。 14. 尊重和发挥好共青团、少先队组织的教育引导作用。
	(四)个人修养与行为	15. 富有爱心、责任心、耐心和细心。 16. 乐观向上、热情开朗、有亲和力。 17. 善于自我调节情绪，保持平和心态。 18. 勤于学习，不断进取。 19. 衣着整洁得体，语言规范健康，举止文明礼貌。
专业知识	(五)教育知识	20. 掌握中学教育的基本原理和主要方法。 21. 掌握班级、共青团、少先队建设与管理的原则与方法。 22. 掌握教育心理学的基本原理和方法，了解中学生身心发展的一般规律与特点。 23. 了解中学生世界观、人生观、价值观形成的过程及其教育方法。 24. 了解中学生思维能力、创新能力和实践能力发展的过程与特点。 25. 了解中学生群体文化特点与行为方式。
	(六)学科知识	26. 理解所教学科的知识体系、基本思想与方法。 27. 掌握所教学科内容的基本知识、基本原理与技能。 28. 了解所教学科与其它学科的联系。 29. 了解所教学科与社会实践及共青团、少先队活动的联系。

续表

维度	领域	基本要求
专业知识	（七）学科教学知识	30. 掌握所教学科课程标准。 31. 掌握所教学科课程资源开发与校本课程开发的主要方法与策略。 32. 了解中学生在学习具体学科内容时的认知特点。 33. 掌握针对具体学科内容进行教学和研究性学习的方法与策略。
	（八）通识性知识	34. 具有相应的自然科学和人文社会科学知识。 35. 了解中国教育基本情况。 36. 具有相应的艺术欣赏与表现知识。 37. 具有适应教育内容、教学手段和方法现代化的信息技术知识。
专业能力	（九）教学设计	38. 科学设计教学目标和教学计划。 39. 合理利用教学资源和方法设计教学过程。 40. 引导和帮助中学生设计个性化的学习计划。
	（十）教学实施	41. 营造良好的学习环境与氛围，激发与保护中学生的学习兴趣。 42. 通过启发式、探究式、讨论式、参与式等多种方式，有效实施教学。 43. 有效调控教学过程，合理处理课堂偶发事件。 44. 引发中学生独立思考和主动探究，发展学生创新能力。 45. 发挥好共青团、少先队组织生活、集体活动、信息传播等教育功能。 46. 将现代教育技术手段整合应用到教学中。
	（十一）班级管理与教育活动	47. 建立良好的师生关系，帮助中学生建立良好的同伴关系。 48. 注重结合学科教学进行育人活动。 49. 根据中学生世界观、人生观、价值观形成的特点，有针对性地组织开展德育活动。 50. 针对中学生青春期生理和心理发展特点，有针对性地组织开展有益身心健康发展的教育活动。 51. 指导学生理想、心理、学业等多方面发展。 52. 有效管理和开展班级、共青团、少先队活动。 53. 妥善应对突发事件。

续表

维度	领域	基本要求
专业能力	(十二)教育教学评价	54. 利用评价工具,掌握多元评价方法,多视角、全过程评价学生发展。 55. 引导学生进行自我评价。 56. 自我评价教育教学效果,及时调整和改进教育教学工作。
	(十三)沟通与合作	57. 了解中学生,平等地与中学生进行沟通交流。 58. 与同事合作交流,分享经验和资源,共同发展。 59. 与家长进行有效沟通合作,共同促进中学生发展。 60. 协助中学与社区建立合作互助的良好关系。
	(十四)反思与发展	61. 主动收集分析相关信息,不断进行反思,改进教育教学工作。 62. 针对教育教学工作中的现实需要与问题,进行探索和研究。 63. 制定专业发展规划,积极参加专业培训,不断提高自身专业素质。

《中学教师专业标准(试行)》的出台有着具体的背景。背景之一就是21世纪现代化、信息化、经济全球化和知识经济时代的挑战对人的素质培养提出了新要求,由此引发的课程改革需要赋予教师职业的专业性以新的内涵。另一个背景就是教师职业的专业化运动。1986年,在美国发表的《国家为21世纪准备教师》和《明天的教师》两份报告中,明确提出了教师专业化的概念,并将它视为公立学校提高教育质量的必由之路,由此开始了世界范围内的教师专业化运动,这场运动也影响着我国的教育领域。

《中学教师专业标准(试行)》的出台有着深远的意义。它使教师不再是一个依据经验支持的职业,使我国教师的专业化发展迈上了一个新台阶。它也是教师进入教学岗位的基本标准。

《中学教师专业标准(试行)》体现了教师专业化的理念,以教师的职业胜任力为目标,确定了由"专业理念与师德""专业知识""专业能力"三个维度以及之下的二级指标、三级指标构成的专业标准。二级指标共14项,三级指标共63项。

因此,每一位历史新手教师都必须认真学习并领会该标准的基本内容和精神,了解作为一位合格的中学历史教师所需要具备的专业素养。历史新手教师首先要从总体上理解"专业理念与师德""专业知识""专业能力"三个维度的划分意图，明确作为合格教师的总体素养要求，进而分维度进行学习：学习体会"专业理念与师德"的基本要求，检视自己的教育观念，规范自己的教学行为；对照"专业知识"的基本要求，找出自己专业知识的缺失，有计划、有针对性地予以补足；对照"专业能力"的基本要求，明确自己作为教师的专业能力的内涵，在此后的教育教学实践中培育和发展专业能力。

三、教师教学能力的概念与结构

（一）历史教师教学能力的概念

教师职业能力涉及多个概念，包括教师能力、教师专业能力、教师教育能力、教师教学能力。在聚焦教师教学能力之前，有必要对这几个概念稍做辨析。教师能力和教师专业能力从内涵上来说是一个概念。教师能力是"从事教师职业的人所应具有的带有职业特点的能力"，主要包括"教师的基础能力、教师的教育能力、教师的班级管理能力、教师的教学能力以及教师自我完善和发展的能力"。[①] 教师能力是在教师专业活动与行为中表现出的能力，"是一种综合性能力"，"由一般能力和教育能力所组成"。[②] 教师教育能力是指教师胜任教师职业、圆满完成教育活动所需的心理特征综合。学校是一个教育的场所，教育活动占主导地位。教学活动只是教育活动的一种形式，除了教学活动之外还有其他教育活动形式。从这个角度讲，教师教育能力包含教师教学能力。以前国外的教师研究更多关注的是教师知识，近些年来对教师的关注逐渐从教师知识转向了教师能力，并把教师知识作为教师能力的一部分，认为能力包括知识、技能和倾向。教师教学能力是指教师在一定的教学情境中依据一定的教学知识和教学技能，促进教学目标的顺利、高效达成，是"教师在教书育人过程中所必备的、随着从教

---

① 罗树华、李洪珍主编：《教师能力学》，15、25页，济南，山东教育出版社，2000。
② 李斌：《关于教师能力结构的分析研究》，载《江苏教育学院学报（社会科学版）》，2005(6)。

时间的增加而发生质的动态变化的核心能力及其组合"①。

根据上面的论述，我们可以尝试给出历史教师教学能力的定义，即历史教师在一定的教学情境中依据历史专业知识、教学理论和教学技能，为促进教学目标的顺利、高效达成，而展现出来的在教学认知、教学设计、教学实施及教学评价等方面的综合能力。

（二）历史教师教学能力的结构

教育部师范教育司组织编写的《教师专业化的理论与实践》把教师的职业能力分为"专业知识""专业能力""专业情意"三个维度。前文所引的《中学教师专业标准（试行）》把教师职业能力分为"专业理念与师德""专业知识""专业能力"三个维度。由钟祖荣领衔的"中小学教师专业发展标准及指导课题组"编著的《中小学教师专业发展标准及指导　社会科》将教师职业能力分为"专业基础""专业实践"两个维度。其中"专业基础"包含了"健全人格与职业道德"和"学科与教育教学专业知识"，"专业实践"包含了"促进学生的学习与发展"和"教育教学研究与专业发展"（表 3-2）。

表 3-2　《中小学教师专业发展标准及指导　社会科》中教师职业能力的结构

维度	领域	标准
专业基础	健全人格 与职业道德	1. 爱岗敬业，履职尽责。
		2. 关爱学生，教书育人。
		3. 为人师表，严谨治学。
		4. 热爱生活，身心健康。
	学科与教育 教学专业知识	5. 关于学科的知识。
		6. 关于学生的知识。
		7. 关于课程的知识。
		8. 关于教学的知识及学科教学知识。
		9. 科学与人文素养。

---

① 王沛、关文军、王阳：《中小学教师教育教学能力的内涵与结构》，载《课程·教材·教法》，2010(6)。

续表

维度	领域	标准
专业实践	促进学生的 学习与发展	10. 创设良好的学习环境。
		11. 设计合理的教学方案。
		12. 实施有效的教学活动。
		13. 培养良好的学习习惯与指导学生学会学习。
		14. 开展多元的学习评价。
		15. 促进有效的课堂管理。
		16. 渗透生活品德教育和生活技能教育。
		17. 实施积极的安全教育与健康教育。
	教育教学研究 与专业发展	18. 教育教学反思与行动研究。
		19. 团结协作与经验分享。
		20. 终身学习与持续发展。

相比较而言，该结构与教师职业生活更接近，更易于新手教师把握教师职业的专业要求。因此，我们将这一结构作为历史教师教学能力的结构，具体如下。

1. 历史教师专业基础

"健全人格与职业道德"是教师专业精神的具体表述，教师专业精神是教师专业发展的动力。"爱岗敬业，履职尽责"是教师专业精神最基本的内容。教师职业培养的是国家未来的建设者，责任重大，因此，从事这一职业的人必须有强烈的责任感和使命感。"关爱学生，教书育人"是一种师德要求，没有对学生的热爱，就没有真正的教育。历史新手教师要把爱学生和为了学生的发展而工作作为自己教育教学工作最根本的出发点。"为人师表，严谨治学""热爱生活，身心健康"是基于教育教学过程的特点而提出的对教师的要求。教育教学过程是教师和学生心智与情感互动交流的过程，教师的言行所体现的人格魅力会潜移默化地影响学生。严谨治学、热爱生活的历史教师一定能在历史学习和生活价值观方面给予学生正面、积极的

熏陶和影响。

"学科与教育教学专业知识"是对教师的专业知识要求。具体到历史教师，这些专业知识可分为历史学科知识、教育理论知识、学科教学知识、通识性知识。

历史学科知识是历史教师专业能力的基础，包括中国通史、世界通史、史学理论等知识。历史学科知识是历史教师得以正常教学的核心知识，是历史教师成功教学的必要条件。历史新手教师只有掌握了深厚的历史学科知识才能从一定高度分析历史教科书及教学内容，实现历史课程目标。由于史学研究新成果不断涌现，因此历史新手教师不能满足于入职前的知识储备，需要经常了解史学研究的动态和新成果，并应用于历史教学中。

教育理论知识主要是指历史教师的教育学、心理学知识。历史教师通过学习教育理论知识可以了解教育的目的、教育的原则、教学的过程、教学的评价、教学的方法等指导教育教学的基本规律。在课程改革背景下，历史新手教师应该不断学习，更新教育理念，跟进教育步伐，理解新课程标准，并能在实际教育教学中运用新课程理念进行教学。

学科教学知识是教师在具体的教学情境中，把学科知识、学生知识、课程知识、教学法知识等以学生的不同兴趣和学习能力为依据顺利进行教学设计和实施的活化了的知识。学科教学知识主要指教学方法和教学策略的知识，以及教学活动设计的知识等。学科教学知识是历史教师有效教学的前提和保障，对历史新手教师来说，是专业知识结构中缺失的部分，是胜任历史教学最需要的知识。历史新手教师和历史成熟教师的知识结构最显著的差别就是学科教学知识。历史新手教师在教学实践中应重点学习学科教学知识。

通识性知识既涉及人文知识，也涉及科学知识。历史教师应该以广博的知识增强文化底蕴和人文修养，满足学生对各种知识的学习兴趣。因为历史学科知识本身就具有包罗万象的特点，政治学、经济学、文化艺术、哲学、天文、地理、军事、建筑等无不涉及，所以拥有广博的知识储备是历史教师必须追求的状态。

2. 历史教师专业实践

历史教师促进学生学习和发展的能力包括教学设计能力、教学实施能力、教学评价能力。

教学设计能力是指历史教师根据学生的特点，运用学科教学知识，确定教学目标，对教学内容进行组织和再加工，开发课程资源并选择恰当的教学方法，设计学生学习活动以取得最佳教学效果的能力。教学设计是一个系统工程，教学设计能力具体可分为学情分析能力、教学目标设计能力、教学资源开发能力、史料搜集与择取能力、教学方法选择能力、教学媒体选择能力、教学过程设计能力、教后反思能力等。

教学实施能力是指历史教师实施教学设计，调控教学过程，有效地使用各种教育教学方法和条件资源，最终达到教学目标的能力。教学实施能力也是多种能力的综合，包括语言能力、课堂组织和调控能力、灵活运用教学方法的能力、学习指导能力、现场应变能力、多媒体使用能力、板书书写能力等。

教学评价能力是教师对学生学习和自身教学进行科学评价的能力。对学生学习的评价是教师在教学过程中和教学结束时对学生的学习效果及其发展情况做出价值判断的过程；对自身教学的评价是教师对自身的教学行为进行检讨和反省，从而不断提高自身教学能力的过程。从具体操作来讲，教学评价能力包括选择测量评价工具的能力、制定评价量表的能力、获取教学反馈信息的能力、分析与处理测量数据的能力等。

历史教师要具备教育教学研究与专业发展的能力。对于历史新手教师来说，他要有研究意识，要运用科学的理论和方法，有目的、有意识地对教育教学中的现象进行研究，以解决自身的教学问题，提高教学能力。课程改革要求教师不仅是知识的传授者，而且应该做教学研究者。教育教学工作是教师的工作之本，教师要把教学研究作为改进教育教学工作的重要方式，通过不断审视、分析、研究和改进自身的教育教学观念及教育教学实践活动，提高自己的专业发展水平。历史教师的研究不同于历史学者的

研究，指向的是自己的工作，是针对自己工作中出现的问题寻求解决方案的行动研究，强调研究和行动相结合：在自己的工作环境中研究，研究过程即自己的工作过程。历史新手教师应更重视研究，在研究的过程中进一步学习教育教学理论，通过研究行动提升自己对教育的认识和教学技能，最终促进自身能力的发展。当然对于历史新手教师来说，掌握教学研究的方法需要一个过程。对教学进行深度反思也可以视为一种教学研究。历史新手教师要通过深度反思养成研究的意识，在教学中遇到问题要尝试自我分析解决，要把通过研究提高教学质量作为一种习惯。

历史教师教学能力是一个能力综合体，是专业知识、专业能力和专业精神三者的统一体。专业知识、专业能力和专业精神之间存在辩证统一、相互渗透和相互影响的关系：专业知识是专业能力的基础，专业能力的提升需要专业知识和专业精神的共同支持，专业精神是专业知识和专业能力提升的动力与导向。历史教师教学能力的发展是一个复杂的过程，专业知识、专业能力和专业精神任何一个维度的成长都会促进其他维度的变化，从而促进历史教师教学能力的发展。历史新手教师需要把握历史教师教学能力的内涵，结合自己所处的具体环境和发展阶段，有计划、有重点地发展自身的教学能力。

四、教师成长规律与教学能力发展规划

历史新手教师是自身教学能力发展的主体，要想对职业生涯进行统筹规划，就需要了解历史教师的成长规律。

关于教师成长规律，国内外有许多研究，其中最重要的是教师发展阶段理论。本书以北京教育学院"中小学教师培训课程指南丛书"中的阶段划分为依据，介绍历史教师的成长规律（表3-3）。

表 3-3　历史教师职业发展阶段

阶段	阶段特点	发展任务	阶段跨越
适应期	刚工作及工作 3 年以下，对学科知识体系和教学内容不熟悉，教学技能不熟练，缺乏教学实践经验。	正确掌握教材内容，了解学科知识和技能体系，初步掌握教学设计的基本过程，能独立撰写教学设计方案；体验有效的教学实施技能，能掌控教学的基本环节，掌握常规的教学技能；初步形成学生观、教育观。	
熟练期	工作 3～6 年，教学技能比较熟练，但对学科知识的系统掌握有待提高，还需要深度挖掘教学内容、丰富教学经验、系统了解与研究学生。	能够把握学科知识和技能体系，能够描述学科知识层级结构，较深入了解学生特点，较熟练驾驭课堂教学，发展教学能力，增长教学经验，完善教育观念。	新手教师—熟练教师
发展期	工作 6～10 年，教学经验比较丰富，但学科教学思想尚需提炼，教学特色和风格有待形成。	提升对学科的整体把握，夯实专业理论基础和提高综合素质，增强研究学生、解决教学问题的能力，树立起育人为本的教育思想和素质教育的理念。	熟练教师—发展教师
成熟期	工作 10 年以上，教学经验丰富，有一定教学风格。	深入、系统把握学科体系，具有扎实的专业能力和较强的综合素质，能够在研究学情的基础上反思和调整自己的教学，成为教育教学骨干。	发展教师—骨干教师
创造期	市骨干和学科带头人，有一定的教学思想和教学特色，但有待进一步系统深入。	通过教育研究或实验，深刻理解学科本质，总结教学经验和思想，全面提高专业能力、教学改革能力、教育科研能力以及指导教师的能力。	骨干教师—专家教师

历史教师的成长需要一个过程，一般要经过适应期、熟练期、发展期、成熟期、创造期五个阶段。每个阶段都有阶段的特点及发展任务，每个阶段都需要一定的时间，但具体时间因教师个体的差异而不同，取决于教师

个人的主观努力。历史新手教师所处的发展阶段是适应期，呈现出一种复杂的发展状态：一方面，历史新手教师刚从学校出来，具有丰富的历史学科知识，意气风发，并且由于年龄的原因，与学生之间容易建立起亲近的关系，通常怀有满腔热情，希望能在历史课堂上施展才能、大显身手，以证明自身的价值；另一方面，由于缺乏经验，对真实的历史教学的了解还处在朦胧的状态，因此在实际的历史教学实践中历史新手教师会发现理想与现实的差距，会发现自己教学能力的欠缺，面对教学问题会力不从心等。这些给历史新手教师带来了一定的挫折感，甚至会使历史新手教师怀疑自己的职业选择是否正确。

历史新手教师如果能了解自己所处的教师发展阶段的特点和发展任务，积极调整心态，正视眼前的问题，认识到自己教学能力的欠缺，并寻求帮助，或自己解决，则可平稳度过此阶段。

▶第十二讲
新手教师教学能力的提升路径

基于前文的分析，我们可以概括出影响历史新手教师成长的基本因素及其关系：有利的外部环境是历史新手教师成长的保障；教学能力是历史新手教师成长的关键，强烈的事业心和责任感是历史新手教师成长的动力，完善的知识结构是历史新手教师成长的基石，及时更新的教育理念是历史新手教师成长的根本要素。外部环境包括地方政府及教育主管部门、教师任职学校、教师教育机构。教学能力、强烈的事业心和责任感、完善的知识结构、及时更新的教育理念是影响历史新手教师成长的个人内部因素。历史新手教师教学能力的发展既受到外部环境的影响，也受到个人内部因素的影响。因此，历史新手教师教学能力的提升路径有两个：外部环境促进和内部驱动。

一、外部环境促进

每一位教师都处于具体的环境之中。外部环境是历史新手教师发展的重要影响因素。外部环境通过资金、项目、教学环境、学习共同体建设等给历史新手教师的教学能力发展提供良好的条件与支持，从外部促进历史新手教师成长。

地方政府及教育主管部门、教师任职学校、教师教育机构的促进作用因其功能不同而各有不同。

地方政府及教育主管部门的资金保障和政策支持。地方政府及教育主管部门并不直接影响教师教学能力的发展过程，但通过制定有利于教师发展的政策和提供有利于学校发展的资金，从而促进教师教学能力的发展。

教师任职学校的文化、制度、物质支持。任职学校是教师开展教育教学活动的具体场所，因而也是教师教学能力发展的场所和阵地。学校在文化、制度、物质方面的支持对教师的教学能力发展产生影响并发挥着关键性作用。首先是学校文化方面。和谐、民主的学校文化对于刚进入职场的历史新手教师来说尤为重要，可以缓解其面对陌生环境的紧张；这样的学校文化下融洽、友爱的教师人际关系也容易使历史新手教师产生归属感，迅速融入学校，认同学校文化，并在这种文化的感染下以昂扬的状态积极投入教育教学工作。其次是任用与激励、职称评聘、进修和培训、教育教学组织管理等制度。学校支持教师发展的制度是历史新手教师教学能力发展的重要保障。比如，许多学校组织在职培训、教研活动等，可以保障历史新手教师在入职初期得到各方力量的扶持；许多学校制定带教师傅制度，为历史新手教师的成长提供了最为直接的帮助；学校的教师发展共同体，如年级备课组或学科教研组为历史新手教师提供了学习老教师教学经验和提升自己教学能力的平台；学校鼓励新手教师进行教学研究，也是对历史新手教师教学能力发展的一种推动。最后是学校的物质条件。例如，图书资料、仪器设备、教师居住条件等也对历史新手教师的成长有一定的影响。

各级教师教育机构提供的研修项目支持。近年来，各地政府纷纷重视新手教师培训。各种支持新手教师职业发展的培训项目为新手教师教学能力的形成和发展提供了有效的帮扶。北京教育学院从 2015 年开始启动的"启航"计划，就是针对新手教师的培训项目。

二、内部驱动

我们对以上所提的外部环境对历史新手教师教学能力的促进作用必须予以肯定，但要指出一点，上述外部环境发挥作用取决于历史新手教师的主观能动性。

第一，树立自我发展的意识。历史新手教师作为富有个性的生命个体，有着强烈的自我实现的价值追求。因此，在自身教学能力发展的问题上，历史新手教师的内部发展动力是起着决定作用的因素。历史新手教师应该认识到教师职业的专业性和历史教学的复杂性对自身教学能力的高标准要求；也应该意识到自身职前的知识和能力并不能胜任当下的历史教学，只有遵循教师发展规律，客观分析自己的能力现状，树立发展意识，认真规划自己的专业成长，才能真正实现自我价值。在规划专业成长之前，积极转变身份以形成教师的角色自觉是重要前提。从一名学生转变为一名教师，这种身份的转变并不容易完成。这就需要历史新手教师及时调整，让自己以规范的仪态、勤勉的工作状态和主动的工作态度，承担起历史教师的工作责任。这种身份的转变，同样也是历史新手教师发展教学能力的前提。首先，历史新手教师要客观地分析自己的能力现状。其次，历史新手教师要对照《中学教师专业标准(试行)》《中小学教师专业发展标准及指导　社会科》中的内容，从专业知识、专业能力到专业精神，分析自己的优点和缺点，明确自己要发展和补足的方向。最后，历史新手教师要参照教师职业发展阶段中适应期的发展任务，制定长期的发展目标和短期提升教学能力的具体措施。

第二，主动强化职业认同。职业认同是指一个人认为所从事的职业有价值、有意义，并能够从职业行为中获得幸福感的状态。职业认同是教师实现自我发展的内在动力。一般来说，成功的历史课堂教学实施是提高历史新手教师职业认同的重要途径。历史新手教师一方面可以通过成功的历史课堂教学实施感受历史教学的教育价值；另一方面需要在工作中和平时通过阅读来思考历史教师的职业价值，从内心产生对历史教学的崇敬之情和自豪感，并在此基础上，愿意付出更多的努力提高教学能力，以获得更多的职业幸福感。

第三，在观摩学习中获得发展教学能力的基础。历史新手教师要了解真实的、优秀的历史课堂教学，就必须经历观摩他人课堂教学这一过程。实际上很多优秀的历史名师都经历过模仿—独立—创新的成长过程。观摩他人的课堂教学，可以帮助历史新手教师了解规范的教学设计，熟悉课堂教学的流程，感受历史课堂中的师生互动，学习成熟教师调控管理课堂和组织教学的教学智慧。在一些培训项目中，历史新手教师有机会观摩区级或市级优秀教师的课堂教学，更多的时候需要通过观摩身边的教师的课堂教学来发展自己的教学能力。历史新手教师应该利用好学校安排的带教师傅。带教师傅拥有多年的从教经历，有着丰富的教学经验，也形成了自己的教学风格。历史新手教师通过观摩带教师傅的课堂教学和进行课后交流，可以在短时期内学到带教师傅多年教学的宝贵经验。另外，历史新手教师也应注意与同校的教师建立和谐的关系，从同学科教师到其他学科教师，不断扩大交流的范围，观摩更多教师的课堂教学和听取其教学经验的分享，多方取经，丰富自己的教学智慧。

第四，在教学实践中锤炼教学能力。课堂教学既是历史新手教师发展学科教学知识的重要途径，也是历史新手教师提升教学能力的基本途径。完成一节历史课堂教学，要经历教学设计、课堂实施、课后反思等环节，每一个环节都是对历史新手教师教学能力的检验与锻炼。例如，教学设计环节需要历史新手教师强化历史学科知识以帮助自己进行教学内容的理解和把握，课堂实施环节则是对历史新手教师课堂实施能力的培养和锤炼。虽然每一个环节的完成都需要历史新手教师付出大量的精力和时间，但是每一次教学实践的经历都会对历史新手教师教学能力的提升产生促进作用。历史新手教师尤其要重视公开课的教学实践。公开课要经过团队磨课、教学实施和课后研讨几个环节。磨课环节中团队教师的交流研讨是一个集思广益的过程。一堂好的公开课需要多次试讲、多次修改，需要多听取团队教师的建议。对于同一个知识点，不同的教师会有不同的方法建议；对于同一个环节，不同的教师会有不同的设计创意。思维碰撞中教师们的实践智慧得以分享和交流，这是历史新手教师学习的宝贵机会。课后研讨往往会有学科教学专家参与，专家点评和观课教师的发言会对历史新手教师教学能力的提升产生积极的推动作用。

第五，在反思和研究中发展教学能力。教师的自我反思是指教师以教育理论为指导，对自己的教学实践进行理性思考、分析评价自我教学的有效性，在不断完善教学实践的同时，促成学科教学知识的生成和教学能力的提升。教师通过反思自己的教学行为的有效性可以减少教学随意性的发生。基于教学反思而改进的教学设计和教学实施，往往会明显地提升课堂教学的有效性，教师教学能力也在这一过程中获得发展。因此，教师的反思过程是教师的教学经验不断积累的过程，也是教师教学能力发展的过程。对于历史新手教师来说，每一次教学实践后及时进行教学反思，找出成功的地方和失败的地方，总结成功的经验，分析失败的原因，都是教学经验的积累。如果能够在教育理论的指导下进行深度教学反思，效果更好，可以帮助历史新手教师把旧的知识与新的知识进行整合。因此，历史新手教师应把教学反思培养为一种习惯和一种意识，推动自身教学能力发展。

当经历了一定时间的教学实践历练后，历史新手教师可以尝试着以教学研究的方式来发展自身的教学能力。比如，把"如何进行历史人物教学""如何进行历史事件教学""如何进行政治史教学""如何进行科技史教学"等确立为教学研究课题，尝试着以自己的课堂为研究场所，结合理论学习和教学实验，找出解决以上问题的方法策略，而这一过程也必然会有效提高历史新手教师的教学能力。

第六，积极参与各级各类培训，从理论到实践全方位提升教学能力。各种培训项目都有成体系的课程设置，课程内容既有各种理论，也有课堂教学实践；师资构成多元，既有地区名师，也有来自培训机构或高校的学科教学专家和历史学研究者。每一次培训都是历史新手教师提升教学能力的极好机会。如果有这样的培训项目，历史新手教师一定要积极争取参加。

▶第十三讲
提升新手教师的职业认同

历史新手教师的专业发展从职业认同开始。职业认同是历史新手教师专业发展的前提和基础。

每位新入职的教师都会有他对教师职业的初始认识，如一位新入职的教师以"是一份热爱、一份尊重，更是一份信仰"来概括他教历史的原因。

首先，因为历史学科独特的价值。历史对人认清现实、认识社会发展规律有其他学科代替不了的作用，吸引他在大学选择专业的时候义无反顾地选择了历史学。

其次，因为他对我们国家历史的尊重。中国是世界上历史最完备的国家之一，对历史的记录不仅时间长，而且内容详细。

最后，他希望他的教学可以给学生解惑答疑，甚至让学生爱上历史。

自发地热爱教师这一职业是成为好教师的前提，但要将教师这一职业作为专业去认识，就必须明确教师职业认同的内涵。

一、职业认同及其对新手教师成长的意义

（一）职业认同的内涵

职业是指人们在社会生活中所从事的以获得物质报酬为自己主要生活来源并能满足自己精神需求的、在社会分工中具有专门技能的工作。分析职业的定义，我们不难发现，职业具有以下四个特征。第一，职业是人类劳动社会分工的体现，具有社会属性。中国职业规划师协会将职业划分为生产、加工、制造、服务、娱乐、政治、科研、教育、农业、管理十个行业，教师属于教育行业。无论哪个职业，它们均为社会的正常运转服务，所以均有其职业价值。第二，职业的规范性包含职业内部的规范操作和职业道德两部分，分别构成了职业规范的内涵与外延，既可保证职业活动的专业性，又能展现不同职业对外服务时的伦理规范。第三，职业作为人们

主要生活来源的工作，具有逐利的一面，因而具有功利性。第四，不同的职业具有不同的技术要求，因而职业具有技术性；同时不同职业的技术要求又受不同时代科技水平的制约，因而技术性又兼具时代性。职业的规范性和技术性决定了职业的专业性。

职业认同是指个体对所从事职业的积极态度，包含从认知到情感再到行为倾向的递进过程。首先，个体要对自己所从事的职业有比较全面、客观的认识；其次，个体要在全面、客观认识的基础上认可和接纳自己所从事的职业，并从中感受到积极的情感体验，产生对该职业的归属感；最后，个体要在认知和积极情感的影响下，表现出相应的行为倾向。[①]

教师职业认同是教师对其职业及内化的职业角色的积极的认知、体验和行为倾向的综合体，是在教师个体与环境的相互作用中形成和发展的。教师职业认同从长时段看是动态发展变化的；但对于某一时段的具体教师来说，教师职业认同又是相对稳定的。

教师职业认同是一个由职业价值观、角色价值观、职业归属感、职业行为倾向四个因子构成的多维度结构，其多维度结构的内涵示意图如图 3-1 所示。以此为基础可编制测量中小学教师职业认同的工具"教师职业认同量表"。

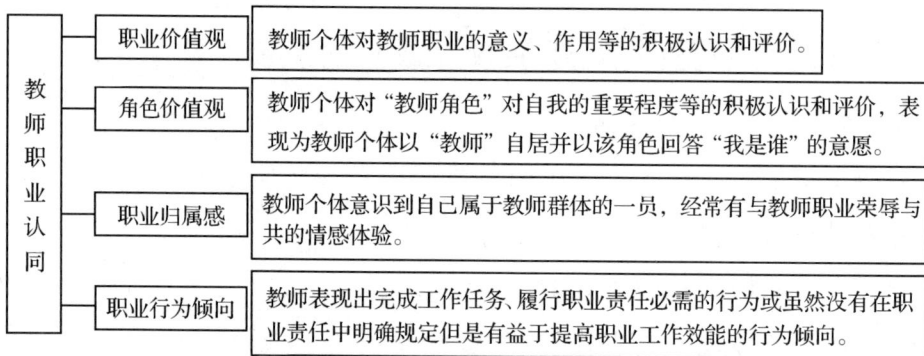

教师职业认同	职业价值观	教师个体对教师职业的意义、作用等的积极认识和评价。
	角色价值观	教师个体对"教师角色"对自我的重要程度等的积极认识和评价，表现为教师个体以"教师"自居并以该角色回答"我是谁"的意愿。
	职业归属感	教师个体意识到自己属于教师群体的一员，经常有与教师职业荣辱与共的情感体验。
	职业行为倾向	教师表现出完成工作任务、履行职业责任必需的行为或虽然没有在职业责任中明确规定但是有益于提高职业工作效能的行为倾向。

图 3-1　教师职业认同多维度结构内涵示意图

———————————

① 参见马红宇、蔡宇轩、唐汉瑛等：《师范生教师职业认同的内在结构与特点》，载《教师教育研究》，2013(1)。

（二）教师职业认同中个体与环境的关系

教师职业认同是教师个体与环境持续相互作用的结果。教师职业认同受教师个体背景（性别、教龄等）、职业对象及背景（教学科目、学校级别、学校所在地、地区差异等）、职业技术条件（学历、职称等）、职业功利（月收入水平等）等因素的影响。各因素的影响程度各不相同。

第一，当前我国中小学教师职业认同的总体水平较高，但教师职业认同四个维度的表现水平不均衡，其中职业价值观维度得分最高，角色价值观维度得分最低。

第二，教师职业认同存在性别差异，女教师的职业认同显著高于男教师的职业认同。

第三，教龄是教师职业认同的影响因素，具体表现在职业价值观、角色价值观、职业行为倾向维度。

第四，教学科目对教师职业认同影响不大，如表 3-4 所示。

表 3-4　不同教学科目教师在职业认同及其各因子上的差异分析结果

变量	语数外		政史地社理化生		音体美		F
	M	SD	M	SD	M	SD	
职业价值观	4.546	0.552	4.498	0.622	4.594	0.603	1.824
角色价值观	3.884	0.831	3.930	0.794	4.026	0.737	1.827
职业归属感	4.182	0.704	4.117	0.773	4.112	0.790	1.583
职业行为倾向	4.533	0.448	4.518	0.516	4.506	0.547	0.292
职业认同	4.264	0.494	4.256	0.528	4.310	0.528	0.526

数据来源：

魏淑华：《教师职业认同研究》，博士学位论文，西南大学，2008。

第五，学校级别对于男教师的职业认同影响很大，小学男教师的职业认同显著低于初中和高中男教师的职业认同，对于女教师的职业认同则影响不大；学校级别对乡镇教师的职业认同影响很大，学校级别越低其职业认同就越低。

第六，小学、初中的学校地点对教师职业认同影响很大，农村教师的职业认同显著低于乡镇和城市教师的职业认同。

第七，地区差异对教师职业认同影响显著，具体表现在角色价值观、职业归属感和职业行为倾向上。

第八，学历差异总体对教师职业认同影响不大，但在职业归属感上存在显著差异，研究生学历教师的职业归属感明显低于专科、本科学历教师的职业归属感。

第九，职称总体对教师职业认同影响不大，但小学教师在职业归属感和职业行为倾向上存在显著差异，中学教师在职业价值观和职业行为倾向上存在显著差异。

第十，月收入水平总体对教师职业认同影响不大，但教师在职业价值观上存在显著差异。

（三）教师职业认同与教师工作价值观、工作满意度的关系

第一，教师工作价值观与教师职业认同之间关系紧密，如表 3-5 所示。教师工作价值观是指教师关于其工作的各个方面的重要程度的稳定的观念系统，包括物质报酬、声望地位、职业发展、人际关系、组织管理、利他奉献等。教师工作价值观与教师职业认同之间存在非常显著的正相关；教师工作价值观在一定程度上对教师职业认同具有正向预测力（与角色价值观呈负相关）；在教师工作价值观中对教师职业认同及其各因子预测效果最好的是利他奉献方面，最差的是物质报酬方面。

表 3-5　工作价值观及其各因子与职业认同及其各因子的相关系数表

因子	物质报酬	声望地位	职业发展	人际关系	组织管理	利他奉献	安全稳定	工作价值观
职业价值观	0.109**	0.354**	0.250**	0.292**	0.186**	0.432**	0.217**	0.352**
角色价值观	−0.090**	0.144**	0.196**	0.193**	0.082**	0.303**	0.157**	0.182**
职业归属感	0.147**	0.316**	0.228**	0.241**	0.198**	0.339**	0.220**	0.325**
职业行为倾向	0.139**	0.254**	0.282**	0.364**	0.236**	0.416**	0.235**	0.367**

因子	物质报酬	声望地位	职业发展	人际关系	组织管理	利他奉献	安全稳定	工作价值观
职业认同	0.051	0.314 **	0.301 **	0.335 **	0.202 **	0.469 **	0.257 **	0.366 **

数据来源：

魏淑华：《教师职业认同研究》，博士学位论文，西南大学，2008。

第二，工作满意度与教师职业认同的关系也非常紧密，如表 3-6 所示。工作满意度是指个体对其工作整体以及与工作相关的各个方面的情感体验，包括自我实现、工作强度、工资收入、领导关系等。教师职业认同与教师工作满意度之间存在非常显著的正相关，其中与自我实现因子的相关系数最高；教师职业认同在一定程度上对教师工作满意度具有正向预测力（与工作强度呈负相关）；在教师职业认同中，对教师工作满意度及其各因子预测效果最好的是角色价值观方面。

表 3-6　职业认同及其各因子与工作满意度及其各因子的相关系数表

因子	自我实现	工作强度	工资收入	领导关系	同事关系	工作满意度
职业价值观	0.474 **	0.028	0.090 **	0.168 **	0.211 **	0.300 **
角色价值观	0.657 **	0.194 **	0.452 **	0.335 **	0.251 **	0.593 **
职业归属感	0.351 **	−0.104 **	0.005	0.084 **	0.109 **	0.137 **
职业行为倾向	0.411 **	−0.046	0.021	0.230 **	0.309 **	0.266 **
职业认同	0.681 **	0.076 **	0.278 **	0.312 **	0.300 **	0.506 **

数据来源：

魏淑华：《教师职业认同研究》，博士学位论文，西南大学，2008。

（四）职业认同对历史新手教师成长的意义

具有强烈的职业认同有助于历史新手教师认同和执行《中学教师专业标准（试行）》中有关"专业理念与师德"的内容。

掌握和落实教师职业认同的概念与原理，有助于有效提高历史新手教师职业认同的程度，增强历史新手教师自我专业发展的意识，从而增加历史新手教师专业发展的行为。"教师的自我专业发展需要和意识使得在教师发展过程中实施终身教育思想成为可能；自我发展意识还会弥补过去教师教育设计只从教师群体一般需要出发，而不考虑教师个人需要的不足。"[①]

二、职业认同的培养路径

职业认同的概念与原理，蕴含着职业认同的培养路径。在职业认同培养的黄金阶段进行认同培养，能够获得事半功倍的培养效果。而在教师新入职阶段进行职业认同培养，是促进教师专业发展的黄金时期。

新入职阶段，通常是指入职的第一年，是教师职业生涯的启航阶段。新入职教师面临的主要问题是如何在教师职业上"生存"下来。围绕职业认同系统设计培训课程，进行职业动机、态度的系统引导，非常适时并且必要。

第一，整体设计入职头年的干预方案，为教师专业发展厚植内驱力搭建平台，将"职业认同和师德"作为整体设计的第一课。

教师职业动机、态度的发展是教师专业发展的重要内容。但现有的师范生培养现状是，重视向师范生提供关于教学的知识、技能，而较少关注师范生职业动机、态度的发展。随着教师来源的放开，越来越多的非师范院校毕业生走向教师岗位，他们未接受较系统的教育理念及教育教学知识和技能的学习与训练，亟须在新手教师阶段进行找补。

以形式多样的方式开设"职业认同和师德"第一课，有助于加速新手教师由学生向教师身份的转化。新手教师若对教师职业的性质、功能、意义认识深刻，则他对工作任务的完成就会比较积极，就有可能较自觉地去掌握完成任务所必需的知识、技能等，因此比较容易获得学生、同行的认可，因而获得快乐工作的体验，这又会促进教师更自觉地采取行动保持这种快乐。新手教师在获得自己的专业技能能够胜任工作的体验后，会提高自己的工作成就期望值，因而增强对自己达到较高工作成就的信心。逐渐地，教师将日益坚定其职业意志，以更稳定的心态从事工作，将更多的精力用

[①] 叶澜、白益民、王枏等：《教师角色与教师发展新探》，240页，北京，教育科学出版社，2001。

于职业活动，进而有可能将教学视为自我价值实现的方式，在态度上重视、在情感上珍视教学，更自觉地采取行动实现自己的价值。从这个意义上说，新手教师对职业高度认同，自然会将教师职业与实现自身价值挂钩。对职业的高度认同，是新手教师自觉提高其专业化水平的内驱力源泉。这里的"自觉"是指教师专业发展的自我意识。

围绕教师职业认同设计较长（如一年）的干预方案，其培养目标如图3-2所示。设计时要注意使干预方案中所主张的新观念和相应的干预措施有充分的时间展开，从各种角度对教师"职业认同和师德"予以强化。

干预方案建议采用小组合作方式，使小组成员之间互相合作，定期分享其职业体验与职业认识，要关注、验证并及时调整每一位成员的教育观念。

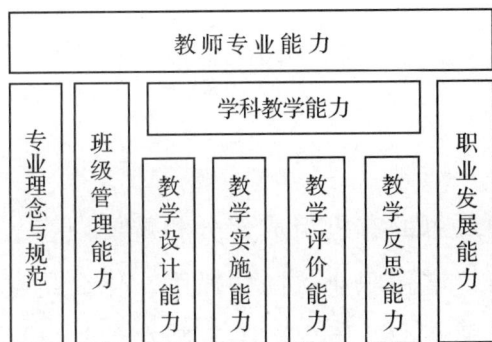

图 3-2 干预方案培养目标

第二，围绕专业理念与规范定期开展讲座、举行交流展示活动、开表彰会等，为在职中小学教师提供增强反思意识和提升能力的途径。

教师职业认同是教师在社会空间中对自己进行定位的过程，教师通过反思能够加速向合格教师发展。教师职业认同虽有外力控制的因素存在，但主要是通过教师的自我建构实现的。

反思，也被称为"反省思维"，是问题解决的一种特殊形式，是在"对于任何信念或假设性的知识，按照其所依据的基础和进一步导出的结论，去

进行主动的、持续的和周密的思考"[1]中形成的。自我叙述是教师反思的重要形式，主要叙述其职业活动中以下两个方面的内容："(1)引起思维的怀疑、踌躇、困惑和心智上的困难等状态；(2)寻找、搜索和探究的活动，求得解决疑难、处理困惑的实际办法。"[2]自我叙述为教师职业认同提供了线索，为教师专业化发展提供了刺激。

自我叙述既可以是语言的，也可以是书面的，如教育日记。不管采用哪种反思形式，把反思的结果定期公开，提供交流展示与研讨的场所非常重要。与别人交流、共享、讨论和争论可促进教师再反思，可引发教师之间交流对学校教育、学科知识、教育学等的想法，有利于增强教师职业认同和促进教师专业发展。参加相关的专业团体及其活动，是教师交流自我反思结果很好的方式。

▶第十四讲
教学反思

教学反思是教师反思的有机组成部分和重要内容。教学反思是历史新手教师进行教学科研、增强职业认同的抓手。什么是教学反思？怎样的教学反思才能与历史教师匹配？历史新手教师在教学反思时需要关注哪些问题？本讲尝试结合 2019 年北京教育学院历史启航教师的教学实际破解上述问题。

一、教学反思的内涵

石华灵的《教学反思概述、影响因素与策略》一文，基于教学反思的已有研究成果，对教学反思进行了综述。因该文表述相对全面，我们将其作为展开讨论的依据："教师对自身教学行为进行反思的过程，教学反思基于教学问题，教学反思离不开教师自身情感体验，教学反思也并不存在放诸

---

① ［美］约翰·杜威：《我们怎样思维·经验与教育》，姜文闵译，16 页，北京，人民教育出版社，2005。
② ［美］约翰·杜威：《我们怎样思维·经验与教育》，姜文闵译，19 页，北京，人民教育出版社，2005。

四海而皆准的唯一方法，需要结合自身特点进行探索。其中，学生课堂表现、学生作业状况、教师课后感受、同行听课评课都会影响教师的教学反思行为。教师可以通过提高自觉反思意识、借鉴既有理论与经验、撰写教学反思日记、注重教学反思实效、教师团体合作反思等，促进自身教学反思。"[1]

我们用教学反思的对象、内容、目标、类型、促进路径对上述定义进行分类。

教学反思的对象：教师自身教学行为。教学反思的内容：教师在教学中存在的主要教学问题。教学反思的目标：提升教师教学反思能力、改进教学、促进教师专业发展。教学反思的类型：课前反思（教学问题产生的根源等）、课中反思（教学问题、学生课堂表现等）、课后反思（学生作业状况、教师课后感受、同行评课等）。教学反思的促进路径：个体重视（提高自觉反思意识）—学习借鉴（借鉴理论与经验）—实践跟进（撰写教学反思日记）—评价实效（注重教学反思实效）—交流辐射（教师团体合作反思）。

进一步分析发现，这样的教学反思未能解决教学反思需要反思的核心问题，即在教学中贯穿于课前、课中、课后的主要教学问题是什么。只有破解了这一问题，才能使教学反思由浅入深。

二、教学反思的过程

现以"北魏政治和北方民族大交融"为例进行说明。[2]

本课的课程标准内容为"通过了解北魏孝文帝改革，认识这一时期民族交往交流交融的历史特点及其对中华民族发展的意义"。显然理解民族交往、交流、交融的内涵外延及意义，理解北魏孝文帝改革与民族交往、交流、交融的关系是本节课的主要教学问题，需要教师在教学目标与教学重点和难点中体现出来。而教学目标及教学重点和难点的确立需要建立在对单元内容、本课内容、学情进行分析的基础上，如表 3-7 所示。

---

[1] 石华灵：《教学反思概述、影响因素与策略》，载《教学与管理》，2017(33)。
[2] 该案例由北京市第十三中学分校林素华老师提供。

表 3-7 "北魏政治和北方民族大交融"教学设计之课前系统

单元内容分析	民族交融是中国古代史的阶段特征之一。民族交融"是由许许多多分散存在的民族单位，经过接触、混杂、联结和融合，同时也有分裂和消亡，形成一个你来我去、我来你去，我中有你、你中有我，而又各具个性的多元统一体"①的过程。战争和改革是经常见于史书的民族交融方式。 三国两晋南北朝的绝大部分时间处于政权分立割据状态。北方游牧民族大量内迁，并进行改革以适应新的环境。他们的改革进一步推动了民族间的交往、交流、交融，丰富了北方民族的物质文化生活，为隋唐的繁荣与开放奠定了基础。
本课内容分析	本课下设淝水之战、北魏孝文帝改革、北方地区的民族交融三个子目。三个子目为前后因果关系。前秦、北魏两个政权的统治者均进行了改革，共同汇聚成民族交融的历史潮流。东汉、魏晋时期，北方游牧民族不断内迁，与汉族交往、交流。游牧民族政权入主中原后，原有旧俗难以适应农耕文明的统治要求，社会内部矛盾重重。如何化解矛盾，成为维护和巩固统治所面临的重大课题。前秦淝水之战的失败，除了苻坚个人因素和人民厌战之外，更重要的因素在于境内矛盾激化。北魏统一黄河流域后，顺应民族交融趋势，以国家政令方式推进鲜卑族汉化，促进了北方地区民族交融。魏晋南北朝时期，汉族吸收与借鉴游牧民族文化、游牧民族汉化，成为中华民族发展的两种重要路径。
学情分析	七年级的学生在经历了一段时间的历史学习之后，对阶段特征、历史概念有了初步的认识。对"民族交融"这一名词，因教材中已出现春秋时期相关民族交融的内容，学生已有初步接触，有了一定的了解。但对于民族交往、交流、交融的不同层次理解要求，学生第一次接触，教师需要借助这一单元的内容，尤其是苻坚改革的失败和北魏孝文帝改革的影响，使学生明晰民族交融的完整含义。
教学目标	了解淝水之战，理解北魏孝文帝改革的原因、内容和意义。
	通过分析精选材料，引领学生探寻问题串答案，建构结构化认识：理解淝水之战、北魏孝文帝改革、北方地区民族交融之间的关系，初步理解民族交融的内涵，初步掌握唯物史观、时空观念、史料实证指导下的历史解释方法。
	认同中华民族的形成是一个漫长的过程，是我国各族人民密切交往、相互依存、休戚与共、民族交融的结果。

---

① 费孝通：《中华民族的多元一体格局》，载《北京大学学报(哲学社会科学版)》，1989(4)。

续表

教学重点	北魏孝文帝改革的内容和意义(民族交融及其对中华民族发展的意义)。
教学难点	理解北魏孝文帝改革的意义(对中华民族发展的意义)。

教学过程是教师引领学生探究问题串、形成结构化认识,即实现教学目标的过程,如表3-8所示。

表3-8 "北魏政治和北方民族大交融"教学设计之课中系统

教学环节	教师活动	学生活动	设计意图
导入	从苻坚改革说起。	根据所学回答问题。	让学生建立起与已有知识的联系。
强大的前秦为什么没能实现统一?	任务1. 通过阅读教材了解淝水之战。	活动1. 根据教材内容填表。	从材料中提取有效信息是对七年级学生的基本要求。
	任务2. 从苻坚看前秦淝水之战失败的原因。	活动2. 根据材料分析苻坚在淝水之战中失败的原因。 活动3. 分析朱序的故事,从中明白,前秦的失败表面上是因为苻坚的用人不当,其实是因为当时前秦社会矛盾依然存在,统一的趋势还不明显。	让学生通过材料认识到前秦淝水之战的失败,除了苻坚个人因素和人民厌战之外,更重要的因素在于境内矛盾重重。
北魏孝文帝改革要解决什么问题?	任务1. 北魏的建立和统一。拓跋部称自己是黄帝后裔,说明了什么? 北魏在386年建立政权,继而在398年迁都平城,在439年继前秦之后又一次统一北方。 出示材料。 提问:北魏遇到了什么问题?	活动1. 学生通过材料知道拓跋部是黄帝后裔,知道游牧民族的生活状况,知道北魏统治者作为后来者必须顺应潮流。 回答:北魏面临社会矛盾和各种民族冲突。	让学生理解拓跋部是黄帝后裔,这是一种祖先认同。

续表

北魏孝文帝改革要解决什么问题？	任务2. 北魏孝文帝改革。 改革第一步：冯太后的改革。 出示材料。 冯太后临政时期，曾下令禁止鲜卑族内部通婚，这能起到什么作用？ 改革第二步：迁都洛阳（494年）。 出示材料。 讲述孝文帝迁都的故事。 改革第三步：汉化。 出示系列材料。 用汉语、联汉姻、采汉制、穿汉服、改汉姓。	活动2. 理解改革官吏制度，实行俸禄制，特别是颁行均田制，缓和了阶级矛盾；理解迁都的意义；理解北魏孝文帝改革促进了民族交融，增强了北魏实力。	让学生理解北魏统治者改革的必要性，理解北魏孝文帝改革对民族交融的推动作用。
北魏孝文帝改革的意义	出示材料——北魏文官俑，理解民族交融的内涵。 出示材料——李世民，理解汉族形成的特点。	理解民族交往、交流和交融的关系。	让学生理解民族交融丰富了北方民族的物质文化生活，为隋唐的繁荣与开放奠定了基础。
小结	正如费孝通先生所说："中华民族……作为一个自在的民族实体则是几千年的历史过程所形成的……它的主流是由许许多多分散存在的民族单位，经过接触、混杂、联结和融合，同时也有分裂和消亡，形成一个你来我去、我来你去、我中有你、你中有我，而又各具个性的多元统一体。"①		
结构化认识	北魏政治和北方民族大交融 → 民族冲突 → 淝水之战 → 前秦衰亡 → 民族交往交流交融 民族汇聚 → 北魏孝文帝改革 → 迁都洛阳 / 汉化措施 → 民族交往交流交融		

---

① 费孝通：《中华民族的多元一体格局》，载《北京大学学报（哲学社会科学版）》，1989(4)。

在"北魏政治和北方民族大交融"上课过程中，学生始终饶有兴趣地主动挑战任务，通过分析精选材料，破解问题串，经历了完整的历史学习过程——感知了淝水之战、北魏孝文帝改革重要历史事件的史实，理解了淝水之战、北魏孝文帝改革、北方地区民族交融之间的关系，并初步形成了"民族交融"这一历史概念，认识了民族交融与中华民族发展的关系；纷纷形成了自己的结构化笔记；课后作业正确率高。

该案例实现了基于历史学科核心素养的教学。该案例教学目标明确、重点和难点突出，通过阶段特征立意—问题串—结构化板书这一教学过程，帮助学生初步形成了历史学科知识结构、初步掌握了历史学科方法，逐步发展了学生的历史学科核心素养。

显然，该案例取得较好的教学效果是因为明确了本课的主要教学问题，并将之贯穿于课前、课中和课后的教学中，以教学目标的确立、实施及评价的方式外显。于是，我们得到了以下关于深度教学反思的认识。

第一，主要教学问题的特征：贯穿于课前、课中、课后的教学问题，即教学目标的确立、实施及评价。

第二，核心任务：主要教学问题的确立及解决。

第三，分解任务：课前，科学确立教学目标；课中，有效地实现已确立的教学目标；课后，评价已确立的教学目标。

明确学科性质是科学确立教学目标的决定因素。《普通高中历史课程标准（2017年版2020年修订）》对中学历史学科性质进行了比较全面的界定，分别界定了历史学科的定义、社会功能、重要作用，中学历史课程的教育功能和教育价值。

> 历史学是在一定历史观指导下叙述和阐释人类历史进程及其规律的学科。探寻历史真相，总结历史经验，认识历史规律，顺应历史发展趋势，是历史学的重要社会功能。历史学是人类文化的重要组成部分，在传承人类文明的共同遗产、提高公民文化素质等方面起着不可替代的重要作用。
>
> 中学历史课程承载着历史学的教育功能。普通高中历史课程，是

在义务教育历史课程的基础上，进一步运用历史唯物主义观点，以社会形态从低级到高级发展为主线，展现历史演进的基本过程以及人类在历史上创造的文明成果，揭示人类历史发展的基本规律和大趋势，促进学生全面发展的一门基础课程。学生通过高中历史课程的学习，进一步拓宽历史视野，发展历史思维，提高历史学科核心素养，能够从历史发展的角度理解并认同社会主义核心价值观和中华优秀传统文化，认识并弘扬以爱国主义为核心的民族精神和以改革创新为核心的时代精神，具有广阔的国际视野，树立正确的世界观、人生观、价值观和历史观，为未来的学习、工作与生活打下基础。[①]

其中"在一定历史观指导下"是指唯物史观。"唯物史观是揭示人类社会历史客观基础及发展规律的科学的历史观和方法论"[②]，唯物史观的基本原理和方法是"人类社会形态从低级到高级的发展、生产力和生产关系之间的辩证关系、经济基础和上层建筑之间的相互作用、人民群众在社会发展中的重要作用等"[③]。

运用唯物史观基本原理和方法阐释人类历史进程及其规律是中学历史课程的教学目标，其包含着要求学生在掌握历史事件、历史人物、历史现象、历史线索、文明成果、特征趋势历史学科基本概念的基础上，建构各自的学科知识结构，掌握学科思维方法。

深度教学反思是指基于学科性质、学科教育功能和教育价值以确立并解决主要教学问题为其核心任务，将之贯穿并分解于课前、课中、课后教学过程中的反思。深度教学反思更高效地提升教师教学反思能力、改进教学、促进教师专业发展。

历史新手教师深度教学反思的核心是逐渐从自发到自觉运用唯物史观基本原理和方法，在单元中分析教学内容，确立核心概念的名称、内涵、

① 中华人民共和国教育部制定：《普通高中历史课程标准（2017 年版 2020 年修订）》，1 页，北京，人民教育出版社，2020。
② 中华人民共和国教育部制定：《普通高中历史课程标准（2017 年版 2020 年修订）》，4 页，北京，人民教育出版社，2020。
③ 中华人民共和国教育部制定：《普通高中历史课程标准（2017 年版 2020 年修订）》，6 页，北京，人民教育出版社，2020。

外延，确定阐释核心概念所采取的举措。

三、新手教师教学反思的关注点

显然，明晰深度教学反思的原理与路径，是历史新手教师增强教学反思意识，提升教学反思能力，加强职业认同，尽快适应教师岗位的加速器。而要获取这一加速器，需关注以下要点。

第一，经常有意识地反思自己的教学，形成教学反思习惯。

（1）经常有意识地回顾、审视和反思自己的课堂教学实践，总结经验与教训，汲取他人的教学经验，不断改进自己的教学，逐步形成教学反思的习惯。

（2）练习撰写教学日记、教学叙事和教学案例，做好说课、评课，提高自己教学反思的质量。

（3）在教学反思中，注意把自己"学会教学"的过程与学生"学会学习"的过程统一起来，努力提升自己教学实践的合理性，为自己向合格教师过渡打下基础。

第二，重视教学反思，自觉搜集并学习有关教学反思的研究成果，自我建构教学反思的结构，掌握相关技能，并学以致用。

思想重视是开始行动的前提。历史新手教师在搜集、整理有关教学反思研究成果的过程中，既有可能获得直接的研究成果，也有可能获得循序渐进的学习路径，如"'如何进行深度教学反思'工作纸"。

教学案例及分析

下面案例记录了 2019 年一位新入职的历史教师的"'如何进行深度教学反思'工作纸"。

一、请举例说明你对教学反思内涵的理解

阅读《教学反思概述、影响因素与策略》一文，概括教学反思的内涵："教师对自身教学行为进行反思的过程，教学反思基于教学问题，教学反思离不开教师自身情感体验，教学反思也并不存在放诸四海而皆准的唯一方法，需要结合自身特点进行探索。其中，学生课堂表现、学生作业状况、教师课后感受、同行听课评课都会影响教师的教学反思行为。教师可以通过提高自觉反思意识、借鉴既有理论与经验、撰写教学反思日记、注重教学反思实效、教师团体合作反思等，促进自身教学反思。"①

对象：教师自身教学行为。

内容：教师在教学中存在的主要教学问题，教学活动背后的理论、假设等。

目标：实现有效教学，促进教师专业发展。

类型：教学前反思、教学中反思、教学后反思。在制定阐释核心概念的问题串、结构化板书的过程中，注意贯穿对学生历史学科核心素养的培养。

课前：科学确立教学目标。

教师能够正确地确立核心概念的名称、内涵及外延，进而确定本课的教学目标及重点和难点。

课中：有效地实现已确立的教学目标。

在课堂教学过程中，教师应关注学生的学习动态，关注自己所使用的教学方法和教学手段，以及它们在教学过程中达到的效果。同时，关注阐释核心概念所采取的举措在课堂教学中的落实情况。

课后：评价已确立的教学目标是否科学。

课后反思就是教师客观地总结经验，及时发现问题并找出原因和解决方法。同时，反思历史学科核心素养的落实情况。

二、如何进行深度教学反思

以"北魏政治和北方民族大交融"案例为对象。

第一，深度教学反思的核心环节是什么？为什么？

本节课深度教学反思的核心环节是主要教学问题的确立，即课程标准中指出的"通过了解北魏孝文帝改革，认识这一时期民族交往交流交融的历史特点及其对中华民族发展的意义"。

---

① 石华灵：《教学反思概述、影响因素与策略》，载《教学与管理》，2017(33)。

在案例中，教师围绕课程标准展开教学设计，进而在符合学生学情的基础上，确定教学重点和难点，梳理课程内容逻辑关系，从而培养学生历史学科核心素养。

第二，深度教学反思的要素有哪些？历史新手教师深度教学反思的程序是什么？

深度教学反思的要素：学生的课堂表现、教学方法和策略的使用，教学设计中教学目标的落实，学生的作业状况等。

历史新手教师教学反思的程序：根据本课的主要教学问题，进行课前、课中、课后的反思。

三、请用所学方法对所教课进行深度教学反思

对七年级下册第 2 课"从'贞观之治'到'开元盛世'"进行深度教学反思。

课前反思。本课的主要教学问题是：知道唐太宗和"贞观之治"，知道唐玄宗和"开元盛世"，初步认识唐朝兴盛的原因。在教学内容的设计上，首先确立一个核心概念即"盛世"，随后对"贞观之治""开元盛世"的内容进行阐释。教师利用问题串——盛世是什么？"贞观之治""开元盛世"具体指什么？"贞观之治""开元盛世"为什么会出现？——强调时空观念，锻炼学生历史解释的能力。

课中反思。在教学过程中，第一个环节，就是通过视频资料让学生总结"盛世"是什么；第二个环节，就是在理解盛世的基础上重新梳理教材内容，使学生能够解释出"贞观之治""开元盛世"的内涵；第三个环节，就是通过表格，让学生列举"贞观之治""开元盛世"出现的因素，从中总结出盛世出现的规律，突破教学难点。

在教学过程中，教师关注了学生的学习动态，灵活地使用了教学方法和教学手段，通过问题串阐释了核心概念，落实了历史学科核心素养，把握了教学重点，突破了教学难点，教学效果良好。

课后反思。在教学中，由于课堂时间的限制，教师忽视了对历史人物的评价，以后要注意改进。

此案例循序渐进地按照工作纸的设计思路，明晰了教学反思和深层教

学反思的异同，在学以致用环节，验证显示作者已基本掌握了深度教学反思的程序，已初步建构了教学反思的基本框架，并掌握了基本的方法。

第三，以课程标准为依据，明确学科性质、学科教育功能和教育价值，找寻其与教材的关联，提高确立主要教学问题的能力。

主要教学问题本质上是学科核心概念。历史学科核心概念是指位于从史实到概念的关键点，处于历史学科核心，并能超越课堂之外，在学生发展中具有持久价值和迁移价值的概念，如历史事件、历史人物、历史现象、历史线索、文明成果、特征趋势。它们分别拥有某类史实的共同本质属性，又因学科视角互相关联：六个核心概念内在关系紧密，构成历史学科整体知识结构。

掌握历史学科核心概念，直接关系历史学科关键能力（核心，即历史解释能力[1]）的形成，体现在用历史学科视角、基本方法观察、发现和解决问题能力的形成。历史学科育人，是教师通过历史教学帮助学生掌握历史学科核心概念、形成历史学科关键能力、培育历史学科核心素养的过程。[2]

掌握了主要教学问题确立的方法，也就破解了认识阶段特征、发展趋势或历史规律（现象）的方法，也就能完整呈现历史学习过程并实现历史学习目标——形成历史概念，进而认识历史发展的时代特征和历史发展的基本趋势；也能忠实体现在一定历史观指导下叙述和阐释人类历史进程及其规律的历史学科性质。

第四，建立教学反思学习小组，分阶段制订学习计划，定期进行线上线下交流与研讨。

组建教学反思学习小组的单位可以是不同时空的多种组合，可以是同校同学科、同校跨学科，也可以是跨校同学科、跨校跨学科，还可以是同区同教龄同学科，只要便于定期交流与研讨即可。若是有相关专家对活动进行诊断指导，则更能确保交流与研讨在专业的轨道上进行。

---

① 参见徐奉先、刘芃：《基于核心素养的学业质量评价》，载《历史教学》，2018(7)。
② 参见方美玲：《初中历史学科育人的理论及实践策略》，载《历史教学》，2018(21)。

▶ 第十五讲
课例研究

课例研究是历史新手教师进行教学科研、增强职业认同的又一抓手。什么是课例研究？课例研究对教师专业发展具有怎样的促进作用？课例研究与深度教学反思有何关联？怎样进行课例研究？本讲继续结合 2019 年北京教育学院历史启航教师的教学实际破解上述问题。

一、课例研究的内涵

（一）"课例研究"概念源起

"课例研究"概念源于日本，也称"授业研究"，分聚焦问题的共同备课和检验问题是否解决的评课两个阶段。自 20 世纪 70 年代起，课例研究成为日本中小学教师进行校内专业培训的重要手段。从 20 世纪 90 年代初开始，美国加利福尼亚大学刘易斯（Catherine Lewis）在日本不同地区的 40 多所学校进行了课例研究，并有针对性地采访了日本小学教师和管理者。采访数据显示，日本小学教师在回答"对他们科学教学影响最大的是什么"时，均回答"研究课"。为此，刘易斯开始在美国发文介绍日本研究课，但在当时并未引起关注。直到 1999 年，因《教学的差距：世界各地的教师改进课堂教学的精彩观点》一书的出版，课例研究开始在美国被重视。2000—2001 年，课例研究成为美国几次州级、全美大会的主题。2006 年，随着世界课例研究协会（World Association of Lesson Study，WALS）的成立，课例研究在世界范围内获得推广。

在中国，课例研究最初由上海市教育科学研究院顾泠沅教授引介并作为一种教师培训形式加以推广。2003 年，教育部要求积极推进校本教研制度建设和开展行动研究，我国中小学教师开始探讨和实践具有国际认同的确定性意义上的课例研究。但有观点认为，课例研究的雏形在我国早已有之，由传统的听、说、评课为基础演化的校本教研、磨课研修等都可视为本土课例研究的表现形式；也有观点认为，课堂实录、公开课、观课评课、行动教育等也可视为课例研究的本土形态，而发掘本土经验、发挥课例研究多种形态的功效是课例研究蓬勃发展的方向。①

（二）课例研究的定义

日本、美国、中国对课例研究的界定各有特色。

"日本课例研究是以学生学习和发展中出现的问题为研究对象，以教师为主导通过集体合作确立主题、设计教案、上课和观课、评价与反思以及分享成果等促进教师专业发展，进而促进学生学习和发展的循环过程，其本质是一种行动研究。一般包括计划（Plan）、实施（Do）、检查（Check）和行动（Action）这样一个 PDCA 循环过程。"②

美国学者认为"所谓课例研究，是指教师系统地合作研究课堂中的教与学行为，从而积累教师的教学经验和学生的学习经验的综合过程"③，主要集中在数学、科学和语言艺术等学科——州和学区重点测试的学科进行课例研究。④

由于日本和美国两国教师的教学实践价值取向不同，因此日、美两国的课例研究差异性特征非常明显，如表 3-9 所示。

表 3-9 日、美两国课例研究差异性特征表现简表⑤

项目	日本	美国
达到目标	宏观、长远	具体、短期
课例内容	教学难点	考试重点
课堂观察	研究学生	评价教师
研究手段	现场观察	技术辅助

中国学界对课例研究内涵的理解，大致可分为以下六类：其一，课例

---

① 参见祝成林、张宝臣：《教师专业发展：基于课例研究的视角》，载《教育导刊》，2010(1)。
② 杨晓：《中日课例研究的比较研究及启示》，载《教育观察》，2014(28)。
③ Charinee Triwaranyu, "Models and Strategies for Initial Implementation of Lesson Study in Schools," *International Forum of Teaching and Studies*, 2007(3), p. 48.
④ 参见霍海洪：《课例研究在美国：挑战、对策与启示》，载《全球教育展望》，2009(3)。
⑤ 参见程可拉、胡庆芳：《日本和美国课例研究的比较研究》，载《比较教育研究》，2006(6)。

研究是教师联合起来计划、观察、分析和提炼真实课堂教学的过程；其二，课例研究是指教师系统地合作研究课堂中的教与学行为，从而积累教师的教学经验和学生的学习经验的综合过程；其三，强调课例研究的活动属性，如课例研究是以教师为主体的合作性研究；其四，课例研究是一种以典型教学内容为载体、以教学实践情境为场域、以实践共同体为单位、以专业引领为支撑、以同伴互助为主要形式、以优化课堂教学质量和提高教师专业能力为核心目的的螺旋上升式的教学研究活动；其五，基于课例研究的目的，将其理解为教学促进活动，即课例研究既是一种教学实践，也是一种研究和反思性的实践；其六，基于促进教师专业发展的考量，将课例研究理解为以课例为载体，在教学行动中开展的、包括专业理论学习和专业实践在内的教师教育活动或模式。

六类表述背后蕴含以下共同点：其一，定性共识，即课例研究是一种过程或活动；其二，研究主体和研究方式，即基本肯定了教师在课例研究中的主体身份和教师在课例研究中的合作互助；其三，研究对象，即教学实践中的课例；其四，研究目的，即提高教学质量、积累教学经验、解决教学问题和促进教师专业发展。

在"课例研究"这一概念中"课例"是核心，它是以学科教学内容为载体、具有某个研究主题的教学实例。其中，"载体"是课例表达观点和思想的媒介，"主题"则是课例所要实现的目标。课例从属于教育案例（如班主任如何处理学生考试作弊），教育案例从属于案例（法学、医学都有）。课例研究是形成课例的过程，通过对一节课的研究和改进，获得解决同类主题问题的理性认识，用于指导日后课堂教学中同类课堂的教学。

（三）课例研究的操作程序

综合国内外的相关研究成果，课例研究操作程序一般包括计划、实施、检查和行动四环节，具体包括以下八步骤：①确定研究的问题（主题），②设计课，③实施与观察，④评价和反思，⑤修订课，⑥第二次实施与观察，⑦第二次评价和反思，⑧写作与共享结果。

四环节八步骤具体操作内容如下。

计划环节：找出存在的问题，确定需研究的主题，分析并制定改进的研究目标，确定达到研究目标的具体措施和方法，包括①②⑤步骤。其中，①步骤是课例研究的关键步，可分解为以下三小步。

其一，分析现状，找出存在的问题，包括教学过程中的问题及学习结果中存在的问题。尽可能用数据说明，并确定需要改进的主要问题。

其二，分析原因，分析产生问题的各种影响因素，尽可能将这些因素都罗列出来。

其三，确定主因，找出影响教学效果与学业水平的主要因素。

在做完以上三小步之后，就能进入②步骤和⑤步骤，即针对影响教学效果与学业水平的主要因素制定措施，提出改进计划，设计相应的课并预计效果。

实施环节：按照制订的改进计划去实施，以实现教、学改进的目标，包括③⑥步骤。

检查环节：对照改进计划要求，检查、验证实际执行的效果，审视是否达到了预期效果，及时总结改进过程中的经验并发现问题，即④⑦步骤。其中，⑦步骤承上启下，包括以下两小步。

其一，总结第一次、第二次实施的成功经验，并将之初步纳入标准。

其二，根据检查的结果提出第一次实施尚未解决的问题，分析因教学效果、学业质量改进造成的新问题，把它们转至第二轮操作的第一步。

行动环节：把两次实施中成功的经验和失败的教训加以提炼，制定成标准、程序、制度，巩固成绩，克服缺点，即⑧步骤。

目前，我国多数教育行政区域或学校在开展课例研究时，存在不把课例研究和中小学教师以教研组为单位的集体备课活动或教研活动加以区分的情况，将课例研究以五阶段呈现：①琢磨典型的课例，②回溯教学实例的产生过程，③撰写课例初稿，④斟酌和修改课例，⑤凸显课例的价值和意义。这样的课例研究基于经验，"活动"的色彩更重，对理论要求较低，便于操作；但少了"研究"的含量，可借鉴的思维方法较少，离学科教师的专业标准有较大距离。

（四）历史课例研究与深度教学反思的关系

要使学科课例研究符合学科教师专业标准，就要将对学科课例的要求聚焦在学科性质与学科教育功能上。基于最近发展区原理，课例研究自然会与上一讲深度教学反思产生关联。对于历史学科，人们会产生这样的疑问：历史课例研究与深度教学反思是否有相同点？两者又有什么差异？

教学案例及分析

下面以"七七事变与全民族抗战"为例说明历史课例研究与深度教学反思的关系（表 3-10）。

表 3-10 "七七事变与全民族抗战"教学设计①

教材	《中国历史》八年级上册（人民教育出版社 2017 年版）。
课程标准要求及分析	通过了解九一八事变、东北抗联、一二·九运动、西安事变、七七事变、南京大屠杀、正面战场和敌后战场的抗战等史事，认识日本侵华的罪行，认识中国人民十四年抗战的艰苦历程，认识中国共产党是全民族抗战的中流砥柱，知道中国战场是世界反法西斯战争的东方主战场，体会中国军民在抗日战争中孕育的抗战精神，认识抗日战争胜利在中华民族伟大复兴中的重要历史意义。七七事变是中国近代史的重大事件，它不仅是日本全面进攻中国的开始，也是中国全面抗日的开始。国共第二次合作的实现标志着抗日民族统一战线的建立，也标志着全民族抗战的局面开始形成。正确认识南京大屠杀，培养理性的爱国情怀，帮助学生形成正确的人生观和价值观。
单元内容分析	七七事变与全民族抗战发生于 20 世纪三四十年代中国近代史时期。侵略与反侵略贯穿中国近代史始终。帝国主义列强一次次运用战争手段破坏中国国家主权的独立和完整，逐渐获得在中国的权益，逐渐增强对中国的影响力。国共两党实现合作维护国家主权。列强对中国国家主权的侵略和中国军民维护国家主权是中国近代史的阶段特征之一。 本单元从九一八事变到抗日战争的胜利，记载了面对日本的侵略，中国军民是如何团结御侮，取得抗战胜利，维护国家主权的。

① 此案例为河北省三河市第八中学郭艳军老师的研究成果。

续表

本课内容分析	本课下设七七事变、第二次国共合作、淞沪会战、南京大屠杀四个子目。按时序阐述了日本发动全面侵华战争(第一个子目)和中国全民族抗战的事实(第二个子目、第三个子目)。七七事变后,中日民族矛盾上升为中国社会的主要矛盾。为挽救中国危局,国共两党进行第二次合作,建立抗日民族统一战线,构成了全民族抗战的基础。所以,七七事变既是日本由局部侵华转向全面侵华的转折点,也是中国由局部抗战转为全面抗战的转折点。淞沪会战是中日之间首次大规模的正面战场的交锋,打破了日军三个月灭亡中国的迷梦,展现出中国人民誓死维护国家主权的决心。日本攻破南京后,进行了惨绝人寰的南京大屠杀(第四个子目),进一步暴露了日本军国主义凶恶残暴的侵略本质。 四个子目围绕日本侵略中国主权、中华民族维护国家主权展开。 本课前承"从九一八事变到西安事变",后启国共两党团结抗战,是中华民族抗日战争的重要组成部分,也是课程标准中所要求的重要学习内容。
学情分析	八年级学生经过一年多的历史学科的学习,具备了一定的历史基础知识和综合分析能力;学生通过影视作品、课外书籍、老人的介绍等,对抗日战争已经有了一些粗浅了解和模糊认识,但缺乏客观性和全面性;八年级学生已进入青春期,心理和生理发生了重大变化,充满了求知欲,这一时期也是学生形成正确人生观、价值观的关键时期。因此在教学中,不仅要注重基础知识的落实,还应注重对学生进行情感教育,使学生对日本侵华事实形成正确的认识,同时要避免学生产生"仇日""爱国无罪"等极端情绪和想法,使学生冷静、客观地认识历史。 我在对教材深刻研究的基础上,为了加深学生对历史知识的认识,进一步发挥学生在教学中的主体地位,对教材内容略做整合,设计了如下问题。 探究1:为什么说七七事变标志着全民族抗战的开始? 探究2:中国军民为何能打破日军三个月灭亡中国的迷梦? 探究3:为何说南京大屠杀反映了日本军国主义凶恶残暴的侵略本质? 讨论:面对南京大屠杀,我们如何做才能维护和平,避免历史重演?

续表

教学目标	1. 阅读教材，知道七七事变、国共第二次合作、淞沪会战、南京大屠杀的基本史实。 2. 通过识读卢沟桥事变形势图，理解七七事变既是日军全面侵华的开始，也是中华民族全民族抗战的开始；理解国共第二次合作和淞沪会战是中华民族维护国家主权的不同表现。 3. 通过观看视频、阅读材料等，掌握日军侵华的各种罪行；以南京大屠杀为例，认识日本军国主义凶恶残暴的侵略本质；通过了解南京大屠杀死难者国家公祭日，树立热爱和平、关爱人类的正义感，能够理性爱国。
教学重点及其突破举措	重点：七七事变既是日军全面侵华的开始，也是中华民族全民族抗战的开始。 突破举措： 1. 引导学生阅读教材，提炼有关信息完成七七事变知识表格。 2. 指导学生识读日军进攻卢沟桥示意图，并依据当时北平外围的局势和卢沟桥所处的地理位置，分析为什么说七七事变是日军全面侵华的开始。 3. 中国共产党从全民族利益出发，首先提出了实行全民族抗战的主张；国共两党实现了第二次合作；农民踊跃参军；工人阶级坚持生产，支援前线；知识分子和青年学生是抗日救亡运动的先锋；少数民族与汉族同胞风雨同舟；世界各地华侨支援祖国抗战。中华民族全民族抗战的局面开始形成。
教学难点及其突破举措	难点：以日军南京大屠杀为例，认识日本军国主义凶恶残暴的侵略本质。 突破举措： 1. 出示南京大屠杀示意图并展示相关图片，通过识图使学生了解什么是南京大屠杀。 2. 通过精选图片使学生感受日军侵华罪行，并解读军国主义的定义及特征，使学生认识日本军国主义凶恶残暴的侵略本质。 3. 出示李自建的油画《南京大屠杀》，讲述日本前首相参拜靖国神社、日本政府修改教科书扭曲史实等事实，揭露侵华战争中日军会如此灭绝人性、日本人民甘当炮灰，如今日本右翼分子扭曲史实的思想根源都是日本军国主义思想。

续表

板书设计	第19课 七七事变与全民族抗战

日本：局部侵华 / 全面侵华

反人类　政治殖民　军事占领 — 国家主权 — 国民政府　中国共产党　中国民众

凶恶残暴　南京大屠杀

九一八事变 占领东北（9月18日 1931）　伪满洲国（1932）　策划自治华北（1935）

七七事变 占领卢沟桥 北平天津（7月7日）

八一三事变 占领上海（8月13日）

占领南京（12月13日）

1931　1932　1935　1936　1937　7月15日　7月29日　8月　11月

12月9日　12月12日　西安事变　一二·九运动

东北抗日游击队　东北抗日联军　东北抗日义勇军

提出并公布国共合作宣言　保卫平津　提出全面抗战路线

淞沪会战（9月23日）　第二次国共合作　战线日民族统一　战线正式建立抗日民族统一

中国：局部抗战 / 全民族抗战

教学过程

教学环节	教师行为	学生行为	设计意图
导入	提问：九一八事变的结果和影响分别是什么？	承上启下，思考九一八事变与七七事变的关系。	激活已学知识，引发学习兴趣。
探究1：为什么说七七事变标志着全民族抗战的开始？	一、七七事变 （一）七七事变——日本侵略 阅读教材91页。 问题1：完成七七事变的表格（事变名称、时间、地点、发动者、简单经过、影响）。 材料1 卢沟桥事变形势图和日军进攻卢沟桥示意图。 问题2：为什么说七七事变标志着日军全面侵华的开始？ 问题3：面对日本全面侵华，中国全民族抗战的局面是如何形成的？ （二）平津保卫战——中国反抗 材料2 平津保卫战示意图和佟麟阁、赵登禹照片。 问题4：在七七事变中，国民党将领是如何保卫平津的？	1. 分析材料，完成表格。 2. 分析材料结合所学，思考并积极回答问题。	1. 指导学生阅读教材、分析材料，通过表格掌握重要历史事件——七七事变。 2. 培养学生的时空观念，指导学生将历史问题置于特定的时空进行分析。 3. 通过史实进行爱国主义教育。

续表

| 探究2：中国军民为何能打破日军三个月灭亡中国的迷梦？ | 二、第二次国共合作
（一）第二次国共合作——中国反抗
材料3　1937年7月8日，共产党发出《中国共产党为日军进攻卢沟桥通电》；1937年7月17日，蒋介石在庐山发表抗日宣言。
问题1：面对日军的全面侵华，材料3国共两党的抗战主张分别是什么？
材料4　1937年7月15日，共产党提交《中共中央为公布国共合作宣言》。
问题2：共产党是如何倡导并促进第二次国共合作的？
材料5　1937年9月23日，蒋介石发表谈话。
问题3：面对共产党公布的国共合作宣言，国民党是什么态度？
（二）抗日民族统一战线正式建立
材料6　国民党军奔赴前线、新四军召开抗日誓师大会、八路军开赴抗日前线、少数民族奔赴抗日救亡的战场、世界各地华侨支援祖国的抗战事业图片。
问题4：依据材料并结合所学，分析抗日民族统一战线是如何建立的。
过渡：平津失陷以后，为了迫使国民政府投降，日军大举进攻中国的经济中心、金融中心——上海。 | 结合所学分析材料，思考并积极回答问题，达成相应认识。 | 1. 培养学生阅读、分析材料的能力。
2. 指导学生研读材料，强调中国共产党为民族大义付出的努力与展现的博大胸怀。
3. 使学生理解在国家危亡时，中日民族矛盾上升为主要矛盾，维护国家主权利益高于一切。 |

续表

探究2：中国军民为何能打破日军三个月灭亡中国的迷梦？	三、淞沪会战 (一)淞沪会战的经过 阅读教材92～93页。 问题1：完成淞沪会战的表格(事件名称、时间、导火线、地点、主要战斗名称、结果、影响)。 (二)英勇事迹 材料7　淞沪会战示意图及姚子青宝山保卫战、谢晋元四行仓库战斗图片。 问题2：在淞沪会战中，出现了哪些英雄人物？介绍其英雄事迹。 材料8　中国共产党召开洛川会议，工人、士兵、农民对抗战有巨大贡献，知识分子与青年学生是抗日救亡运动的先锋。 问题3：面对日军三个月灭亡中国的计划，中国共产党和中国民众是如何反抗的？	1. 了解淞沪会战的经过。 2. 理解全民族抗战的表现。	1. 培养学生提炼信息的能力。 2. 培养学生总结、概括史实的能力。
探究3：为何说南京大屠杀反映了日本军国主义凶恶残暴的侵略本质？	四、南京大屠杀 材料9　南京大屠杀示意图，活埋、砍杀训练图片。 问题1：依据材料并结合所学概括什么是南京大屠杀(从开始时间、持续时间、屠杀手段、被屠杀者及屠杀总人数等角度概括)。 材料10　学者关于军国主义的定义。 问题2：南京大屠杀说明了什么？体现了什么本质？	1. 概括什么是南京大屠杀。 2. 阐释日本军国主义凶恶残暴侵略本质的内涵。 3. 列举日本军国主义的表现。	1. 培养学生识图进行历史解释的能力和论从史出、史论结合的历史态度。 2. 通过精选图片，使学生深刻感受南京大屠杀侵华日军的残酷性和野蛮

续表

| 探究3：为何说南京大屠杀反映了日本军国主义凶恶残暴的侵略本质？ | 材料11　李自建《南京大屠杀》油画，日本历史教科书对南京大屠杀的表述，军国主义下的日本国民众生相——参军少年、日本前首相参拜靖国神社照片。
问题3：为何在侵华战争中日军会如此灭绝人性、日本人民甘当炮灰，如今日本右翼分子会扭曲史实？
材料12　列举侵华日军其他罪行。
问题4：列举日本发动的其他侵略战争及其暴行。 | | 性，认识日本军国主义凶恶残暴的侵略本质。 |
| 总结 | 材料13　《国家公祭日》视频。
2014年，中国始设南京大屠杀死难者国家公祭日（每年的12月13日）。习近平总书记在2014年南京大屠杀死难者国家公祭日发表讲话。
讨论：面对南京大屠杀，我们如何做才能维护和平，避免历史重演？ | 铭记历史，勿忘国耻，理性爱国；珍爱和平，求发展，防止军国主义复活；中日两国以史为鉴，面向未来。 | 使学生结合现实进一步理性认识南京大屠杀，理性爱国以形成正确的人生观和价值观。 |

系统学习了深度教学反思与历史课例研究两门课程的历史新手教师如下概括两者的相同点、不同点。

两者的相同点如下所述。

(1)目的：均是促进教师专业发展，使其促进学生学习、提高教学有效性。

(2)对象：均以具体的教学活动为基础，针对其中的教学问题进行改进；均以教学设计为载体开展研究。

(3)核心：均是主要教学问题，以解决学科教育问题。

(4)依据：均需依托一定的教学理论，以概括化的方式表达出教育理念。

(5)性质：均是教学研究，均经历发现并提出教学问题、分析并解决问题的过程，均要揭示出教学活动中蕴含的教育理念和实践智慧，总结其中

的经验和教训，进而推动下一阶段的研究。

两者的不同点如下所述。

(1)主体不同。前者侧重教师群体协同研究，后者为教师个体自我反思。

(2)核心属性不同。虽均是主要教学问题，但前者是某类问题(主题)，后者是具体某课的主要教学问题。

(3)程序有所不同。课例研究在深度教学反思的基础上，需要再进一步改进与总结，以形成一份优秀的教学案例。所以从流程来看，深度教学反思更像是课例研究的一个重要环节。

以"七七事变与全民族抗战"为例，其是一份完善后的教学设计(第5稿)，聚焦研究主题，解决了一类教学问题。

研究主题：实现基于历史学科核心素养的教学策略，在课时教学中体现阶段特征立意。

主要教学问题的确立路径：找寻课题名称与阶段特征的关联。

找寻路径：课题是什么？为什么？追寻课题蕴含的本质特征。

具体表现：本课是"七七事变与全民族抗战"，包含两个历史事件"七七事变"和"全民族抗战"，两者是因果关系。

为什么七七事变导致了全民族抗战？七七事变标志着日军全面侵华的开始，日军侵华是对中国国家主权的破坏，所以中华民族全民族能够团结一致为维护国家主权而战。"七七事变与全民族抗战"背后蕴含着日军全面侵略中国主权与中华民族为维护国家主权而战这一中国近代史阶段特征。

破解策略：以认识中国近代史阶段特征为教学目标，通过破解问题串实现教学目标。

第一，通过提出、破解问题串(三个探究问题)，帮助学生深入理解本课内容。

(1)指导学生识读日军进攻卢沟桥示意图，并依据当时北平外围的局势和卢沟桥所处的地理位置，分析认识七七事变既是日军全面侵华的开始，也是中华民族全民族抗战的开始。

（2）指导学生研读文字和图片材料，深入理解国共第二次合作和淞沪会战是中华民族维护国家主权的不同表现。

（3）通过精选图片，使学生感受日军侵华的各种罪行，并解读军国主义的定义及特征，使学生认识日本军国主义凶恶残暴的侵略本质。

（4）通过视频等资料，使学生树立热爱和平、关爱人类的正义感，理性爱国，体现家国情怀。

第二，通过结构化板书，叙述七七事变和全民族抗战进程，阐释侵略与维护国家主权这一中国近代史阶段特征。

实效：教学目标达成度高；外显了基于历史学科核心素养教学的操作路径——教学目标阶段特征立意，通过破解问题串、形成结构化认识，突出教学重点、突破教学难点，发展历史学科核心素养。

（五）课例研究与历史新手教师专业发展

历史新手教师参与课例研究，尤其是自身的课例成为被研究的对象，有助于历史新手教师适应专业身份，使他们从边缘转向中心；课例研究中的教学经验积累和协同学习有助于历史新手教师向其他教师学习和借鉴经验，有助于历史新手教师进入专业发展的轨道。

从事课例研究能让教师从关注教师的教转向关注师生互动，关注学生如何自主、主动学习，让教师更清楚地认识到学生作为学习主体的特点，从而更好地从事教育教学工作。

基本课程＋案例教学＋实践反思是造就有经验教师和专家教师的必由之路。[1] 课例作为一种载体能有效联系教学理论与教学实践，促进教师将理论与实践相结合，使教师以实践问题为导向进行教学理论学习，使教师以学习促进实践的同时将实践经验理论化、系统化。通过课例研究，教师可以更好地联系理论与实践，而由于课例研究还要求教师采取科学验证的方法和理性的态度对待假说与经验的积累，因此有助于教师研究能力的提高。通过深入挖掘教育教学现象背后的规律，同伴之间共同思考、相互评价和

---

[1] 参见杨玉东：《课例研究的国际动向与启示》，载《全球教育展望》，2007(3)。

分析，教师的反思能力也可得到提高，反思的内容也能进一步扩展。

课例研究能够使教师在不断反思中融合教学与研究，有助于教师反思能力的提高和反思内容的全面化，使教师更多以研究者的角度思考、理解和解释教学实践问题，从而增长教师的实践智慧，促进教师理论水平、研究能力的提高，加速新手教师向合格教师转变。

二、课例研究的关注点

课例研究关注以下三个方面。

第一，具有问题意识，能够把教学反思中遇到的问题进行梳理，在他人的帮助下，转化为课例研究主题。

(1)通过课堂观察、课下与学生交流、家长反映、学习效果检测、教学反思等渠道，分类自己教学中存在的问题。

(2)不放过问题，与同事或有经验的教师讨论、分析问题，逐步形成课例研究主题。

(3)从问题意识入手，把问题意识适时地转化为课题意识，通过计划—行动—观察—反思过程，把解决问题的过程变成教学行动研究的过程，促进自己的专业化发展。

第二，重视课例研究，自觉学习有关课例研究的知识，了解课例研究主题确立的方法、操作程序和注意事项等，使研讨的程序具有规范性，并学以致用。

围绕历史课例研究，有针对性地进行系统学习，并做好笔记；了解当前课程改革的动态，关注教育与历史教学领域的热点问题和前沿问题，并注意收集和积累相关资料，为课例研究主题的确立奠定基础。

第三，积极参加校内外课例研究活动、相关的学术会议，虚心求教。

(1)培养自己对课例研究活动的兴趣，提前安排工作计划，避免工学冲突。

(2)每次参加活动后，及时思考自己的收获，并不间断地积累收获，在适当情况下与同事分享。

单元小结 ……▶

历史新手教师需要结合自己所处的具体环境和发展阶段，制定出发展自身教学能力的策略，有计划、有重点地发展自身的教学能力。

教师职业认同是历史新手教师专业发展的前提和基础。职业认同是指个体对所从事职业的积极态度，包含从认知到情感再到行为倾向的递进过程。教师职业认同是一个由职业价值观、角色价值观、职业归属感、职业行为倾向四个因子构成的多维度结构。教师职业认同是教师个体与环境持续相互作用的结果，分别受教师个体背景、职业对象及背景、职业技术条件、职业功利等因素的影响。教师职业认同与教师工作价值观、工作满意度关系紧密。

教学反思是教师改进教学和自我成长的重要方式。历史新手教师应主要关注教学反思习惯的养成，并在实践中自我建构教学反思的结构。

课例研究是教师个体、群体进行教学科研的重要抓手。明晰课例研究的概念原理与路径，有助于历史新手教师初步学会教研方法，有效提升教研能力，增强职业认同，加速专业成长。

单元练习 ……▶

1. 请运用课例研究的概念原理、操作程序进行一次完整的课例研究，注意在课例研究过程中尝试运用深度教学反思方法，并体验深度教学反思与课例研究的异同。

2. 概括深度教学反思、课例研究与教师职业认同的关系。

3. 阐述历史新手教师职业认同、深度教学反思、课例研究与教师专业发展的关系。

参考资料 ……▶

1. 北京教育学院历史教师培训课程指南项目组编著：《中学历史教师培训课程指南》，北京，北京师范大学出版社，2015。

2. 教育部师范教育司编：《教师专业化的理论与实践》，北京，人民教育出版社，2001。

3. 罗树华、李洪珍主编：《教师能力学》，济南，山东教育出版社，2000。

4. 王强：《教师胜任力发展模式论》，上海，华东师范大学出版社，2011。

5. 郑林等：《基于学生核心素养的历史学科能力研究》，北京，北京师范大学出版社，2017。

6. 中小学教师专业发展标准及指导课题组编著：《中小学教师专业发展标准及指导　社会科》，北京，北京师范大学出版社，2012。